蓮師文集

Dispeller of Obstacles:
The Heart Practice of Padmasambhava

障礙遍除

蓮師心要修持

蓮花生大士 (Padmasambhava)/ 著
秋吉 ・ 林巴 / 取藏
祖古 ・ 烏金仁波切、鄔金 ・ 督佳仁波切、普茲喇嘛 / 教授
蔣揚 ・ 欽哲 ・ 旺波、蔣貢 ・ 康楚仁波切、德喜祖古、
噶美堪布仁謙 ・ 達傑、頂果 ・ 欽哲仁波切 / 解說

艾瑞克 ・ 貝瑪 ・ 袞桑（Eric Pema Kunsang）／英譯
瑪西亞 ・ 舒密特（Marcia Schmidt）／彙編

趙雨青／中譯
普賢法譯小組／校閱

目次

附錄 383

中文版序言

涅頓．秋林

在藏傳佛教中，《障礙遍除意修》是最廣爲人知的祈願文之一。由於這篇殊勝的蓮師祈願文能爲具信弟子帶來立即的加持，因此往昔大師們都特別看重。這些偉大上師爲何尤其重視這篇蓮師祈願文呢？答案很簡單，因爲蓮花生大士爲上師、本尊、空行，他是三時一切諸佛菩薩的體現，也就是一切的總集。向他祈請、祈禱，並修持他的法，是獲得其加持最迅速且最有力的方法，也是進而驅除我們世俗及修道障礙最迅速且最有力的方法。

於此五濁惡世，我們有更多的障礙——不只是世俗的障礙，還有讓修行無法進展的障礙。蓮花生大士預見了如此低劣衰敗的時代，出於對後世眾生的廣大悲心，因此在西元八世紀對具福的藏人傳授了這篇祈願文，並且作爲伏藏埋起，留待濁世眾生將其取出。

今天，世界局勢十分動盪不安。在這樣的時代，向蓮花生大士祈禱並修持《障礙遍除意修》法，是化解世界狂亂的最有力方式，也是唯一的方式。蓮花生大士本人曾經親口承諾：「只要具持信心，向我祈禱並修持我的法，沒有什麼是我做不到的，就連黑暗爭鬥的濁世也能被終止！」

翻譯此書至不同語言，能讓更多人得以接觸蓮花生大士的教法，因此能夠帶來利益。

英文版序言

瑪西亞・德千・旺嫫（Marcia Dechen Wangmo）

《障礙遍除：蓮師心要修持》這本書是自生智出版社（Rangjung Yeshe Publications，或音譯「讓炯耶謝」）一系列新書的第一本。這個系列將會提供有助三根本修持的相關錄影、錄音、照片和釋文。三根本是密續中關於上師、本尊、空行成就法的內在層面修持。正如常言說：「上師是加持的根本，本尊是成就的根本，空行護法是事業的根本。」

這三者的定義無法靠性別、寂靜相或忿怒相等明顯差異來決定，因爲在本質上祂們完全相同，都是空明覺性——明覺——的戲現。然而，由於我們這些待調化的有情眾生所具根器不同，於是祂們便用諸多不同的方式示現以成就最大利益。每一位本尊的功德都是我們自己佛性的圓滿功德，我們修持這位本尊以和此自性連結並證得之，因此我們應該修持最能讓自己感動的本尊，無論這是哪一尊。

如祖古・烏金仁波切所言：「眞正的加持就是給予如何即生成佛的口訣，你可以從一位具德上師那裡獲得這樣的口訣。」我們能夠以一種實際的方式，親自體會這一點，因爲我們的上師正是在金剛乘法道上給予我們引導、啓發、力量的根源。上師是我們生命中最至關重要、最意義深遠的人，他驅除障難，讓我們得以在傳承中進步增上。生活在五濁惡世的我們，必須認眞研習自己所欲修持的一切。爲了清除所有的誤解和懷疑，這些聖典、我們上師的教言和我們自己的才智與體驗必須和諧一致。我們所接受和實修的教法是個大禮，能夠拓展我們看待現實的凡俗方式，並且斷毀我們尋常受到緣境左右的念想。

和一位在世的具德上師具有直接緣結，是唯一能讓我們獲得自心本性引介並認出且進而修持此心性的唯一方式。在我們對上師感到敬愛的時刻，會體驗到一種間隙，一種離於心意造作和內心喋喋不休的開放空間。這種空間提供機會，讓我們可能直接觸及自己的心性，亦即眞正的覺性。寧瑪和噶舉傳承尤其強調虔心，並且認爲虔心是不可或缺的。這也是爲何上師法的修持會受到如此尊崇的原因之一，因爲我們是藉由讓自己對心性的一時認出得以穩定，並持續維持這份認出而獲得證悟。否則如果欠缺這一要素，那麼縱然法道可能會讓人非常享受，卻絕對會很漫長。

由於我們的上師和任何三根本修法中的主要形象都無二無別，因此修持上師法能讓慧觀現前，每一步都帶領我們更加接近證得自己上師的心意。在此陳述的《障礙遍除意修》(*Tukdrub Barchey Künsel*) 法類是作爲一個範例和架構，其實任何其他的上師修法也都是足夠的。我選擇這個法類，是因爲對此最爲熟悉，也擁有非常珍貴的相關素材。雖然所述細節是與這個法類相關，但是在此概述的原則，乃普遍通用於所有的上師修法。這些論題包括：生起次第和圓滿次第——

其中含有對三三摩地的指導、修誦四釘、四種持誦意趣、薈供，以及如何安排閉關的建議。關於上師修法，所有成就法都是依循相同的基本編排，不同的只是實際念誦的儀軌。因此，我試圖提供的是普遍適用於所有成就法修持的一般教導和建議。

《障礙遍除意修》法類是一部博大精深的伏藏教法，在書中會逐漸揭露其豐富多采的歷史。這是個獨特的呈現，因為收錄的不只是根本文與伏藏師秋吉．林巴和蔣揚．欽哲．旺波所著的經典釋論，還包括如祖古．烏金仁波切、鄔金．督佳仁波切等當代大師的解說。

這個篇幅廣大的法類含有從前行儀軌一直上至大圓滿的教法和修持。此外，它也具有各種長短版本的主要成就法，短至寥寥數頁，長至數百頁，其支分成就法還包括對每一位主要本尊的個別修持。和一部新近取出的伏藏結緣，能夠為我們注入溫暖滋潤的加持，提振我們的相續，並令我們產生深邃的虔心和歡喜。

感恩所有曾經協助促成此書的人士。這段旅程是由法友和上師們組成之充滿活力、帶有生氣的壇城所參與，並因對蓮師有不可思議的無盡熱愛所增益。我歡喜地供養本書給所有具接受力的有福眾生；藉此，願我們全都得以與蓮師相融無別，並在銅色吉祥山的殊勝壇城中團聚。特別感謝艾瑞克．貝瑪．袞桑的主要譯文，柴克．畢爾（Zack Beer）的補充翻譯，葛拉罕．桑斯坦（Graham Sunstein）的照片和研究，安．帕尼亞瓜（Anne Paniagua）的編輯和編修，瑪麗安．

李帕（Maryann Lipaj）的封面設計，瓊安·奧爾森（Joan Olson）的書本設計，以及琳·施羅德（Lynn Shroeder）和邁克·約基（Michael Yockey）的校對。

再次，我們由衷感激李察·吉爾（Richard Gere）和吉爾基金會（Gere Foundation），以及堅毅勇猛的基金會董事長莫莉·羅德里格茲（Mollie Rodriguez）對我們工作持續不斷的信心和慷慨支持。

藏曆水蛇年十二月初十（二〇一四年二月九日），於蓮師聖地尼泊爾帕平的阿修羅洞，瑪西亞·德千·旺嫫歡喜完成此書。願吉祥，並願一切無量眾生得以受益。

《障礙遍除意修》的主尊上師

介紹

蓮花生大士之心要

蔣貢・康楚仁波切

利根者在一生中即能證得大雙運的一切密道，全都含括在：驅除障礙的善巧方便，以及獲得悉地的善巧方便這兩種類別之中。依靠前者的力量，即能輕易成修後者。一切祕密的深義，就是以上師成就法之加持道爲基礎，兩者兼修。《障礙遍除・上師意修》（*Lamey Tukdrub Barchey Künsel*，即《障礙遍除意修》）這個法類是根本續《持明上師幻化網》（*Magical Net of Vidhyadhara Gurus*）之意趣。

這個伏藏法類是遍知三時之貝瑪卡惹（Padmakara）的心要精華，是埋藏在西藏地下獨一無二的寶藏。有如轉輪聖王的大寶庫，完整無誤地滿載成就勝共悉地的一切方便法門。

就密續的分部而言，這條深道是以大密續王《持明上師幻化網寂忿顯現》（*Peaceful and Wrathful Manifestations of the Magical Net of Vidhyadhara Gurus*）爲基礎——這部密續是加持的根本，屬於「幻化網八部」的類別。由於口授教法的確然無誤，因此它亦屬於「修部八教」之《蓮花語》類別而毫不牴觸。

簡言之，它就像是一切生圓次第意涵的萃集精華，亦是續部和修部的事業實修。

（最上）秋吉・林巴；（左下）蔣揚・欽哲・旺波；（右下）蔣貢・康楚一世。

《障礙遍除》法類簡介

怙主頂果・欽哲仁波切

《障礙遍除》是遍知三時一切的成就大師蓮花生大士之心要精華，是十億心要上師成就法的精髓，是埋藏在西藏地下最獨一無二的伏藏，亦是「四類上師成就法」中的第一類。這部《障礙遍除・上師意修》完整含攝瑜伽三內續見、修、行之一切深奧關鍵要點，是從鄔迪亞納第二佛廣大密意之大智慧寶庫中，顯現出的圓滿美妙音韻之自生自性金剛音聲。

三部之偉大聖者，三位大力持明者欽哲、康楚、秋林，他們轉生為大師以彙編並弘揚如海的祕密教法。完全是由於他們三位的恩德，而使這部教法所表達的內容不經凡夫智識修改，其文字無有虛妄，義理無有謬誤；完全是由於他們的恩德，這部教法才得以書錄確立，成為雪域弟子無盡幸福安樂的加持光輝，並且傳揚興盛於四方。

這部清淨圓滿的教法能夠按照個人的心願，毫不費力地賜予暫時和究竟的勝共遍攝悉地，其乃能開啓轉輪聖王寶庫之各類深奧義理珍寶的空前傳布。

蓮花生大士

蓮花生大士

祖古・烏金仁波切

在我們當今世界的這個時代，將會有千佛出世，並且每一佛都會有一位蓮師化身相伴，以開展佛行事業。在當今釋迦牟尼佛的這個時代，佛的一切事業都是以蓮花生大士這個化身形象示現。蓮花生大士是從湖中的一朵蓮花中誕生。在他的自傳中，他敘述說：「我沒有父親，沒有母親、從一朵蓮花當中出現。」他以此方式，任運生成。但是這樣的誕生還有另一個原因：作爲一個幻妙出生的人類，他具有大神變力量，不只能夠調伏人類，還能降伏鬼靈以及其他部的非人眾生。

蓮花生大士住世的期間很長。他出生之後，持續在印度居住約一千年的時間。其後，他抵達西藏，在藏地居住了五十五年。他在藏地的最後時日，於二十五大弟子及西藏國王相隨之下，前往尼泊爾邊境一個名叫貢塘的地方。在那個地點，他騎上一匹名叫瑪哈巴拉（Mahabhara）的寶馬，在四部空行母簇擁之下，飛入天際。他那些被留下的眷屬看著他的身影愈來愈小，緩緩消失而去。

根據傳記，他首先降落在菩提迦耶，在該地停留了一段時間。之後，他前往自己名爲「吉祥銅色山」的淨土。就地理位置而言，那個地方坐落在菩提迦耶西南方的大海某處，是一種次大陸，下層居住著羅剎——那是一種食肉的鬼靈。依據釋迦牟尼佛所做的一個授記，在歷史的某個特定時期，當人類平均壽命變成二十年的時候，這些羅剎將會入侵我們所知的這個世間，擊潰並毀滅所有的人類。因此，人類處於極大的危險之中。然而，佛亦授記說，蓮師會前往此地征服所有這些羅剎。蓮師的事行恰恰實踐了這個授記。

這個島中央的主山是黃銅的顏色，山的底部下達大海深處的龍界，頂峰則穿破天際，甚至到達色界之梵天界的高度。在這山的頂峰之處，有一個蓮師創造的幻顯佛土，具有三層：上層是法身層，蓮師的主要性相在此現作無量壽佛；中層住著觀自在菩薩；底層住著以我們熟悉的形象所示現的蓮師，周圍環繞著蓮師的八種顯相。

出現在這個世間的蓮師是阿彌陀佛的身化身，觀自在菩薩的語化身，釋迦牟尼佛的意化身。蓮師在示現於我們這個世間之前，首先在報身剎土現作五部顱鬘力，接著示現為蓮師八相、十二相等等，直至總共出現了五十化身相。最終，有無數不同形象的蓮師出現。

在蓮花生大士離開西藏之前，他做出眾多的授記，隱藏了諸多留待未來取出的教法，並且加持親近弟子與自己永不分離。以此方式，這些弟子將會在未來投生，取出被隱藏起來的教法，並且他們的力量等同蓮師本人一般，具有大神變力，能夠飛天遁地、自在穿越固體物質，以及無礙闡述一切佛經、論典、密續的內義等等。

此外，他特別授記了未來將會出現的一百零八位大伏藏師。由於世界局勢動盪，造成不同時代會發生特定的困難。蓮師已經預知到這些不同歷史時期的狀況，於是設計出可以幫助人類的特定修持，這些修持會在合適的時間由特定伏藏師取出。屆時，取出這些伏藏教法的伏藏師們，會傳授專門設計給該特定時代和狀況的教法，而這些教法會是全然新鮮又順應時代。

正如同我們寧願享用以合宜方式烹調、不致因腐敗而讓我們生病的新鮮食物，同樣的，「近傳承」所取出的伏藏教法具有非常特殊的功德。這些教法具有近傳承的優點：不因任何破壞或三昧耶毀損以致中斷；不受任何人士的篡改，而是直接來自蓮師的教法，經由轉世出現於當代的蓮師弟子所取出，進而傳揚這些教法，讓人進行即時的修持。

《障礙遍除．上師意修》就屬於這一類的教法。這個法類是以上師成就法為基礎。當我從上一世蔣貢．康楚——就是緊接在蔣貢．康楚．羅卓．泰耶之後的那一位——那裡接受《大寶伏藏》傳承時，有一天，他告訴我：

「在我這一輩子，曾經修過三次竹千（**drubchen**，永日大法會；此處所指爲《障礙遍除》的一週成就法），每一次都有一些非常特殊的神妙瑞兆。」

「我們第一次修竹千的時候，佛壇上的主食子開始流出甘露——不是一點點而已，而是多到溢出佛壇，流到地上，一直流到入口通道那裡。人們爭相品嘗，說這甘露具有一種非常特殊的滋味，甘甜卻又強烈有力，這世間的任何其他東西都無法與之相提並論。我第二次修竹千的時候，盛有甘露的顱器開始沸騰，並且持續沸騰，直到竹千法會結束爲止。我第三次修竹千的時候，我們那時同時在製作甘露丸（mendrub，法藥），從在發酵的法藥傳出非常不凡的香氣，和大家在這世上聞過的任何東西都不同。香氣遠傳到創古仁波切的寺院，那可是要走上四天路程的地方。那座寺院的人們詢問這香氣是打哪兒來的。在我這一輩子，我再也沒有見到其他像這三次這樣不可思議的兆相了。」這也可能是深奧伏藏教法與如此極端偉大的上師加在一起的結果。

當偉大上師修持一部新鮮的伏藏法時，一開始總是具有極大的加持，因爲「空行母的氣息」尚未有時間從伏藏中散逸消失。因此，對於修持近傳承伏藏教法的行者而言，這些教法尤其具有大加持與效力。

《障礙遍除》的主要上師成就法有四個版本：廣版的《廣品事業》（*Trinley Gyepa*）；中等長度的《中品事業》（*Trinley Dringpo*）；中等長度版本的濃縮精華《事業心要》（*Trinley Nyingpo*）；以及極短的《日常觀修》（*Concise Daily Practice*）。濃縮版本並不表示其中有任何缺失，而是變得更加珍貴，就如同酥油是牛奶的萃取精華一般。

在這部修法的壇城輪中，蓮師周圍環繞著他自己的十二化身，這十二位化身和十二位不同本尊無有分別。本尊同上師無別的這個性相被稱作「十二相」（蓮師十二變）。此外，蓮師的頭上有無量壽佛，代表法身；無量壽佛下面是觀自在菩薩，代表報身；蓮師則代表化身。四方八隅則分別現有四位化身和八位化身，總共就是十二化身。四方的四門有四位護門尊。這些就是包括在這個壇城內的本尊眾。

有云：瑪哈瑜伽的密續經典包含在阿努瑜伽經典之中，阿努瑜伽的經典包含在阿底瑜伽口訣之中；上述全部都涵蓋於成就法典籍之中，而成就法典籍則涵蓋於你自己的實修當中。

在這個獨特的脈絡中，蓮師十二相體現了所有不同部別的本尊，例如八大嘿汝嘎、瑪姆、寂忿諸尊、大威德金剛，以及普巴和密意總集。寧瑪派這些必不可少的本尊眾被稱作「噶、宮、普」，代表噶傑（Kabgye，八大法行）、宮度（Gongdü，上師密意總集）、普巴（Phurba，金剛橛）。

在《障礙遍除意修》中，此十二相對應於蓮師的不同化身。勝者法嗣是蓮花王；語獅子是文殊師利；聖者善顯是財神臧巴拉；大誅魔者是普巴金剛；瞻部洲妙莊嚴是眞實意嘿汝嘎；貝瑪炯內是鄔金金剛持；最極聖者持明是調伏勇父、空行、鬼靈的蓮師；神通力士是忿怒蓮師多傑卓勒；金剛威猛力多傑札嚓是威猛上師咕汝札波與蓮花飲血尊貝瑪嘿汝嘎；有緣導師是八大嘿汝嘎合在一起，尤其是大吉祥飲血尊巴千嘿汝嘎；羅剎顱鬘是金剛手；大樂王是密意總集和勝樂金剛。

過去，蓮師在修八大法行、密意總集、普巴金剛及其他所有本尊的時候，他與本尊相融無別，因此這個修法的加持更大，成就更迅速，勝過其他的任何修法。這就是為何相較於秋吉．林巴的其他伏藏，《障礙遍除》的加持更大，成就更為迅速。對於這個修法，沒有任何障礙可以產生。大伏藏師本人的口授教示說，如果修行者能夠按照《障礙遍除》圓滿修持前行，那麼這位行者就不會生起任何障礙。這是傳至我自己上師那裡的承諾。

這部伏藏究竟是在何時取出的呢？一日，秋吉．林巴和蔣揚．欽哲前往一處名叫達寧．喀喇．榮溝的地方，雅魯藏布大江從懸崖峭壁和這個取藏處之間流過，俯瞰這個地點的石崖非常陡峭。

秋吉．林巴與蔣揚．欽哲帶著大批人馬抵達這個雄踞在藏布江旁的懸崖。秋吉．林巴指向對岸說：「在對岸的白色岩石那裡，有我必須取出的一部伏藏。」他的侍從說：「是，但至少需要花上一天的時間，才能走到那裡。首先您必須爬到這個懸崖的底部，找一個能夠渡河的地方，然後再向上走到對面的那個處所。那至少是一天的跋涉路程。」秋吉．林巴說：「不，不，不！完全不會花很長時間，有一個非常容易的方式到達那裡。」說這話時，他把披肩展開作為「翅膀」，就這麼從空中飛到河流對岸，降落在那裡，取出了伏藏。回來時，他徑直走過河水，攀爬上這一岸。看到這一幕的人全都感到極其不可思議，認為他確實具有神通力。伏藏師就是像這樣的人。

蓮師法極爲重要，因爲大寶上師蓮花生不是什麼過往陳舊故事中的傳奇人物，而是持續不斷開展任運事業的眞實人物。他不只送出自己的化身作爲伏藏師到這個世界上，讓這世上一直具有新鮮無損的教法供人修持，而且蓮師的靈性影響力和加持是無止息的。如果我們能夠修持這部成就法，將會有非常大的利益。

當然，最好是能夠按照成就法的三個版本，以密集方式進行實修。次佳的方式是修持更短的版本，那只有一頁半的長度，稱作《日常觀修》。如果你連修這個的時間都找不出來，至少應該念誦以「杜松桑傑咕汝仁波切」爲首的六句祈請文，意思是「三時諸佛大寶上師尊」等等❶。我們也應該每天至少念一串念珠的蓮師心咒。這對我們自己的發展，將會有極大的助益，因爲神變出生的蓮師完全不受天神、鬼魔、人類的損害。此外，他的顯現方式令他成爲吉祥顯有調伏者，「顯有」表示一切的世界和眾生。因此，修持蓮師法並且持誦他的咒語能夠去除一切障礙，成就一切和順的外緣。

編按：註號○為英譯註；●為中譯註。

❶即「蓮師滿願文」或「蓮師除障祈請文」，大意為：「三時佛陀上師仁波切，一切成就之主大樂尊，障礙遍除伏魔威猛力，至心祈禱懇請賜加持，消除一切外內密障礙，加持所願自然得成就。」

去除障礙

鄔金・督佳仁波切

《障礙遍除・上師意修》是轉輪聖王秋吉・德千・林巴與蔣揚・欽哲・旺波的甚深伏藏。這部教法有許多不同的分段：主要部分，以及附屬於這個法類的次要部分。如言：「首先，你需要聽聞歷史，以對教法生起信心。其次，應當獲得灌頂，以成熟自己的心續。接著應該獲得竅訣並且遵循，以達成解脫。」按照這段引言，為了讓大家生起信心並且相信教法是權威可靠的，首先我會講述一些這部教法的相關歷史。在聖域印度，不同類別的教法之間並沒有任何相異處。後來教法被引入西藏的時候，產生了寧瑪舊派和薩瑪新派這些分別。《障礙遍除意修》是屬於寧瑪的教法。

在寧瑪傳承之中，有三類教法：遠傳承的噶瑪口授教傳，近傳承的深奧伏藏，極近傳承的淨相教法。《障礙遍除意修》屬於深奧的伏藏教法。伏藏有不同的種類，包括：地伏藏、意伏藏、隨念伏藏（通過記憶而取出的伏藏）、再伏藏（再次取出的伏藏）。這是一部地伏藏。秋吉・林巴在二十五歲的時候，於達寧・喀喇・榮溝這個地方取出了黃紙卷。蔣揚・欽哲・旺波也以意伏藏的方式取出了這些教法，稱作《善逝總集意修》（*Tukdruk Deshek Dupa*）。他認為《善逝總集意修》無論在文字上或意涵上都與《障礙遍除意修》幾乎一模一樣，因此決定將這兩部伏藏合而為一。

這些教法原本的來歷如下：那是大寶上師蓮花生受到護法王赤松德贊的邀請，駐錫於西藏中部桑耶的時候。有一天，在某殿內一個飾滿青松石的房間內，蓮花生大士和他的九位親近弟子共坐一室。這些弟子是：國王和他的三個兒子（三位王子）、由金剛諭令指派的明妃耶喜措嘉空行母、證量等同蓮花生大士本人的毘盧遮那大師（Vairotsana，意譯為「遍照護」）、僧人南開·寧波，以及密咒士多傑·敦珠、努千·桑傑·耶喜。他們一起向蓮師祈請多次，獻上曼達和各種供養。他們全心全意、真誠地提出這些問題：「在現在這個時代和未來，對於獲得證悟有障礙的時候，有什麼驅除這些障礙的方法？清除障礙之後，如何獲得成就？有什麼方式能夠做到呢？」

大寶上師回答：「如今，當代及未來世代在求取證悟和成就的法道上，將會生起無數種類的障礙。有一個法門足以清除一切障礙，也就是從內心深處呼喚自己的上師；這就足以去除各個種類的障礙。一旦障礙被清除之後，當下就能獲得成就。」簡言之，向自己的上師祈請是至關重要的。

這可能是蓮花生大士說過最重要的話語之一了。這段話記錄在《障礙遍除》第一函以及一篇名為《精要口授》（*Sheldam Nyingjang*；雪當·寧絳；*The Essence Manual of all Oral Instructions*）的教文中。教言說：要呼喚上師——對自己開顯通往證悟之道的上師。個人自己的上師可能具有等同三時一切諸佛的一切善德；然而就恩德而言，自己的上師要比其他一切諸佛都更為恩慈。出於往昔一位佛不可思議的願力與福德，從而顯現出另一位佛，覺醒而獲得眞實圓滿的證悟，並且教導八萬四千部的佛法。在我們這個時劫，釋迦牟尼佛已經示現如此事行，然而我們沒有足夠的福德能夠親遇佛陀和獲得祂的法教。

對我們來說，自己的根本上師是對我們展現如何取捨、如何依循一條眞實法道的人。具有根本上師，就如同盲人動了眼睛手術而能夠看見東西一樣。因此，以眞實可靠的方式對我們展現法道的這位傳法上師，就是我們個人的根本上師，是我們的主要上師。這樣的恩德無與倫比。對此，從自己的內心、從自己的骨髓深處，懷著尊敬和信任，對他感恩，這是必要的。若是不具有那份信任和虔敬，那麼可以說修法進展的這株植物就是從根部腐爛了。

現在這個時代，有很多老師為我們授予教導、灌頂和教誡。有多位老師是件好事，這顯示出我們對尋求佛法和欲求了解佛法的熱忱。然而，我們需要有一位特別的人為我們開啓和闡明法道，告訴我們「那就是該走的方向」。我們需要有一位個人的教師，我們需要知道這個人是誰。這可不是一件簡單的事情；這需要過去很多、很多生世累積相合的大量福德和聖願，才能與一個人結緣並且具有那樣的信任和虔心。我們不應該認為那是件容易的事情。

當你閱讀過往大師的傳記時，經常會見到他們在進行大量修持——例如本尊法的修持——之後，可能會獲得該智慧本尊的淨相，智慧本尊則授記某某人是這位大師的根本上師。如此的相遇，能完全轉化個人的體驗，那是覓得自己根本上師的確然徵兆。

例如，在寧瑪傳承中，極喜金剛的根本上師是金剛薩埵，而文殊友的根本上師是極喜金剛等等，每一位都非常明確地指示出自己的主要上師是誰。所以這就是我們具有一位接一位、無問斷傳承的方式。在噶舉傳承中，我們有一列上師的名單：金剛持、帝洛巴、那洛巴、馬爾巴、密勒日巴等等；我們能夠一一數出，他們被稱作「噶舉上師金鬘」。若是閱讀他們的傳記，各位就會明白。例如，那洛巴在已是博學大師和班智達的時候，於淨相中見到一位空行母告訴他，爲了獲得大手印的殊勝成就，他必須去見帝洛巴。於是那洛巴出發尋找帝洛巴，並且在找到帝洛巴之後，被迫經歷許多非常艱難的考驗。最終，那洛巴證得大手印的殊勝成就。在這所有人的傳記當中，都能看到噶舉傳承上師找到一位非凡出眾的人物作爲自己獨一無二的個人上師。諸位應當閱讀他們的傳記，思惟他們，並且對這個要點獲得一些理解。

依據密續，有四個不同種類的上師：授予灌頂的上師、解釋密續意涵的上師、給予口傳的上師等等。按照恩德的程度或深度，有不同的計算方式，於是有三恩、二恩或是一恩上師。而引介我們大手印或大圓滿見地、帶領我們親見自己心性的根本上師——不只是指出清淨了知的境界，並且還在我們的相續中注滿加持，令我們能夠證得或認出大手印或大圓滿的眞實境界——這就稱作不共的根本上師。那樣的恩德是難以思議地偉大。一個完全受到煩惱、愚痴、業網所捕獲的人，若能瞬間對他示以諸佛的覺醒境界，即能暫停並終止輪迴。還有什麼恩德比這個更大的呢？如果我們自無數劫以來一直都處於黑暗的地牢中，然後有人前來並打開電燈，瞬間驅除了一切黑暗，那是多麼驚人的事情！本質上，我們是被引領而親見自己的本性，亦即一切諸佛的法身自性。怎麼可能有比這更大的恩德呢？如果能有一位這樣的根本上師，那眞是棒極了！如果沒有，就要確保自己能夠獲得一位這樣的上師。因爲若是沒有這樣的上師，就不可能獲得證悟。

依據佛經，上師是善友或嚮導，向我們展示什麼該做、什麼不該做，讓我們得以進步。但是按照咒乘或金剛乘的說法，灌頂是修持密續的入口大門。在四種灌頂之中，最重要的是第四個灌頂，這個灌頂授權我們，令清淨覺知的戲現得以成熟。若是沒有一位上師爲我們指出這個基本自性，讓我們能夠認出這個自性，就不可能進行金剛乘的修持。

在這部教文中，蓮花生大士說：「一個人如果想要以眞實可靠的方式修持佛法，就需要依止一位上師。依止上師的時候，最重要的就是要信任他——從自心深處、發自骨髓的眞實信任。否則，佛法修持就是從根部腐爛了。」「根部腐爛」是什麼意思？意思是有什麼狀況不對勁了。例如花卉或植物的種子壞掉時，就不可能生長出東西，從中不會長出花瓣、葉子或植物。根本上師是三寶的示現。所以要是沒有一位根本上師，就是缺少一個極爲重要的東西。不只如此，上師是加持的根本，所以如果沒有上師和對上師的虔心，就不會有加持、不會有啓發。我們是否信任，這取決於我們的心，但若沒有一個可供信任的眞實對象、一個我們已然如法尋獲且可以信任的人，就絕對無法獲得證悟。

上師是加持的根本，本尊是成就的根本，空行、護法是事業的根本；這些是三根本。實際上，三根本全都總集於上師。這部法的名稱講到上師，指出這是成就上師的一個修持。如果我們能夠將自心與上師的密意相結合，那就是成就上師——蓮師。如果我們能夠確實做到自心與上師的密意相融無別，就是成就蓮師。否則，我們就沒有成就上師。

如果一個人已經找到一位眞實可靠的上師，那麼蓮花生大士諭示要向自己上師祈請的教言就是切身相關的。大寶上師蓮花生出現在西藏並且傳法給他最主要的二十五大弟子。他加持他們在未來的不同時期出世，顯現爲一百位大伏藏師等人。但要明白，他們全都與蓮花生大士無有分別，他們是幻化網，是蓮師的密意遊舞，無一例外。

蓮花生大士是佛，而佛是法身。法身以一種持續不斷、任成周遍的方式，遍在於、呈現爲每一位眾生的心性。因此，要抉擇自己的根本上師與大寶上師蓮花生無二無別；你自己的根本上師無非就是一切佛的法身。了解這一點以後，從自己的內心深處，全然臣服地呼喚蓮花生大士。他說沒有比祈請更深奧的教誡。這是一切佛經、密續的意旨。你能夠以很多方式作祈請，但一切祈請的萃聚精華就是呼喚自己的根本上師。要清除一切障難並獲得所有成就的殊勝方法，就是呼喚自己的根本上師。蓮花生大士曾經親口說過，沒有比這更高深的教誡了。

有很多的障礙和妨礙，也有很多克服它們的方法。一切被錯認的體驗都是一種阻礙，但是只要你明白每一個念想狀態都是你自己的戲現，就完全沒有阻礙可言。如果不明白這一點，就會有很多的障礙。對於一個想要以眞實可靠方式修持佛法的人，是有可能診斷出到底哪裡出了問題，例如外在的障礙、四大不調、這個幻身和脈氣失去平衡，以及因爲二取妄念而生出的障難等等。若只是屈服於障礙，任其征服自己，這是絕對不行的。我們需要準確辨別出到底哪裡有問題，而遍知的蓮花生大士對所有的障礙都做出了分類。

現在再回到《遍除障礙意修》這個法類的其餘歷史部分。聽聞蓮師對於衷心向上師祈請以克服障礙的教誡後，他的三位主要弟子——赤松德贊王、耶喜．措嘉及牟如．贊普王子——對他的教言進行省思，因而明白觀自在菩薩是與西藏具緣的主要本尊，蓮師則是與西藏具有業緣的主要上師。至於對他們自己來說，除了蓮師以外，別無其他的皈依對象、其他上師可言。他們便請蓮師傳授一個實際的成就法，能夠眞正滅除障礙的方式。蓮師遂同意，並把左手放在耶喜．措嘉頭上，右手放在赤松德贊王頭上，額頭與牟如．贊普王子的額頭相觸，從自己的法身密意廣界中取出名爲〈桑巴倫祝〉的祈請文〈願望任運自然成就祈請頌〉。

接著他們告訴蓮師說，這是一篇非凡卓絕的祈願文，所有弟子都將持誦，但他們繼續請求蓮師給予一部實際的成就法，一個能夠淨除障礙的實修儀軌。蓮師同意了，他顯現出《遍除障礙意修》壇城：蓮花生大士現作化身的「調伏顯有」，是為主尊；在他上方是報身觀自在菩薩；觀自在菩薩上方是法身阿彌陀佛或無量壽佛；連同蓮師的十二化身、四護門者、雙運的勇父和空行母。蓮師現出這個壇城並且傳授了這部教法，其中包括根本續、成就法，以及透過這部教法以成就各種事業的不同教文。

之後，這些教法傳予了蓮師的弟子，他們修持這些教法，從而去除一切障礙並獲得成就。耶喜．措嘉寫下這些教法。蓮師離開西藏十二年後，她按照蓮師的授記，將這部伏藏隱藏在達寧．喀喇．榮溝的岩洞中。赤松德贊王的次子牟如贊普許下非常深摯高貴的心願，他的這些願望加上蓮師的加持令他現作秋吉．德千．林巴，並且取出了這部伏藏。他將這部伏藏保密八年，僅用作自己的修持。在此同時，赤松德贊王轉世為偉大上師蔣揚．欽哲．旺波。這兩位一起開顯這部具有不可思議加持且修持成果迅疾的伏藏教法，名為《障礙遍除．上師意修》。在毘盧遮那譯師的化身，蔣貢．康楚的協助之下，這些教法廣弘於西藏各處，並且傳揚至今。

《障礙遍除．上師意修》是上師的心要修持，能夠清除一切障難，從而獲得成就。為了結合一切精華並且清除障難，就應當向根本上師祈請。由八種或十六種威脅所引生之外障（八災十六難），能夠經由呼喚根本上師而去除。因誤用身體脈、氣、明點所致細微脈、氣之內阻，能夠經由呼喚根本上師而去除。諸種染垢，也能夠經由呼喚自己的根本上師而淨除。在密的層面上，眾多不同念頭的迷妄思惟湧現，也能夠經由呼喚自己的根本上師而淨除。

這是直擊要點的簡短解說。爲了實修這部深奧法門，行者自身須爲較高根器者，必須已具根本上師並且予以信任——不只是嘴巴講講、陳腔濫調或其他表面功夫的信任，而是從自己內心深處視根本上師如佛親臨的一種深邃意樂。具有這種信心之後，就能夠感到完全的虔敬和服從，見上師的一切作爲都圓滿無缺，視他的一切話語都善妙非凡。如果行者是屬於這類弟子，無論是否藉用言語，都能夠從自心的基本種子，熱切渴求虔敬地呼喚根本上師，從內心深處完全臣服於根本上師，那就足夠了。但若自身條件並非如此，並且需要使用一種更詳細的方式來去除障礙，那麼就應該祈請這個法類中的四位附加本尊：聖度母、不動明王（Miyowa）、穢跡金剛（Mewa Tsekpa，美瓦・澤巴）、金剛棒（Dorje Bechön），以清除外、內、密、極密的障礙。對於這些本尊，每一位都有一個灌頂、一部成就法、修持竅訣、施行的事業等等，細節繁多。

（左上順時針起：）金剛棒，不動明王，穢跡金剛，度母

實修

《本智通澈心中心》（耶喜・桑塔）——《精要口授》的第四章。༔

蓮花生大士

自三摩地中起，貝瑪卡惹傳授此根本瑜伽，一切壇城之根源：༔

既得殊勝暇滿惕無常，༔
已然獲得殊勝暇滿，並且對無常感到厭倦之後，༔

深切出離因果作取捨，༔
以強烈的出離心，致力於與因果相關的取捨。༔

彼等具有信心與悲心，༔
那些具有信心與悲心，༔

欲即生獲勝共悉地者，༔
希望此生即能獲得殊勝與共通悉地者，༔

灌頂成熟相續梵戒淨，༔
應該以灌頂成熟自己的相續，並且以完全清淨的三昧耶，༔

修道根本皈依當行之，༔
進行皈依——道之根本，༔

生起道粹二種菩提心。༔
以及生起兩種菩提心——道之精華。༔

修道究竟金剛乘相關，༔
道之究竟部分，金剛乘，༔

覺證違緣諸惡業障礙，༔
其覺受與證量的違緣，即一切惡業與障礙，༔

奧妙金剛薩埵法清淨。༔
圓滿順緣福慧資糧故，༔
獻上如海三身剎曼達。༔
尤其實修一切道精要，༔
虔心敬信上師瑜伽法：༔
前方虛空供養雲海中，༔
獅座蓮花日月層疊上，༔
皈處總集鄔金顱鬘力。༔
一面二臂怒笑燦光芒，༔
蓮冠密外袍法衣錦氅，༔
右金剛杵左顱器寶瓶，༔
擁抱天杖隱匿相密印，༔
雙足遊戲五彩光團中，༔
放射如雲遍攝三根本，༔
萬有皆吉祥上師體性。༔

應該通過金剛薩埵這個深奧修持進行淨化。༔
爲了圓滿善緣，即福德資糧與智慧資糧，༔
應當供養三身之如海剎土曼達。༔
尤其應當實修一切法道精華的關鍵要點，༔
虔心之上師瑜伽：༔
在自己前方虛空的供養雲海中，༔
在獅座和層疊的蓮花、日、月上，༔
是鄔金·拓稱·匝，一切皈依處之總集。༔
祂一面二臂，忿怒微笑著，放出耀眼的光芒。༔
祂身著蓮冠、密衣、外袍、法衣和錦緞披風，༔
右手持著一個金剛杵，左手拿著一個顱器和寶瓶。༔
祂擁抱著隱藏形象爲天杖的祕密手印，༔
雙足是遊戲姿勢，身處於五彩虹光的明點之中。༔
祂放射出遍攝三根本的雲聚。༔
顯現和存有的一切全都是吉祥上師的本質。༔

祈請方式行外部修持，༔
持誦方式行內部修持，༔
領四灌收攝蓮師於己，༔
自心上師無別光明中，༔
專注覺持祕密勝義師。༔

修持大空性真如法界，༔
於彼世俗勝義萬法中，༔
皆為二諦相融大法身，༔
證得死亡光明自性界。༔
經由修持遍照三摩地，༔
無緣大悲虛幻方便中，༔
於遍虛空未證悟有情，༔
中陰現作幻網本尊眾。༔

以祈請的方式，進行外的修持；༔
以持誦的方式，進行內的修持。༔
之後，接受四個灌頂，並且收攝蓮師於自身。༔
在自心與上師無別的光明境界中，༔
專注一心地體驗祕密、究竟的上師。༔

通過修持大空性——眞如虛空，༔
在那裡，一切相對和究竟的法，༔
都是相融二諦的偉大殊勝法身，༔
你將會證得死亡即光明自性界。༔
通過遍照三摩地的修持，༔
在無緣悲心的虛幻方式中，༔
對那些遍滿虛空、未證悟的有情，༔
中陰會現作《幻化網》諸本尊的形象。༔

尤為清淨受生過程故，༔
生起次第斷凡俗攀執。༔

觀修刹那念圓淨幻生，༔
觀修種字散收淨暖生，༔
觀修種字身幟淨胎生，༔
觀因果飲血尊淨卵生。༔
總之能依所依之壇城，༔
面臂幟相完整作觀修。༔

首先於此次第做修習，༔
自觀單一手印之形象，༔
栩栩如生特徵如彩虹。༔
最佳視作自性大勝義，༔
次佳觀總體特定細節，༔

尤其是，爲了清淨受生的過程，༔
要修持生起次第，這能終結對凡俗體驗的攀執。༔

爲了清淨幻生，以瞬間憶念圓滿作觀想；༔
爲了清淨暖生，觀想種子字的散放和收攝；༔
爲了清淨胎生，觀想種子字、手幟及身相；༔
爲了清淨卵生，觀想因嘿汝嘎與果嘿汝嘎。༔
無論是何種狀況，觀想能依和所依的壇城，༔
以及完整的臉、手臂和手幟。༔

首先，爲了對此做漸進的訓練，༔
觀想自己是單一手印的形象，༔
具有鮮明的特徵，如同彩虹一般。༔
最佳的是，視其爲本然的大究竟；༔
次佳的是，想像總體及特定的細節；༔

至少釘下意不變異釘。༔
前方擺設性相具足像，༔
雙眼氣息意注於其上，༔
鮮明現起斷昏沉調舉，༔
安憩顯空雙運本尊相，༔
覺受生起念頭騷亂息。༔

時而安住心識自性中，༔
時而轉化定力為諸物，༔
座座明現本尊到達量，༔
座座釘下心咒之大釘，༔
座座住本尊自心一味，༔
座座修光芒散收幻戲，༔
時時保任本尊無別慢。༔
修道能現基果雙運故，༔

至少，釘下不變專注之釘。༔
在你面前放置一個具足所有特徵的法像，༔
將自己的心意、眼睛、風息一心專注其上。༔
當有鮮明影像出現時，應棄除昏沉和掉舉的過失，༔
安住在本尊形象即顯空雙運的境界中，༔
覺受將會生起，這時念頭的騷動將會平息。༔

有時候休息，將心識帶往其本然狀態。༔
有時候轉化自己專注的表述成爲眾多不同的東西。༔
在每一座中，都將本尊的清晰出現引至圓滿。༔
在每一座中，都釘下心咒的大釘。༔
在每一座中，都安住於本尊與自心的一味中。༔
在每一座中，都修持光芒散放和收攝的幻化戲現。༔
在一切時候，一直維持對於本尊相融無別的佛慢。༔
由於道展示出基和果的雙運，༔

修持全淨斷凡俗攀執。༔
座間薈供食子補誓戒，༔
一切顯有悉入道成為，༔
幻化尊咒大智慧體性。༔

所以應當修持能停止攀執凡俗體驗的全然清淨。༔
在座與座之間，以薈供聚集和食子修補三昧耶。༔
將顯現與存有的一切都帶到法道上，༔
作爲幻化本尊、咒語、偉大智慧的本質。༔

如是心一境性作修持，༔
動得住固圓滿覺受生，༔
親見具足三顯明形象，༔
成就真實語和不變意。༔

若是你以這種方式專心一意地修持，༔
將會生起移動、證得、安住、穩固、圓滿的覺受，༔
並且你將會親見具有三種顯明的形象，༔
你將會成就眞實語和不變的心意。༔

復次意注完整壇城輪，༔
漸次獲取顯明之現起，༔
散放諸佛部遍滿虛空。༔
具力持明幻網三摩地，༔

其次，將你的心意固定在整個壇城輪上，༔
並且在逐漸獲得其明晰出現時，༔
放出一群群的佛部遍滿整個天空。༔
經由幻化網之三摩地，༔

以及萬有作為顯現基，༔ 起自大力持明，以及作爲顯現基礎的顯有，༔
通過大集會修之方便，༔ 並且通過會眾群體修持的方便，༔
將能成就最上之悉地。༔ 將能成就最高的悉地。༔
伴隨圓滿時處師眷物，༔ 伴隨圓滿的地處、時間、上師、眷屬和物品，༔
正確修持乞地之儀式，༔ 正確地舉行「土地的儀式」，༔
及成就法外內密閉關。༔ 並且修持外、內、祕密閉關的成就法。༔

立表示壇城為修定依，༔ 設立象徵符號的壇城，作爲專注的所依，༔
鮮明完整具嚴飾形象，༔ 一個具有嚴飾的鮮明完整形象。༔
自生壇城本尊主眷眾，༔ 觀想自己和所有的眷屬，即自生壇城本尊眾，༔
觀為無別方便與般若。༔ 乃無別的方便與般若。༔

經由依與近依之光芒，༔ 以「依」和「近依」的光芒，༔
淨外器為蓮花網剎土；༔ 清淨外在世間爲蓮花網剎土。༔
以成修光芒散放收攝，༔ 以「成修」的光芒收放，༔

轉內情為持明幻網相；༔
並以大修清淨自相續。༔
復次尊身顯明咒光芒，༔
樂空等持和合解脫法，༔
圓滿六、十二或十八月，༔
外兆得真實親見本尊，༔
壇城放光瓶甘露沸騰，༔
顱器震動酥油燈自燃。༔
內兆三門大樂風覺清，༔
攀執諸法感知轉虛幻。༔
密兆意無變一境等持，༔
本尊會眾圓滿內心中。༔
已證殊勝悉地故能現，༔

轉化居住於內者成爲持明幻化網的形象。༔
以「大修」清淨相續。༔
接著，經由本尊形象的顯明現前與咒語的光芒，༔
並且經由大樂與空性的三摩地以及和合與解脫的修持，༔
圓滿六、十二或十八個月的時候，༔
作爲外在的徵兆，你將會眞實見到本尊，༔
壇城會放光，瓶內的甘露會沸騰，༔
顱器會震動，酥油燈會自己點燃。༔
作爲內在的徵兆，你的身、語、意會變得大樂，你的風息和覺性會變得清明，༔
並且你對攀執一切現象的感知將會變得如同幻相。༔
作爲祕密的徵兆，你的心意將會無變異地處於專一的三摩地中，༔
並且本尊會眾將在你內心圓滿。༔
因爲此時你已經證得殊勝的悉地，༔

顯相心意一味諸神變，༔
身形無變心意便成就，༔
本尊形象異熟持明位。༔
得證壽命自在金剛身，༔
五相大手印殊勝種姓，༔
以此方便得圓滿十地，༔
證得大補處任成持明。༔

持誦意趣佐生起次第，༔
具有四種依修之觀想。༔
首先自身心間月輪上，༔
黃金五股金剛杵中心，༔
月上啥字光耀如火焰。༔
字母周圍環繞之咒鬘，༔
自鳴音聲持續作旋轉。༔

所以你能夠展現出顯相與心意一味的種種神變。༔
甚至毋需改變自己的身體，你的心意便能開始成就༔
本尊形象的異熟持明。༔
你將獲得對壽命的自在，亦即金剛身，༔
並且經由五相大手印殊勝部族爲方便，༔
你將能圓滿十地，證得大補處༔
——任運成就持明。༔

持誦的意趣，生起次第的輔助，༔
具有「依」與「修」的四種觀想。༔
首先，在自己心間的月亮上，༔
在黃金五股金剛杵的中心，༔
是一個位於月上的「啥」字，閃耀如火焰。༔
其周圍環繞的咒鬘，༔
自己發出聲響，並且持續不斷地旋轉著。༔

意注其上如星鬘環月，༔
激勵本尊意依誦意趣。༔

化現咒鬘經由口中出，༔
進入前方智慧尊口中，༔
經其身相與臍間蓮花，༔
進入自身臍間作旋轉。༔
光芒精華聚心間明點，༔
觀想大樂智慧得穩固，༔
獲得一切悉地之自在。༔
此定猶如旋繞火炬輪，༔
是為近依本尊之意趣。༔
亦可與自光明妃身相，༔
或諸化身觀修作交換，༔
如是促請周圍本尊眾。༔

將自心專注其上，就像周圍有一圈星鬘的月亮，༔
這稱作激勵本尊心意的依誦意趣。༔

由此化現出咒鬘，經由你的口中而出，༔
進入前方智慧尊的口中，༔
經其身相與臍間的蓮花，༔
進入你的臍間，如前作繞轉。༔
光芒與精華聚集在你心間的明點，༔
觀想大樂智慧獲得穩固，༔
並且獲得對一切悉地的自在。༔
這個專注，就像是旋繞火炬之輪，༔
是向本尊「近依」的意趣。༔
這個交換的對象也可以是明妃的身相，她是你自己的妙力顯現，༔
或是任何不同的化身觀想，༔
以激勵周圍環繞的本尊會眾。༔

經由咒語放出之光芒，༔
供雲獻聖眾聚回加持，༔
集資淨障獲灌頂悉地。༔
復放淨三界眾生業惱。༔
散放收攝如國王使者，༔
成修悉地自在之意趣。༔

外世間即奧明金剛刹，༔
顯相本尊動靜音聲咒，༔
念頭乃無二智慧遊戲。༔
萬有大顯基中作持誦，༔
此法如同打開之蜂巢，༔
是為大修悉地之意趣。༔

實修此四意趣金剛誦，༔

經由咒語放出的光芒，༔
供雲向聖眾獻供並收集加持回攝入你，༔
遮障得以清淨，資糧得以圓滿，你獲得灌頂與悉地。༔
咒語再次放光，三界眾生的業與煩惱獲得清淨。༔
散放與收攝，像是國王的使者，༔
這是自在於「成修」悉地的意趣。༔

此時，外在世間即奧明刹土之金剛界；༔
顯相是本尊眾，一切有情、無情的音聲是咒語；༔
念頭則是無二智慧的戲現。༔
在這個時候，於顯現與存有作爲顯現基礎的偉大境界中進行持誦，༔
這個修持，就像是打開的蜂巢，༔
乃悉地「大修」之意趣。༔

你應該實修金剛持誦的這四種意趣，༔

單一形象或複雜形象，ཿ
團體或會眾式為主修，ཿ
前法顯明方修持後法。ཿ
依我自生蓮花教誡意，ཿ
依修持誦意趣修持法，ཿ
結合一座內綜合修持，ཿ
以期速生加持與驗相。ཿ
經由內之深奧吽持誦，ཿ
斷生起顯執、增明覺力。ཿ
以大樂氣誦甚深密法，ཿ
三摩地堅固證得輕安。ཿ
收攝光明之勝義修持，ཿ

主要是做單一形象、複雜形象、ཿ
團體式、大集會式的修持。ཿ
應該在圓滿前一個修持的鮮明顯現時，才進入下一個修持。ཿ
然而，經由我自生蓮花這些教示的意旨，ཿ
修持「依修」和「持誦」意趣的方式，ཿ
結合在一起，成爲在一座禪坐間進行的合一修持，ཿ
做此教導是爲了能夠迅速產生加持和驗相。ཿ
經由內的「吽」之深奧持誦方式，ཿ
對生起次第顯相的攀執停止，明覺力量增長。ཿ
經由大樂風息持誦的祕密甚深方法，ཿ
三摩地獲得穩固，並且證得輕安。ཿ
至於收攝入光明的究竟修持，ཿ

吽吽吽令情器與自身，
逐漸收攝入種子字啥，
復攝無想光明本然中。

過去止息未來未生起，
當下覺醒無礙境界中，
心觀照心作休息安住，
此時所生之一切念想，
盡皆同一意藏之遊戲。
由於虛空自性無變異，
當悟周遍心性亦無變，
此即諸乘頂峰大圓滿，
自生心部之無上意義。
凡是修此勝義瑜伽者，

藉由「吽吽吽」，情器世間，連同自身，
逐漸收攝入種子字「啥」字，
這進而融入無分別概念之本具光明狀態。

在過去已經止息、未來尚未生起之處，
在當下覺醒的無礙狀態中，
心觀照心，以此方式休息安住。
無論有什麼念頭在這個時候生起，
全都是單一心意潛藏力的戲現。
由於虛空的自性是不變異，
你將會明白周遍的心意體性也是不變異的。
這是大圓滿，一切法乘的究竟頂峰，
乃自生心部的最上意義。
凡是修持這個究竟瑜伽者，

得具無量密兆與善德，༔
漸次圓成覺證大力量，༔
獲證普賢貝瑪之智慧。༔
彼時經由口說呸呸呸，༔
自己與情器成壇城輪，༔
生起圓滿雙運境界中，༔
益加增長福慧二資糧。༔

此密續口訣海之精華，༔
完整簡潔且具大加持，༔
即生能證悟之易修道，༔
含有持明幻化網意旨，༔
及普賢心髓現觀要義，༔
乃吾聚集心間之命血。༔
為利國王父子及徒眾，༔

都將會有無量的祕密徵兆和善德。༔
覺受和了悟的偉大力量將逐漸圓成，༔
並將獲得普賢貝瑪的智慧。༔
那時藉由說出「呸　呸　呸」，༔
感知自己與情器世間爲壇城輪，༔
在生起和圓滿雙運合一的境界中，༔
進一步地增加福德資糧與智慧資糧。༔

這個密續與口授竅訣大海的精華，༔
完整簡潔，並且具有巨大的加持，༔
容易修持，是一生就能證悟的法道，༔
含有《持明幻化網》意旨的要點，༔
以及《普賢心髓現觀》的要點，༔
這些是我聚集在我心中的命血。༔
我，偉大的自生貝瑪，已經對此做過教導，༔

以及來世具器眾生故，༔
大自生蓮花已作傳授。༔
後世莫令此甘露消散，༔
聚精要成就勝共悉地，༔
吾子當持續不斷修持，༔
明咒士不離生起持誦，༔
瑜伽士了證遍入法界！༔
三昧耶，印，印，印。

以利益現在的國王、他的兒子們及我的弟子們，༔
以及爲了利益未來具有資格的眾生。༔
未來的世代，不要讓這個甘露消散，而是應該蒐集其精華，༔
並且成就殊勝和共通的悉地！༔
我的孩子們，要持續不斷地修持！༔
明咒的修行者們，永遠不要和生起與持誦分離！༔
瑜伽士們，應當引領自己的了證遍入法界！༔
三昧耶，印，印，印。

他以至爲深厚的感情，闡述此由其密意寶庫中傾注而出的教示之後，進入攝持一切的三摩地之中。༔

這出自《精要口授・如意寶珠》（*Wish-fulfilling Essence Manual of Oral Instructions*）的第四章《本智通澈心中心》（*the Quintessence of Wisdom Openness*；耶喜・桑塔；Yeshe Zangtal），乃一切壇城根源之根本三摩地。

詳細修持《障礙遍除意修》之依、修、事業的儀軌安排短文

蔣揚・欽哲・旺波

有些人想要對《意修》的依、修、事業進行詳盡的修持，卻又可能一開始無法找出足夠的時間按通常的時程安排完成前行。若是這種情況，就念誦一萬遍的皈依文，盡己所能地念誦發菩提心文，念一萬遍的百字明咒，以及一萬遍長版或短版的曼達獻供。如果能夠做一萬個大禮拜，結合同樣數目的外上師瑜伽法之簡短祈請文，那會非常好。如果力所能及，也念誦約一千遍的〈遣除道障祈請頌〉（Barchey Lamsel，音譯：巴切・藍瑟）。念四乘十萬遍的蓮師心咒作為內修。在座終，做保任覺證的密修。

以此方式完全圓滿所有前行修持之後，陳設甘露、薈大、食子及七種受用（供品）以供正行誦修使用。在四座當中的黎明那一座，按照中軌《中品事業》進行完整的前行和正行持誦部分。在上午的第二座修廣軌《廣品事業》。下午那一座修中軌，並且在該座結束時，修廣軌的薈供至吉祥頌部分。可以不需要每天做迎請、具誓護法、地母供養、馬舞，但是在初十等日務必要修持這些。在薈供之前，或者是在供養餘食之前，也要做教法守護者長壽五姊妹的祈願供養，修到讚

頌爲止；並且也要做伏藏守護者喀惹金翅母（Kharak Khyung Tsünma，音譯：喀惹瓊尊瑪）的食子供。如果你沒有每天修酬補祈禱文、酬補不合之儀式或地母祈願，就應當在初十等特殊日子進行這些修持，尤其要在初八進行廣詳的酬補祈願。

在晚上的那一座，修持中軌。無論你是按照中軌或是精簡日修短軌進行修持，都要在讚頌之後說「布入母　毗虛哇　毗修得　啥　吽　呸　匝」（Bhrung Vishva Vishuddhe Hrih Hung Phat Jah）開啓持誦宮（the recitation mansion）。

在廣軌中，修到持誦迎請的時候，以這些話語作迎請：「無量光佛與您的本尊會眾，從法界中顯現……」並吟唱詳盡的持誦觀想。對於中軌，只要按照法本文字修持即可；對於其他兩者，則加入此文。

進行長壽持誦以結束座修的時候，依照中軌，盡己所能地多持誦「七字」[1]、蓮師心咒、「拓稱匝」（意譯爲「顱鬘力」）咒，以及「哈日尼薩」咒；並且誦母音、子音與緣起咒。如此間所指示，修「七字」等等的時候，只要維持前後持誦的連續性即可。

如果是按照廣軌修持，則說：「我迎請智慧本尊眾，請各位前來……」做此讚頌，並說：「嗡，善逝智慧……」。念誦〈遣除道障祈請頌〉，並且以「嗡，所有持明壇城本尊會眾……」以懺悔過失。說「嗡　啊　吽　梭哈……」，拋擲明覺花朵並收攝前方的智慧尊入自身，接著以百字明咒作穩固。說「吽，於無生空性中……」，修持收攝和生起，一直到吉祥頌之處。

如果是依照中軌修持，則如上，一直修到母子音及緣起咒。獻上「千句」供養，說：「聚集的智慧本尊眾……」。在〈遣除道障祈請頌〉的最末，以百字明咒懺悔過失。說到「匝吽棒吙」時，觀想前方的智慧尊收攝入自己，以百字明咒作穩固，以三「吽」收攝，並且繼續修持到一般方式的吉祥念誦。

按照這個順序，念十一乘十萬遍的「阿瑪鬲尼」咒（Amarani，長壽佛咒以此為開頭）；如果是兩個月的時長，則念四乘十萬遍。對於「七字」，依據可能的程度，按一般方式念誦十、七或四乘以十萬遍。務必完成完整的十二乘十萬遍蓮師心咒，以及補缺的咒數。

之後，如果能夠結合「成修」的部分，詳細方式是按照「大修」（竹千）儀軌的體系去進行。如果無法做到，則以廣詳的方式樹立四大天王界標，進行「成修」的修持。如果必須在中途中斷，那麼這個時候可以用精簡的方式進行「成修」以及事業法的修持。如此，將此與中軌的觀想要點結合，持誦四乘以十萬遍「拓稱匝」咒與一萬遍的「哈日尼薩」咒。

如果能修補缺的護摩儀式會很好，否則就要用幾天的時間，在座終的時候念誦百字明咒。於

---

❶ Om mani padme hum hrih，嗡 瑪尼 貝美 吽 啥。

修一百遍薈供輪、對護法作酬補懺悔祈禱、獻上感恩供養之後，結束閉關。

若欲進行「成修」的修持，應當從別處取得相關細節。可以在前行的時候立下〔四大〕天王界標，或按照一般的體系進行。

最好在星象吉祥的下弦月期間，於下午開始誦修，在那個時候立下天王界標。結束時，在上弦月星相吉祥的日子，黎明那一座的最末，詳細修持領受悉地的儀式，接著在日出時出關。

關於閉關期間應該避免什麼、進行什麼等等，可以從一般的誦修指南中學習。

這是欽哲．旺波所撰。願其善妙。

赤松德贊王

毘盧遮那

大娑羅樹種子

關於《障礙遍除・上師意修》依修註釋之簡短著述

蔣貢・康楚

一念思師除諸障，
祈請即賜二悉地，
怙主上師佛總集，
生生世世祈攝受。

現依上師之言教，
撰著依修實修文，
闡述此獨特伏藏，
千萬上師法妙粹。

一想到您，就能驅除一切障礙。
向您祈請，您就賜予兩種悉地。
怙主上師，一切佛陀的體現，
請在我的一切生世都攝受我。

現在，按照我上師的教言，
我將撰著一份依修的實修方法，
以闡述這部獨一無二的埋藏寶藏，
這是十億上師成就法的神妙精要。

一般而言，關於如何修持此法的基本敘述，應該運用《精要口授》第三章的教導爲基礎，按照自己上師對廣、中、簡軌（《事業心要》）的教誡進行實修——只要合適，任何一版法本皆可，按照地點、時間、根器等不同情況考量。

無論你是開始修持生起或是圓滿，首先都要修持四種共通前行的修心，以及四種不共的前行。

關於正行的部分，按照德千·秋吉·林巴的特殊指示，以《精要口授》爲基礎，首先修持法身無量壽佛，接著修持報身大悲者（觀自在菩薩），結合《蓮花幻化網》作修持。之後，結合廣軌或中軌，擇一合宜者，修持化身相，完成既定的依修個別持誦數量。其後，必須接著修持特定的依誦，方法是將十二化身與《事業心要》結合在一起修持，並且完成四種事業與四種支分修持，以及教法守護者的修持。

依據遍知上師貝瑪·沃瑟·多昂·林巴（蔣揚·欽哲·旺秋）的指示：按照《日常觀修》修持單一手印，作爲「依誦」正行的開始；對於「近依」，修持《事業心要》的精簡外壇城；對於「成修」，修《中品事業》；對於「大修」，詳細修持《廣品事業》以及《誦修指南》（*Dzapkyi Köljang*；*the Recitation Manual*）等等。這些持誦的三摩地和觀想應該符合根本文（《精要口授》）的第三章。他教導說，正確修持依修四支之後，接著應該修持「特定的修法」，例如法身、報身等等的修持，但凡合宜者皆可。

依照這兩套指示的任何一者來修並無差別，因爲他們兩位都是這些深奧教法之主。然而，與這兩位大伏藏師的方法相合，對於他們所教導的依修誦修方式，單就修持儀軌《雷絳》（Leyjang，Practice Manual）（《中品事業》）的方法，我將會整理出一個架構，以容易運用且符合當今一般計數持誦修行者的方式來敘述。這個架構具有兩部分：廣詳的方式與精簡的方式。

廣詳的方式

首先必須完成共通前行的修心訓練，例如暇滿難得等等，這是必要的。如果你尚未做過這些修持，可以用以下方式結合於不共前行的修持中：

訓練自心於暇滿難得，思惟：「我將讓自己進行皈依，此乃善用人身暇滿的一切法門之基！」以此心念，觀想皈依境。主尊是你自己的上師，形象是調伏顯有（音譯：囊西．斯能）——一切顯現和存有的吉祥調伏者——周圍環繞著傳承上師眾。其面前是眾本尊，右方是化身佛，後方是法，左方是僧。觀想在其四周環繞著空行、護法、財神眾。

明白共通方式的皈依等等，進行十萬遍加上補缺數目的皈依。如果能在此時或之後修修七支時做十萬遍大禮拜，是再好不過的了。

之後，以無常之念激勵自己，思惟：「在這死亡時刻不確定的短暫生命中，我當生起兩種菩提心，這是善用此暇滿的各種方便之心要。我將騎上覺心的駿馬，持有能夠次第增上安樂的信心！」保持這樣的心念，持誦願菩提心、積聚資糧、行菩提心各十萬遍，這是發菩提心的廣詳修持方式；中等方式是各修某個合宜的數量，例如各修一萬遍；簡短方式是只修願菩提心，例如一萬遍之類的，因為基本上那包含了行菩提心在內。

無論一個人死後投生何處，其體驗都具有苦的性質，苦的根源來自集諦，集諦是由業與煩惱所構成。要明白，減少這個苦有賴於清淨自己由煩惱所生的惡業犯墮，同時按照與金剛薩埵相關的禪修和持誦教法，務必完成十萬遍加補缺數目的百字明，並且盡己所能地念誦六字〈真言〉。

之後，思惟業報成熟的方式。帶著意欲迅速創造出巨大善德資糧的意樂，和皈依時一樣，觀想資糧田，完成十萬遍的詳盡曼達獻供；或者是修一萬遍的詳細獻供，並完成完整十萬遍度母修法中所教導的短供：「嗡啊吽，三有情器……」一直到「局納　曼達拉　噗加　吙」。

其次，思惟解脫的利益，明白獲得解脫的究竟道有賴於領受上師的加持。所以，立志從事上師瑜伽之虔心修持的同時，對於外的祈請修持，首先觀想修持所依，並且完成一定數量的〈遣除道障祈請頌〉祈請念誦，例如一萬遍或一千遍，以及短的〈杜松桑傑〉祈請文整整十萬遍。此外，在修座的開始，計算合適數量的〈遣除道障祈請頌〉，例如廿一遍或七遍，之後接著念誦短祈請文。對於內的依誦修持，持誦蓮師心咒，最好是一千萬遍，次佳是十二乘十萬遍，至少四乘十萬遍。對於密的保任密意修持，在每一座告終的時候，都長時間安住於定中。

此外，從皈依開始直到上師瑜伽為止，將自己正在進行的特定修持作為該座的主修部分，並且每一座都要修一套完整的前行。怙主上師欽哲仁波切所撰的《殊勝菩提種子》（*The Seed of Supreme Enlightenment*）闡明了這些修持的念誦方式。

如果有意樂為依修持誦做一套簡短的前行修持，那麼在開始時，若能在皈依一萬遍的時候，同時進行相應數目的大禮拜會很好。至於發菩提心的部分，盡己可能地多做修持。修一萬遍百字明，以及一萬遍或長或短的獻曼達，隨宜擇取。對於外的上師瑜伽修持，完成一萬遍短的祈請念誦，並且如果力所能及，也念一千遍左右的〈遣除道障祈請頌〉。對於內的修持，念四乘十萬遍的「班匝咕汝」（蓮師心咒），並在每一座座終的時候，進行保任密意的祕密修持。

以賢善方式完成所有前行修持之後，準備正行的依誦修持：在自己面前陳設蓮師身、語、意的代表物，有什麼就用什麼。在其前方安置「光焰珍寶食子」，食子右邊是甘露，左邊是惹大，食子前面陳設七種享用。

在甘露的右方，擺放教法守護者長壽母的食子——白色食子的中央球狀部分上面有四個花瓣，四個方位各有一小圓球，白食子周圍的中間空處有幾個小丸子，並有一根白杖。在惹大的左方，陳設伏藏守護者喀惹金翅母的食子，那是一個飾有莊嚴的三角形紅食子，周圍環繞著小圓球。

另外也要依照諸修持儀軌所需的一切，陳設白食子和魔障食子、薈供物、具誓護法永寧地母眾的食子等等。

在一個吉祥日，從下午的修座開始起修。如果是進行依修持誦，主要應該修持《中品事業》和《日常觀修》；如果是進行竹千法會，則修《廣品事業》。在此，從念誦祈請文開始，例如〈七句祈請文〉，並修中軌《中品事業》。

將魔障食子擲出之後，立下界牌，劃出守護的結界範圍。修持前行部分，以及從觀想本尊開始，直到讚頌為止的正行部分；開啓持誦宮，並做持誦的迎請。在完成一定數量的持誦之後，再次進行供養與禮讚，念誦〈遣除道障祈請頌〉，懺悔過失，領受灌頂，收攝持誦宮。以廣詳或簡短方式做護法長壽母與喀惹金翅母的食子供。獻上薈供以及酬補。暫且「質押」餘食不供出去，直到完成依修持誦為止。你也可以等到閉關圓滿之後，才修具誓護法和給予地母食子。最終，獻上感恩的供養與讚頌，懺悔過失，祈請薈供賓客永駐壇城的所依物，修持自觀壇城的收攝與生起，做迴向、發願，念吉祥頌。

在晚上那一座，修皈依、菩提心與七支。如前一般，觀想保護輪；若無法觀修護輪，那麼修《事業心要》即可。遣除魔障時，不說「納此食子」，而是說「勿留此處」。讚頌末了，如前一般，開啓持誦宮等等。完成座修時，獻供、禮讚、祈請，並且懺悔過失。收攝持誦宮，並修持自觀的收攝與生起。迴向、發願、誦吉祥文。之後，進行睡眠瑜伽。

黎明時分，修持晨起的覺寤瑜伽、加持自己的語音等等，修《事業心要》。上午和下午這兩座修《中品事業》；夜晚那一座只修《事業心要》較爲方便，但亦可按照自己的喜好安排這一座。每日都要不間斷地向教法守護者獻上食子供。至於薈供，倘若無法每日修持，可以只在初十等吉祥日進行。

在閉關開始和結束的時候，要含括深奧詳盡的酬補與懺悔念誦，這很重要。

若是以這樣的方式修持成就法，從法身無量壽的持誦開始修起，這個持誦的固定數目是十一乘十萬遍。在圓滿這個數量之前，都要以此作爲你修座正行的主要持誦；在一座行將結束之時，其他持誦各念一百遍。

完成第一個咒的特定持誦數量之後，在每一座開始時，繼續持誦該咒約一百遍，而修座的主要部分用於持誦十或七乘以十萬遍的報身七字。

圓滿報身持誦之後，在每一座開始時，做一些法身與報身的持誦。主要部分是持誦化身心咒，即蓮師心咒，最好是四十八乘十萬遍；若力有未逮，至少務必完成完整的十二乘以十萬遍。

接下來，對於結合的修持，持誦四乘十萬遍的「拓稱匝」。此時非常重要的是，要在每一座開始時，用自己知道的任何曲調吟唱七或廿一遍的拓稱匝。

之後，關於事業修法的持誦，教導說應該持誦依誦十分之一份量的數目，所以要持誦略多於一萬遍的數量。完成這些持誦以及各咒的補缺，就是以諸修持儀軌為基礎的廣詳持誦方式。

精簡的方式

如果想要在一個月的時間內與這個法建立緣結，就用一天的時間念誦前行、皈依、菩提心和七支，一天念金剛薩埵，一天修曼達供養，一天修祈請，一天做上師瑜伽內修的持誦。

完成這五天的修持之後，用《中品事業》作為第一天和最後一天的主要修持。主要部分以《事業心要》為基礎，用七天的時間持誦「阿瑪咼尼」，七天誦「七字」，念四乘十萬遍的蓮師心咒，用三天的時間持誦「拓稱匝」咒，約一天的時間持誦事業修法。這種方式也可以。

無論你是用廣詳方式或簡短方式進行修持，都要完成持誦數量，並且在接近閉關結束的期間，在每一座最末盡可能大量持誦百字明。在最後一天早晨的前一夜，換上新的供品，並且豐富陳設自己所擁有的一切薈供物。隔天早上黎明那一座，按照儀軌（《中品事業》）的根本文，盡己所能地進行大量持誦。以較為廣詳的方式，做供養和讚頌，念誦〈遣除道障祈請頌〉，懺悔過失。

在黎明破曉時分，以廣軌《廣品事業》中的句子迎請悉地。將觀想為本尊的食子觸碰自己的三門，進行領受悉地的觀想，享用一點食子。接受灌頂並收攝持誦宮。之後，修一百遍薈供並吟誦酬補做為感謝。如果不能這麼做，仍然要做一個廣詳的薈供供養，連同酬補懺悔。

將之前蒐集的餘食供出。向教法守護者獻上食子供，激勵祂們的心誓，向具誓護法與地母獻供，以馬舞做結束。接著如前一般，做感恩的供養讚頌、懺悔過失等等。以不共大乘方式做詳盡的迴向發願，並以共通方式念吉祥頌。

若是以火供做持誦數量的補缺，就修持息法的火供，數目是依誦的十分之一。如果無法這麼做，則務必完成先前修持依誦時，每一持誦數量的十分之一。

中軌（《中品事業》）中所敘述的持誦觀想只是宛如一粒種子，細節應該按《誦修指南》進行。換句話說，如根本文中所清楚敘述的，進行法身與報身的持誦。對於化身〔的持誦〕，首先觀想自己心間有一個月輪，上有一只五股黃金金剛杵。金剛杵中心有一個月輪，其上有一個明亮光燦的白色「啥」字。「啥」字周圍環繞著自鳴音聲的蓮師心咒白色咒鬘，不間斷地順時針旋轉。專注自心於其上，如同周環一串星鬘的月亮一般，這是激勵本尊心意的依誦意趣。

接著從第一條咒鬘無間斷地放射出第二條咒鬘，從你的口中出來，進入你前方的智慧尊口中，通過其身軀，由臍間而出，進入自己臍間，如前般地環繞你的心中央。光芒的清澈精華聚集在你心中的明點，如是穩固大樂智慧，帶來兩種悉地的自在。作此觀想，就像旋轉火炬之輪圈一般，這是自己向本尊近依的意趣。

接著，咒輪放射出無量光芒，遍布無量佛刹，變成外、內、密的供養雲，令三根本、諸佛菩薩感到歡喜。然後收回彼眾三密的一切加持，融攝入自身，清淨二遮障，圓滿二資糧，賜予一切灌頂、加持與悉地。光芒再次放出，觸及三界一切有情眾生，清淨其業障、煩惱及習氣。作此觀想，像是派遣國王使節一般，這是成修悉地自在的意趣。

在結行的時候，外器世間是奧明金剛刹土，現作內盛物的一切眾生都是壇城本尊，一切有情的語音與無情的聲音都是任成咒音，一切念想都是偉大自生覺性的遊舞。如是，在這顯有相續之大顯基中持誦，被稱作是如同蜂巢打開的瑜伽，這是大修——現證悉地——的意趣。

依據密續體系，持誦意趣的這四種所述層面，主要是應用於單一手印形象、複雜手印形象，以及本尊會集成修。一直以來，教法說：應當在前一階段的三摩地獲得鮮明現起後，方才次第進行下一者的修持。然而在此，我敘述的是蓮師口授教示的旨意，即結合依修四種持誦意趣於一座之中，因為這被教導說是能迅速產生加持與悉地兆相的深奧關鍵要點。

以此方式，你能夠完全圓滿依修的持誦。至於經由廣、中、簡的灌頂進行攝受且利益他人的方式，在別處有闡明。

《悉地寶瓶法》，是在上部勾（Go）地的熾光岩取出的一部伏藏。按照這部伏藏進行集會成修的方式，在此處討論的這部教法附錄中有所敘述。所以，如果不按那個方式修持，而是將其與《根本意修》等法做結合，就如同把山羊頭放到綿羊上一般。

此外，你可以從基礎經典和對依修的共通講述中，學習關於在閉關期間應當如何取捨的生起次第要點。爲了避免涉入過多細節，所以在此不對這些做詳細解說。

雖此金剛祈頌曾出現，
成就法卻未廣為人知，
適時出現之故而再現，
完整精簡最勝伏藏法。
明辨正理勝解有福眾，
指示修行方向而撰著，

雖然這個祈請金剛頌曾經在往昔出現過，
但是之前，其成就法卻並未廣爲人知。
由於適合當代而嶄新出現，
這是完整又精簡，勝過其他一切伏藏教法的伏藏教法。
我撰著此文是爲了對一切有福者展示修行的方向，
他們經由明辨道理，已經獲得信解。

正確修持此展述義理，　所以，願對此展述教文義理所進行的正確修持，
願如大日放光普照耀。　有如太陽一般，放光照耀一切處所。

雖然我有非常卓越的福報，從這部深奧教法之主——兩位偉大伏藏師——那裡獲得了成熟解脫的教示，所以我是可以就此展開詳述種種細節，但是我貝瑪．噶爾旺．洛卓．泰耶僅是想為初學者撰寫一部方便的修持方法。此文撰著於第三個德威果諦（Devikoti，西藏三大聖地）雜札仁欽扎（參札寶岩）的修持處。

願善妙增長。

依修持誦修法指南——伏藏根本文（蓮花生大士）༔

依修持誦修法指南
依照《遍除障礙・上師意修》༔
匝奇・果絳（Dzapkyi Köljang）

《依修持誦修法指南》（*The Practice Manual for the Recitation of Approach and Accomplishment*；匝奇・果絳）❶以及《開啓持誦宮》（*Opening of the Mansion of Recitation*；dza pra khang dbye ba），亦稱作《基讚》（*Gzhi Bstod*）的這篇教文，有如修法的骨架，在合適的地方相互交織著。此外，還插入了〈遣除道障祈請頌〉的偈句作爲祈請文和供養願文。有時候就只有一句文字加上「等等……」的省略符號代表這些。在過去，修行人應該能夠將這些偈句大部分都默記於心，或至少能

---

❶以下由「我乃蓮花顱鬘力」至「佛法住世時限延」的偈誦翻譯，主要參考宋伯瑜師兄由藏譯中的文稿，並依英文版調整順序和內容。另，全書法本亦參考哦寺比丘蔣揚桑波（Lama Jamyang Zangpo）藏譯中的文稿，特於此致謝。由於本書為英譯中，理當以英文為主，然法本原為藏文，故多方參考藏譯中的法本，但仍難免因版本不同而有所差異（包括意譯和音譯），請讀者依具德上師的指示修持為要！

夠很快地在這兩部主要文本中交互參照。爲了方便我們這些當代的瑜伽士和讀者，我將這兩者按照應該念誦的方式結合在一起，雖然缺乏嚴格的純粹性，但卻有助我們對其意涵獲得較爲清晰的理解。

祈請寬宥一切過犯。

——瑪西亞・德千・旺嫫

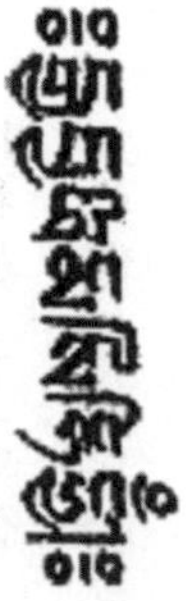

我乃蓮花顱鬘力，༔
三根海會總集聚。༔
如同浩瀚壇城輪，༔
法界生起攝法界，༔
如是咒語及手印，༔
難思事業各類皆，༔
隨所化機作導引，༔
智慧藏文詞義理，༔
尤其深奧續部之，༔
稱為《持明幻化網》，༔
無謬且加持迅速，༔
令具信成辦悉地，༔
口訣了義恆降注，༔

我，貝瑪．拓稱，༔
是三根本海眾的總集。༔
如同無量壇城輪，༔
它們從虛空生起，又收攝入虛空，༔
我顯現出咒語、手印，༔
以及各種各樣不可思議的事業，༔
以各種可能方式對那些需要調伏者〔而顯現〕。༔
智慧精華的意義與言詞，༔
特別是屬於深奧續部，༔
稱作《持明幻化網》者，༔
可靠無誤且具有迅速的加持力，༔
能幫助信眾獲得悉地。༔
經由確立口訣教示，༔

甚深意修成就粹，ꔰ
念誦觀修幻輪此，ꔰ
依誦成修事業等，ꔰ
《障礙遍除》之內修，ꔰ
饒益具器王臣及，ꔰ
後世徒眾而教授。ꔰ
三昧耶。ꔰ

為此首為三依誦，ꔰ
利自利他與互利，ꔰ
第一主要作自利，ꔰ
聚集加持悉地且，ꔰ
成修長壽持明者，ꔰ
以種姓主為方便，ꔰ
如此觀修幻化輪：ꔰ

已經抉擇了這部甚深心修的精華，ꔰ
現在我要教導如何觀想幻化輪，以便持誦ꔰ
依、修及事業，ꔰ
這些是屬於《障礙遍除》的內部修持，ꔰ
以利益具德的國王和我現在的這些弟子，ꔰ
也爲了利益未來世代的那些弟子們。ꔰ
薩瑪雅。ꔰ

爲了成就這些，首先是三種依誦，ꔰ
個別利益自己與他人，以及互相利益彼此。ꔰ
首先，主要是爲了利益自己，ꔰ
有聚集加持與聚集悉地，ꔰ
以及持明壽命的修法，ꔰ
經由部主（the Lord o f the Family）爲方便，ꔰ
以此方式轉動觀想的幻化輪：ꔰ

吽啥！
部主無量壽佛法界現，༔
謹以持誦音聲作迎請，༔
自心誓深處祈請降臨！༔
身相顯空遍十億世間，༔
語聲空咒音如雷嘯吼，༔
意覺空法界住於光明。༔
大樂舞蹈令本尊歡喜，༔
無勤金剛歌激勵咒語，༔
意具能解脫智慧命力，༔
致力觀想誦修至顯明，༔
圓滿之前祈勿捨密意，༔
毋忘大心誓時刻降臨。༔
此座即能圓滿四依修，༔
親證壇城尊主我祈請。༔

吽啥！
從虛空中現起部主無量壽佛，༔
我念誦持誦的音聲，迎請您。༔
從您心誓的核心深處，祈請降臨！༔
您以明顯且空性的身體形象，遍滿十億世間。༔
您以語之回響且空性的咒音，如雷嘯吼。༔
您以意之覺知且空性的虛空，安住於光明界中。༔
一切本尊都因大樂舞蹈而歡喜，༔
於是以無勤金剛歌曲激勵咒語。༔
您的心意具足能解脫的智慧命力，༔
我將一直致力於觀想和持誦，直至證得顯明爲止。༔
直到我獲得圓滿之前，請勿捨棄您的意旨！༔
請不要忘記我，您偉大心誓的時刻已然降臨！༔
就在這座位上，讓我圓滿依修四支，༔
並令我證得壇城之主。༔

頭頂部主無量壽怙之，༔	從我頭上部主無量壽尊主心間的「啥」字，༔
心間啥字放光至十方，༔	放出光芒照耀十方，༔
修復斷損散失之魂壽。༔	修復我那些被切斷、壞損或衰退的壽命和活力。༔
外器地水火風大種粹，༔	外的地、水、火、風這些世間元素的精華，༔
內情三界眾生壽福力，༔	內的三界有情眾生之壽命、福德、力量，༔
祕密諸佛以及佛子之，༔	密的，屬於一切勝者及其子嗣的༔
慧悲力用之本智功德，༔	慧、悲、力之本智功德，༔
悉以五色甘露相收聚，༔	全都以五色甘露的形象召回，༔
入手上寶瓶融化沸騰，༔	進入祂手持的寶瓶，甘露融化沸騰，༔
由頂流注而遍盈自身，༔	向下經由我的頭頂，注入充滿我的全身，༔
清淨四障獲灌頂悉地，༔	清淨四種遮障，獲得各灌頂與悉地，༔
成就無死大樂金剛壽命。༔	成就無死大樂的金剛壽命。༔

如此思惟，持誦：

Om Amarani Dziwantiye Soha

嗡　阿瑪局尼　茲溫底耶　梭哈

不時獻上供養與禮讚：

供養文

智慧本尊會眾祈降臨，　敬邀智慧本尊會眾，祈請降臨！

敬獻外內祕密之供養，　我向您獻上外、內、密的供養，

禮讚身語意功德事業，　我禮讚您的身、語、意、功德與事業。

懺悔輕忽放逸過犯墮。　我懺悔輕忽放逸的違犯和過錯。

Maha Amrita Balingta Rakta Khahi

瑪哈　阿(母)昃塔　巴林達　局(克)塔　卡嘻

如是，奏樂，並且每完成一千遍的咒數，就重複一次供養與禮讚。

合掌念誦：

啥༔
難思勝妙極樂剎，༔
圓滿陳設越量宮，༔
三時之一切諸佛，༔
是為法身之體性，༔
本智諸相顯明現，༔
諸佛之主無量壽，༔
上師、佛母、子與妃，༔
連同聚此諸眷眾，༔
以大悲心加持我，༔
憫念我等而引導，༔
密意加持賜成就，༔
以大力除我等障，༔
外之障礙於外除，༔

啥༔
自不可思議的勝妙豐富大樂剎土中，༔
圓滿陳設、不可衡量的宮殿，༔
三時的一切佛，༔
法身的體性，༔
一切本智顯相的鮮明現起，༔
一切勝眾之主——無量壽佛，༔
上師與佛母，兒子與王妃，༔
連同您所有聚集於此的眷屬們，༔
以您的悲心，賜予我您的加持。༔
以您的關愛，在法道上引導我和他人。༔
以您的證量，賜予我悉地。༔
以您的力量，驅除我和他人的障礙。༔
外的障礙消除於外，༔

內之障礙於內除，༔
內的障礙消除於內，༔

密之障礙法界除，༔
密的障礙消除於虛空，༔

恭敬頂禮而皈依。༔
我恭敬地向您頂禮並且皈依。༔

Om Amarani Dziwantiye Soha ༔

嗡　阿瑪局尼　茲溫底耶　梭哈 ༔

如此思惟，以這種方式祈請。

誦四十或百廿萬，༔
持誦四或十二乘以十萬遍 ༔

真實面見本尊與，༔
以眞實見到本尊，༔

聞聲、等持獲成就，༔
聽聞其語音，並於三摩地中覓得成就。༔

或者現於明淨相，༔
或是在鮮明淨相中出現這些的時候，༔

或者夢見日月升，༔
或是最終在夢中日月升起的時候，༔

認出身語意驗相，༔ ❶
要認出這些身、語、意的成就徵兆。༔

❶此句與藏文中譯版「獲得身語意所依」差異甚大，原文的意思是夢到獲得佛像、佛經、佛塔等身、語、意的所依物。請讀者依照上師所言修持。

飲用甘露莊稼熟，༔
見到大河溢流等，༔
自得無死悉地兆，༔
此時應領受悉地。༔
三昧耶。༔

依止調伏眾聖尊，༔
利他六道深絕之，༔
等持次第於此示：༔

吽啥！༔
調伏眾生大悲法界現，༔
謹以持誦音聲作迎請，༔
自心誓深處祈請降臨！༔
身相顯空遍十億世間，༔

飲用甘露，或是莊稼成熟，༔
見到大河溢流等等，༔
這些是你將會獲得無死成就的兆相。༔
那時，你應該領受悉地。༔
薩瑪雅。༔

以聖「調伏眾生者」爲方便，༔
爲了利益他眾，正視這些禪定的步驟，༔
這些能從最深處撼動六道：༔

吽啥！༔
調伏眾生者，大悲〔觀自在〕，自虛空中顯現。༔
我念誦持誦的音聲，迎請您。༔
從您心誓的核心深處，祈請降臨！༔
您以明顯且空性的身體形象，遍滿十億世間。༔

語聲空咒音如雷嘯吼，༔
意覺空法界住於光明。༔
大樂舞蹈令本尊歡喜，༔
無勤金剛歌激勵咒語，༔
意具能解脫智慧命力，༔
致力觀想誦修至顯明，༔
圓滿之前祈勿捨密意，༔
毋忘大心誓時刻降臨。༔
此座即能圓滿四依修，༔
親證壇城尊主我祈請。༔
調眾聖尊心間蓮月上，༔
瑩白啥字明燦光熾然，༔
六花瓣上六字咒語嚴，༔
金剛音聲念誦促請力，༔

您以語之回響且空性的咒音，如雷嘯吼。༔
您以意之覺知且空性的虛空，安住於光明界中。༔
一切本尊都因大樂舞蹈而歡喜，༔
於是以無勤金剛歌曲激勵咒語。༔
您的心意具足能解脫的智慧命力，༔
我將持續致力於觀想和持誦，直至證得顯明爲止。༔
直到我獲得圓滿之前，請勿捨棄您的意旨！༔
請不要忘記我，您偉大心誓的時刻已然降臨！༔
就在這座位上，讓我圓滿依修四支，༔
並令我證得壇城之主。༔
在聖「調伏眾生者」的心間，在蓮花和月亮上，༔
明亮的白色「啥」字閃閃發光，༔
以周圍六瓣花瓣上的六字真言作莊嚴，༔
藉由金剛音韻持誦的促請力，六道獲得淨化：༔

吽字大圓鏡智之體性，༔
深藍光芒照向地獄道，༔
瞋恚業生寒熱痛苦淨，༔
情器轉為聖金剛剎土。༔

Om Mani Peme Hung Hrih ༔
嗡 瑪尼 貝美 吽 啥 ༔

從「吽」，大圓鏡智之體性，༔
深藍色的光芒照向地獄道，༔
清淨由瞋所導致的寒熱之苦，༔
情器世間成爲善聖的金剛剎土。༔

美字平等性智之體性，༔
黃色光芒照向餓鬼道，༔
慳貪業生飢渴痛苦淨，༔
情器轉為聖寶部剎土。༔

Om Mani Peme Hung Hrih ༔
嗡 瑪尼 貝美 吽 啥 ༔

從「美」，平等性智之體性，༔
黃色光芒照向餓鬼道，༔
清淨由貪婪所導致的飢渴之苦，༔
情器世間成爲善聖的大寶剎土。༔

貝字法界性智之體性，ꔊ
白色光芒照向畜生道，ꔊ
癡生愚癡闇啞痛苦淨，ꔊ
情器轉為聖善逝剎土。ꔊ

從「貝」，法界智之體性，ꔊ
白色光芒照向畜生道，ꔊ
清淨由無明引生的愚癡闇啞之苦，ꔊ
情器世間成爲善聖的善逝剎土。ꔊ

Om Mani Peme Hung Hrih ꔊ
嗡　瑪尼　貝美　吽　啥 ꔊ

尼字妙觀察智之體性，ꔊ
紅色光芒照射至人道，ꔊ
貪欲業生勞碌貧苦淨，ꔊ
情器轉為聖蓮花剎土。ꔊ

從「尼」，妙觀察智之體性，ꔊ
紅色光芒照向人道，ꔊ
清淨由貪愛所導致的勞碌貧困之苦，ꔊ
情器世間成爲善聖的蓮花剎土。ꔊ

Om Mani Peme Hung Hrih ꔊ
嗡　瑪尼　貝美　吽　啥 ꔊ

瑪字成所作智之體性，༔
綠色光芒照向非天道，༔
嫉妒業生諍鬥痛苦淨，༔
情器轉為聖羯摩剎土。༔

Om Mani Peme Hung Hrih ༔
嗡　瑪尼　貝美　吽　啥 ༔

嗡字光昭本智之體性，༔
瑩白光芒照射至天道，༔
慢生遷轉墮落痛苦淨，༔
情器轉為聖部集剎土。༔

Om Mani Peme Hung Hrih ༔
嗡　瑪尼　貝美　吽　啥 ༔

從「瑪」，成所作智之體性，༔
綠色光芒照向阿修羅界，༔
清淨由嫉妒引生的爭戰衝突之苦，༔
情器世間成爲善聖的羯摩剎土。༔

從「嗡」，光明本智之體性，༔
明燦的白色光芒照向天界，༔
清淨由驕慢引生的遷轉墮落之苦，༔
情器世間成爲善聖的總集一切剎土。༔

啥字無別本智之體性，༔
無邊光耀放射遍虛空，༔
等空眾生業漏痛苦淨，༔
普皆轉為調眾神聖刹。༔

Om Mani Peme Hung Hrih ༔
嗡　瑪尼　貝美　吽　啥 ༔

所見皆為大悲尊身形，༔
音聲皆為六字真言曲，༔
念想皆空悲無別相續，༔
根除輪迴事業得圓成。༔

Om Mani Peme Hung Hrih ༔
嗡　瑪尼　貝美　吽　啥 ༔

從「啥」，無分別智之體性，༔
射出無量的光耀，遍滿虛空，༔
清淨量等虛空之眾生的業、煩惱和痛苦。༔
於是一切都成爲「調伏眾生者」的善聖刹土。༔

一切所見皆爲大悲者的形象，༔
一切音聲皆爲六字咒語的歌曲，༔
一切念頭皆爲空性與悲心無別的相續，༔
撼動輪迴深淵的事業獲得圓滿。༔

供養文

智慧本尊會眾祈降臨，༔
敬獻外內祕密之供養，༔
禮讚身語意功德事業，༔
懺悔輕忽放逸過犯墮。༔
Maha Amrita Balingta Rakta Khahi༔
瑪哈　阿昆(母)塔　巴林達　扃(克)塔　卡嘻༔

吽༔
東方普陀山佛土，༔
偉大覺醒宮殿中，༔
三時之一切諸佛，༔
是為報身之體性，༔
吉祥蓮花舞上師，༔
眾祜尊主觀自在，༔

敬邀智慧本尊會眾，祈請降臨！༔
我向您獻上外、內、密的供養，༔
我禮讚您的身、語、意、功德與事業。༔
我懺悔輕忽放逸的違犯和過錯。༔

吽༔
自東方普陀山佛土，༔
偉大覺醒宮殿中，༔
三時的一切佛，༔
報身的體性，༔
榮耀吉祥蓮花舞上師，༔
觀自在尊主，眾生的守護者，༔

賢劫男女菩薩眾，༔
連同一切持明眷，༔
以大悲心加持我，༔
憫念我等而引導，༔
密意加持賜成就，༔
以大力除我等障，༔
外之障礙於外除，༔
內之障礙於內除，༔
密之障礙法界除，༔
恭敬頂禮而皈依。༔
Om Mani Peme Hung Hrih ༔
嗡　瑪尼　貝美　吽　啥 ༔
如是一心實修此，༔
千萬遍諸業成辦，༔

賢劫的男女菩薩眾，༔
以及一切持明之眷屬，༔
以您的悲心，賜予我您的加持。༔
以您的關愛，在法道上引導我和他人。༔
以您的證量，賜予我悉地。༔
以您的力量，驅除我和他人的障礙。༔
外的障礙消除於外，༔
內的障礙消除於內，༔
密的障礙消除於虛空，༔
我恭敬地向您頂禮並且皈依。༔
以此方式專心一意地修持，༔
一千萬遍的時候，你將會成就一切的事業。༔

彼時成就兆相為：ǒ
真實、禪觀或夢中，ǒ
無有執著覲聖顏，ǒ
利他悲心無勤生，ǒ
夢膿血穢物流出，ǒ
沐浴身穿白色衣，ǒ
飛於空中、水上行，ǒ
度眾生於下劣處，ǒ
此等善好之徵相，ǒ
知為淨障利他兆。ǒ
三昧耶。ǒ

自他不二之念誦，ǒ
依止壇城之主尊，ǒ
本尊咒語等一切，ǒ

到那個時候，成就的兆相會是：ǒ
在現實、淨相或夢中，儘管無有執著，ǒ
見到聖尊，ǒ
而毫不費力地感到利他與悲憫，ǒ
夢見膿、血、穢物傾流而下，ǒ
沐浴，並且穿著白色衣服，ǒ
飛越天空和穿行水上，ǒ
從極其糟糕的地方度脫大量眾生，諸如此類的，ǒ
這些善兆，以及其他的善兆，ǒ
應該曉得是障礙清淨和利益他眾的兆示。ǒ
薩瑪雅。ǒ

至於沒有二元分別地爲自己與他人持誦，ǒ
透過壇城的主要形象爲方法，ǒ
生起一切各式各樣——ǒ

各各觀想整體生：༔

吽啥！༔

壇城勝主上師法界現，༔
謹以持誦音聲作迎請，༔
自心誓深處祈請降臨！༔
身相顯空遍十億世間，༔
語聲空咒音如雷嘯吼，༔
意覺空法界住於光明。༔
大樂舞蹈令本尊歡喜，༔
無勤金剛歌激勵咒語，༔
意具能解脫智慧命力，༔
致力觀想誦修至顯明，༔
圓滿之前祈勿捨密意，༔
毋忘大心誓時刻降臨。༔

包括本尊、咒語等一切層面的觀想。༔

吽啥！༔

壇城勝主上師自虛空中顯現，༔
我念誦持誦的音聲，迎請您。༔
從您心誓的核心深處，祈請降臨！༔
您以明顯且空性的身體形象，遍滿十億世間。༔
您以語之回響且空性的咒音，如雷嘯吼。༔
您以意之覺知且空性的虛空，安住於光明界中。༔
一切本尊都因大樂舞蹈而歡喜，༔
於是以無勤金剛歌曲激勵咒語。༔
您的心意具足能解脫的智慧命力，༔
我將一直致力於觀想和持誦，直至證得顯明爲止。༔
直到我獲得圓滿之前，請勿捨棄您的意旨！༔
請不要忘記我，您偉大心誓的時刻已然降臨！༔

此座即能圓滿四依修，༔
親證壇城尊主我祈請。༔

自為部集上師之心間，༔
黃金五鈷金剛杵臍內，༔
月輪墊上心命白啥字，༔
周環咒鬘瑩白向右旋，༔
五色光芒鬘鍊極放射，༔
供養十方剎土佛菩薩，༔
收攝身語意加持悉地，༔
復次照耀遍三界情器，༔
凡庸顯執相續隨屬淨，༔
外器世間蓮花網剎土，༔
眾生部集上師手印現，༔
聲空金剛咒響徹虛空，༔

就在這座位上，讓我圓滿依修四支，༔
並令我證得壇城之主。༔

從我作為「總集一切部族上師」的心間，༔
在五股黃金金剛杵的中心圓球中，༔
在一月輪上，有修行命力之白色「啥」字，༔
周圍環繞著順時針旋轉的明燦白色咒鬘，༔
放出一束束的巨大五彩光芒，༔
向住於十方一切剎土中的勝眾及其子嗣獻供，༔
並且聚集身、語、意的加持與成就回返。༔
光芒再次射出，遍滿世間及三界的一切眾生，༔
如此清淨對凡俗經驗的攀執及其相續。༔
外在世間成為蓮花網剎土，༔
一切眾生現作「總集一切部族上師」的形象，༔
金剛咒的聲空音聲遍滿整個虛空，༔

念想自解光昭界莊嚴，༔
自解脫的念頭成爲光明法界之莊嚴。༔

自他無二水月彩虹般，༔
自己和他眾沒有二元分別，如同水中月或彩虹，༔

萬有顯基一壇城中圓。༔
圓滿於作爲顯現基的顯有單一壇城中。༔

法界明覺無二境中誦：༔
於虛空與明覺無別的境界中念誦：༔

Om ah Hung Benza Guru Pema Siddhi Hung ༔

嗡　啊　吽　班匝　咕汝　貝瑪　悉地　吽 ༔

供養文

智慧本尊會眾祈降臨，༔
敬邀智慧本尊會眾，祈請降臨！༔

敬獻外內祕密之供養，༔
我向您獻上外、內、密的供養，༔

禮讚身語意功德事業，༔
我禮讚您的身、語、意、功德與事業。༔

懺悔輕忽放逸過犯墮。༔
我懺悔輕忽放逸的違犯和過錯。༔

Maha Amrita Balingta Rakta Khahi ༔

瑪哈　阿(母)昱塔　巴林達　局(克)塔　卡嘻 ༔

吽啥༔
西南妙拂吉祥刹，༔
蓮花光明宮殿中，༔
三時之一切諸佛，༔
是為化身之體性，༔
吉祥蓮花生佛陀，༔
調伏顯有顱鬘力，༔
本尊勇父空行眾，༔
周環如海護法眾，༔
以大悲心加持我，༔
憫念我等而引導，༔
密意加持賜成就，༔
以大力除我等障，༔
外之障礙於外除，༔
內之障礙於內除，༔

吽啥༔
自西南方的遮末羅（Chamara）吉祥佛土，༔
蓮花光宮殿中，༔
三時的一切諸佛，༔
化身的體性，༔
吉祥蓮花生佛，༔
調伏顯有者——拓稱匝，༔
本尊、勇父與空行母，༔
周圍環繞著護法海眾，༔
以您的悲心，賜予我您的加持。༔
以您的關愛，在法道上引導我和他人。༔
以您的證量，賜予我悉地。༔
以您的力量，驅除我和他人的障礙。༔
外的障礙消除於外，༔
內的障礙消除於內，༔

密之障礙法界除，༔
密的障礙消除於虛空，༔

恭敬頂禮而皈依。༔
我恭敬地向您頂禮並且皈依。༔

Om ah Hung Benza Guru Pema Siddhi Hung ༔
嗡　啊　吽　班匝　咕汝　貝瑪　悉地　吽 ༔

以嗡起始、吽結尾，༔
以「嗡」起始，以「吽」結尾，༔

中間金剛十字母，༔
十金剛字母在中間，༔

持明總集根本咒，༔
這是總集一切持明者的根本咒。༔

一百廿萬得悉地。༔
持誦它們十二乘十萬遍之後，你將會證得悉地。༔

彼時成就徵兆為，༔
那時，成就的兆相將會是：༔

真實、禪觀、夢，無執，༔
在現實、淨相或夢中，儘管無有執著，༔

面見、聞語，大樂熾，༔
親自面見祂或聽到祂的聲音，感受到大樂熾然散發，༔

具足力量覺證增，༔
獲得力量，覺受和證量增長，༔

勇士空行聚集及，༔
親見勇父和空行母聚集，༔

聽聞歌舞音樂頌，༔
聽見歌舞、音樂、唱誦的聲音，༔

花雨降下香氣裊，༔
本智大降臨等等，༔
知為加持悉地兆。༔
三昧耶。༔

完成依誦瑜伽士，༔
修總體各各成修：༔
首先外壇城諸尊，༔
盡皆圓滿作成修：༔

吽啥。༔
持明上師神威法界現，༔
謹以持誦音聲作迎請，༔
自心誓深處祈請降臨！༔
身相顯空遍十億世間，༔

見到花雨降下，籠罩在優雅細微的香氛之中，༔
本智的大光輝降臨等等，༔
這些被解釋爲加持與悉地的徵兆。༔
薩瑪雅。༔

已經自在於「依誦」的瑜伽士，༔
應當修持總體與特定的「成修」。༔
首先，外的方式是，對於壇城༔
的一切形象，修持「成修」：༔

吽啥。༔
持明上師的神威自虛空中顯現，༔
我念誦持誦的音聲，迎請您。༔
從您心誓的核心深處，祈請降臨！༔
您以明顯且空性的身體形象，遍滿十億世間。༔

語聲空咒音如雷嘯吼，༔
意覺空法界住於光明。༔
大樂舞蹈令本尊歡喜，༔
無勤金剛歌激勵咒語，༔
意具能解脫智慧命力，༔
致力觀想誦修至顯明，༔
圓滿之前祈勿捨密意，༔
毋忘大心誓時刻降臨。༔
此座即能圓滿四依修，༔
親證壇城尊主我祈請。༔

由我與壇城一切天眾，༔
放出等同身形遍虛空，༔
金剛舞蹈咒語大聲響，༔
心意光昭無變樂覺受，༔

您以語之回響且空性的咒音，如雷嘯吼。༔
您以意之覺知且空性的虛空，安住於光明界中。༔
一切本尊都因大樂舞蹈而歡喜，༔
於是以無勤金剛歌曲激勵咒語。༔
您的心意具足能解脫的智慧命力，༔
我將一直致力於觀想和持誦，直至證得顯明爲止。༔
直到我獲得圓滿之前，請勿捨棄您的意旨！༔
請不要忘記我，您偉大心誓的時刻已然降臨！༔
就在這座位上，讓我圓滿依修四支，༔
並令我證得壇城之主。༔

從我自己和整個壇城本尊會眾，༔
放射出同樣的身形，充滿整個天空，༔
祂們跳著金剛舞蹈，宣說巨大聲響的眞言，༔
祂們的心意是不變光明的大樂覺受。༔

功德供雲覆十方諸刹，༔
各種功德的供養雲聚集於十方一切刹土，༔

諸佛菩薩無漏大樂悅，༔
以無緣大樂令所有勝眾及其子嗣感到歡喜。༔

能作調眾無邊際事業，༔
調伏眾生的無量無邊事業，༔

三界有情二障全清淨，༔
完全清淨三界所有眾生的兩種遮障。༔

菩提心之甘露作灌頂，༔
從菩提心甘露接受灌頂，༔

普現三根本天尊手印，༔
於是一切都顯現爲三根本諸尊的形象。༔

顯空無別智慧壇城尊，༔
顯空無別的這些智慧壇城本尊，༔

無量幻化網之堆聚現。༔
現作無量幻生之網的群聚。༔

Om Ah Hung Benza Guru Pema Tötreng Tsal Benza Samaya Dza Siddhi Pala Hung Ah ༔

嗡 啊 吽 班匝 咕汝 貝瑪 拓稱匝 班匝 薩瑪雅 匝 悉地 帕啦 吽 啊 ༔

內之甚深吽修法：༔
以內的方式，修持深奧的「吽」法：༔

自與壇城一切之，༔
自己以及一切壇城形象，༔

心間吽又化吽字，༔
心間「吽」字化作五個「吽」字，༔

五吽自聲如雷震，༔
放至顯有遍一切，༔
供養諸佛攝悉地，༔
遍淨眾生業煩惱，༔
尤淨其凡庸顯執，༔
主眷俱誦吽歌曲，༔
藉由金剛韻轉化，༔
大樂智慧覺受熾，༔
獲得明覺力灌頂：༔
如是觀修並持誦：༔
吽 吽 吽 吽 吽 ༔
祕密風息大樂誦：༔

自鳴音聲如雷嘯吼，༔
充滿整個現象世間。༔
向勝眾獻供，收回悉地，༔
清淨一切眾生的業及煩惱，༔
特別是他們對凡俗體驗的攀執。༔
主尊以及全體眷屬唱著「吽」的歌曲，༔
經由這金剛旋律，༔
熾放出大樂智慧的覺受，༔
並且獲得明覺力之殊勝灌頂。༔
如此觀想，同時持誦：༔
至於最密的，修持風息以及大樂持誦：༔

身姿端正排濁氣，༔
入出持氣結合吽，༔
一心不散亂持誦。༔
心命化現出咒鬘，༔
此乃大樂之體性，༔
入自光母妃口中，༔
經蓮花道樂出生，༔
通過金剛寶珠道，༔
如旋火輪般轉動，༔
智慧受熾大樂境，༔
不散亂等持釘固。༔

端正身體姿勢，排除濁氣，༔
將「吽」與呼氣、吸氣、持氣作連結，༔
專心一意、不散亂地持誦。༔
從修行命力生出咒鬘，༔
乃大樂之體性，༔
進入自明佛母的口中，༔
並從蓮花中帶著大樂出現，༔
通過金剛寶珠的通道，༔
如同旋轉的火炬一般繞轉，༔
令智慧的覺受熾燃放出，༔
在此大樂境界中，釘下不散亂等持之釘。༔

供養文

智慧本尊會眾祈降臨，༔
敬獻外內祕密之供養，༔

敬邀智慧本尊會眾，祈請降臨！༔
我向您獻上外、內、密的供養，༔

禮讚身語意功德事業，༔　我禮讚您的身、語、意、功德與事業。༔

懺悔輕忽放逸過犯墮。༔　我懺悔輕忽放逸的違犯和過錯。༔

Maha Amrita Balingta Rakta Khahi ༔

瑪哈　阿母昃塔　巴林達　扃克塔　卡嘻 ༔

Om ah Hung Benza Guru Pema Siddhi Hung ༔

嗡　啊　吽　班匝　咕汝　貝瑪　悉地　吽 ༔

祈請法身無量光，༔①　法身阿彌陀佛，我向您祈請！༔

祈請報身大悲尊，༔　報身大悲者，我向您祈請！༔

祈請化身蓮花生，༔　化身貝瑪卡惹，我向您祈請！༔

我師稀有妙化身，༔　我的上師，神妙的化身，༔

降生印度作聞思，༔　您出生在印度這個國家，在那裡進行聞思，༔

親至西藏降諸魔，༔　您親自前往西藏，調伏魔眾，༔

①〈遣除道障祈請頌〉（巴切．藍瑟）第一偈。

身住鄔金利眾生，
您駐錫於鄔金國，成就眾生的利益。

以大悲心加持我，
以您的悲心，賜予我您的加持。

憫念我等而引導，
以您的關愛，在法道上引導我和他人。

密意加持賜成就，
以您的證量，賜予我悉地。

以大力除我等障，
以您的力量，驅除我和他人的障礙。

外之障礙於外除，
外的障礙消除於外，

內之障礙於內除，
內的障礙消除於內，

密之障礙法界除，
密的障礙消除於虛空，

恭敬頂禮而皈依。
我恭敬地向您頂禮並且皈依。

Om Ah Hung Benza Guru Pema Tötreng Tsal Benza Samaya Dza Siddhi Phala Hung Ah

嗡 啊 吽 班匝 咕汝 貝瑪 拓稱匝 班匝 薩瑪雅 匝 悉地 帕啦 吽 啊

座間依照外修持，
在修座與修座之間，按照外的方式進行修持：

手印、舞蹈等動作，
展開手印和舞蹈等動作，

持誦、吟詠等歌曲，
唱著吟頌與持誦的歌曲，

如是勤作廿一日，༔
佛身威光注自身，༔
莊嚴熾盛大樂生，༔
語得佛語之灌頂，༔
具力量成諦實語，༔
心得佛意力圓滿，༔
微妙等持咸堪能。༔
見此徵兆瑜伽士，༔
僅僅需轉變緣起，༔
事業次第一切成。༔
三昧耶。༔

特殊個別之成修，༔
自己三身無別之，༔
持明主尊佛慢具，༔

以這樣的方式，努力修持三週，༔
身的大光明將會降臨到你的身體內，༔
莊嚴的光輝將會大放光明，大樂將會萌生。༔
經由接受語的灌頂在你的語中，༔
你將會具有力量，成就眞實語。༔
經由在你的心意當中圓滿意的力量，༔
你將會變得精通各種微妙的三摩地。༔
觀察到這些驗相的瑜伽士，༔
單是引導自己趣向順緣，༔
就能證得一切次第的事業。༔
薩瑪雅。༔

至於特定的個人成就：༔
具有上首持明者的佛慢，༔
他是與三身無別的你自己，༔

特意緣修諸幻輪，༔
於執要點專注之，༔
由一顯現多形象，༔
智慧幻化網之中，༔
等持遊戲處處明。༔

吽啥！༔
持明勝者法嗣法界現，༔
謹以持誦音聲作迎請，༔
自心誓深處祈請降臨！༔
身相顯空遍十億世間，༔
語聲空咒音如雷嘯吼，༔
意覺空法界住於光明。༔
大樂舞蹈令本尊歡喜，༔
無勤金剛歌激勵咒語，༔

分別運用要點於༔
各個特定觀想之幻化輪，༔
並且想像三摩地的各種不同戲現，༔
在「智慧的幻化網」中，༔
從一顯現作眾多形象。༔

吽啥！༔
持明嘉威・敦措（Gyalwey Dungtsob）自虛空中顯現，༔
我念誦持誦的音聲，迎請您。༔
從您心誓的核心深處，祈請降臨！༔
您以明顯且空性的身體形象，遍滿十億世間。༔
您以語之回響且空性的咒音，如雷嘯吼。༔
您以意之覺知且空性的虛空，安住於光明界中。༔
一切本尊都因大樂舞蹈而歡喜，༔
於是以無勤金剛歌曲激勵咒語。༔

意具能解脫智慧命力，༔
致力觀想誦修至顯明，༔
圓滿之前祈勿捨密意，༔
毋忘大心誓時刻降臨。༔
此座即能圓滿四依修，༔
親證壇城尊主我祈請。༔

吽！༔
壇城東方蓮花座之上，༔
持明勝者法嗣之心間，༔
月上啥旁咒鬘作圍繞，༔
放光聚集有寂諸圓滿，༔
八吉祥八瑞物七政寶，༔

您的心意具足能解脫的智慧命力，༔
我將一直致力於觀想和持誦，直至證得顯明爲止。༔
直到我獲得圓滿之前，請勿捨棄您的意旨！༔
請不要忘記我，您偉大心誓的時刻已然降臨！༔
就在這座位上，讓我圓滿依修四支，༔
並令我證得壇城之主。༔

吽！༔
在壇城的東方，在一蓮花座墊上，༔
於持明嘉威·敦措的心中央，༔
在一月輪上有「啥」字，周圍環繞著咒鬘，༔
燦爛的光明聚集一切存有與寂靜的圓滿，༔
以吉祥象徵、吉祥物質與七政寶等形象，༔❷

❷按英文原文 In the forms of the auspicious signs and substances of the seven royal attributes 為「以吉祥象徵與七政寶的物質等形象」，但按藏文應為「以吉祥象徵、吉祥物質、七政寶等形象」。

五色虹光明點相收攝，༔　以及五色虹光的明點，༔

融己因而熾放威耀光，༔　收攝入我，故而熾放著燦爛明亮的巨大威光，༔

吾今成為輪涅大尊主。༔　我成爲一切輪迴與涅槃的偉大尊主。༔

Om Ah Hung Benza Guru Pema Radza A Nri Tri Dza Dza Sarva Siddhi Phala Hung ༔

嗡　啊　吽　班匝　咕汝　貝瑪　咼匝　阿　尼昱　赤以　匝　匝　薩兒哇　悉地帕拉　吽 ༔

供養文

智慧本尊會眾祈降臨，༔　敬邀智慧本尊會眾，祈請降臨！༔

敬獻外內祕密之供養，༔　我向您獻上外、內、密的供養，༔

禮讚身語意功德事業，༔　我禮讚您的身、語、意、功德與事業。༔

懺悔輕忽放逸過犯墮。༔　我懺悔輕忽放逸的違犯和過錯。༔

Maha Amrita Balingta Rakta Khahi ༔

瑪哈　阿母昱以塔　巴林達　咼克塔　卡嘻 ༔

妙嚴身相目睹時，༔②
右執寶劍之印契，༔
左結勾召之印契，༔
張口齜牙而仰視，༔
勝者法嗣眾生主。༔
以大悲心加持我，༔
憫念我等而引導，༔
密意加持賜成就，༔
以大力除我等障，༔
外之障礙於外除，༔
內之障礙於內除，༔
密之障礙法界除，༔
恭敬頂禮而皈依。༔

見到神妙身相的時候，༔
您的右手結寶劍印，༔
您的左手結勾召印，༔
張口齜牙，向上仰視，༔
嘉威．敦津（Gyalwey Dundzin），眾生之主，༔
以您的悲心，賜予我您的加持。༔
以您的關愛，在法道上引導我和他人。༔
以您的證量，賜予我悉地。༔
以您的力量，驅除我和他人的障礙。༔
外的障礙消除於外，༔
內的障礙消除於內，༔
密的障礙消除於虛空，༔
我恭敬地向您頂禮並且皈依。༔

②〈遣除道障祈請頌〉（巴切．藍瑟）第二偈。

Om Ah Hung Benza Guru Pema Radza A Nri Tri Dza Dza Sarva Siddhi Phala Hung ༔

嗡 啊 吽 班匝 咕汝 貝瑪 昂匝 阿 尼昃 赤以 匝 匝 薩兒哇 悉地 帕拉 吽 ༔

吽啥！༔
持明語獅子自法界現，༔
謹以持誦音聲作迎請，༔
自心誓深處祈請降臨！༔
身相顯空遍十億世間，༔
語聲空咒音如雷嘯吼，༔
意覺空法界住於光明。༔
大樂舞蹈令本尊歡喜，༔
無勤金剛歌激勵咒語，༔
意具能解脫智慧命力，༔
致力觀想誦修至顯明，༔
圓滿之前祈勿捨密意，༔

吽啥！༔
持明瑪威・森給（Mawey Senge）自虛空中顯現，༔
我念誦持誦的音聲，迎請您。༔
從您心誓的核心深處，祈請降臨！༔
您以明顯且空性的身體形象，遍滿十億世間。༔
您以語之回響且空性的咒音，如雷嘯吼。༔
您以意之覺知且空性的虛空，安住於光明界中。༔
一切本尊都因大樂舞蹈而歡喜，༔
於是以無勤金剛歌曲激勵咒語。༔
您的心意具足能解脫的智慧命力，༔
我將一直致力於觀想和持誦，直至證得顯明爲止。༔
直到我獲得圓滿之前，請勿捨棄您的意旨！༔

毋忘大心誓時刻降臨。༔
此座即能圓滿四依修，༔
親證壇城尊主我祈請。༔

請不要忘記我，您偉大心誓的時刻已然降臨！༔
就在這座位上，讓我圓滿依修四支，༔
並令我證得壇城之主。༔

吽！༔
壇城南方蓮花座之上，༔
持明語獅子之心中央，༔
月上啥旁咒鬘作圍繞，༔
放光消除眾生無明闇，༔
所有諸佛菩薩之智慧，༔
聲緣一切凡聖之聰慧，༔
以光明相收攝融入己，༔
勝慧本智顯明並增上。༔

吽！༔
在壇城的南方，在一蓮花座上，༔
於持明瑪威·森給的心中央，༔
在一個月輪上有「吽」字，周圍環繞著咒鬘，༔
放光清除一切眾生的無明暗昧，༔
所有勝者及其子嗣的智慧，༔
以及聲聞、緣覺聖眾與凡俗眾生的才智，༔
以光的形象聚集回來，收攝入我，༔
智慧的顯明完全綻放。༔

Om Ah Hung Benza Guru Pema Prajna Jnana Sarva Siddhi Hung ༔

嗡 啊 吽 班匝 咕汝 貝瑪 普嚆吉納 嘉納 薩兒哇 悉地 吽 ༔

供養文

智慧本尊會眾祈降臨，༔
敬獻外內祕密之供養，༔
禮讚身語意功德事業，༔
懺悔輕忽放逸過犯墮。༔
Maha Amrita Balingta Rakta Khahi ༔
瑪哈　阿母日以塔　巴林達　日可克塔　卡嘻 ༔

尊賜珍寶聖法時，༔③
勝妙身相具光明，༔
右持三藏之經典，༔
左持普巴之續函，༔
通達甚深諸法教，༔
揚列雪窟之學者。༔
以大悲心加持我，༔

敬邀智慧本尊會眾，祈請降臨！༔
我向您獻上外、內、密的供養，༔
我禮讚您的身、語、意、功德與事業。༔
我懺悔輕忽放逸的違犯和過錯。༔

當您賜予珍貴神聖教法的時候，༔
您光燦的身體具有輝耀的膚色，༔
您的右手拿著《三藏》的經典，༔
您的左手拿著《普巴》的函卷，༔
您理解一切深奧的教法。༔
揚烈雪的班智達，༔
以您的悲心，賜予我您的加持。༔

憫念我等而引導，　　以您的關愛，在法道上引導我和他人。
密意加持賜成就，　　以您的證量，賜予我悉地。
以大力除我等障，　　以您的力量，驅除我和他人的障礙。
外之障礙於外除，　　外的障礙消除於外，
內之障礙於內除，　　內的障礙消除於內，
密之障礙法界除，　　密的障礙消除於虛空，
恭敬頂禮而皈依。　　我恭敬地向您頂禮並且皈依。

Om Ah Hung Benza Guru Pema Prajna Jnana Sarva Siddhi Hung

嗡　啊　吽　班匝　咕汝　貝瑪　普局吉納　嘉納　薩兒哇　悉地　吽

吽啥！　　吽啥！
持明蓮花生自法界現，　　持明貝瑪桑巴哇自虛空中顯現，
謹以持誦音聲作迎請，　　我念誦持誦的音聲，迎請您。

---

③〈遣除道障祈請頌〉（巴切．藍瑟）第三偈。

自心誓深處祈請降臨！
身相顯空遍十億世間，
語聲空咒音如雷嘯吼，
意覺空法界住於光明。
大樂舞蹈令本尊歡喜，
無勤金剛歌激勵咒語，
意具能解脫智慧命力，
致力觀想誦修至顯明，
圓滿之前祈勿捨密意，
毋忘大心誓時刻降臨。
此座即能圓滿四依修，
親證壇城尊主我祈請。

吽！
壇城西方蓮花座之上，

從您心誓的核心深處，祈請降臨！
您以明顯且空性的身體形象，遍滿十億世間。
您以語之回響且空性的咒音，如雷嘯吼。
您以意之覺知且空性的虛空，安住於光明界中。
一切本尊都因大樂舞蹈而歡喜，
於是以無勤金剛歌曲激勵咒語。
您的心意具足能解脫的智慧命力，
我將一直致力於觀想和持誦，直至證得顯明爲止。
直到我獲得圓滿之前，請勿捨棄您的意旨！
請不要忘記我，您偉大心誓的時刻已然降臨！
就在這座位上，讓我圓滿依修四支，
並令我證得壇城之主。

吽！
在壇城的西方，在一蓮花座上，

持明貝瑪桑巴哇心間，༔　　於持明貝瑪桑巴哇的心中央，༔
月上啥旁咒鬘作圍繞，༔　　在一月輪上有「啥」字，周圍環繞著咒鬘，༔
放光除一切情器衰損，༔　　耀射的光明清除情器世間的一切衰敗，༔
智慧雲降所欲大雨霖，༔　　從智慧雲降下所欲事物的大雨，༔
一切有寂祥富極增上，༔　　大大增長了顯有與寂靜的威光和財富，༔
精粹無餘皆融攝入己，༔　　一切精華和靈丹妙藥收攝入我，༔
證得持虛空庫藏悉地。༔　　於是我證得持有虛空寶藏庫的悉地。༔

Om Ah Hung Benza Guru Pema Sambhawa Sarva Siddhi Hung ༔
嗡　啊　吽　班匝　咕汝　貝瑪桑巴哇　薩兒哇　悉地　吽 ༔

供養文

智慧本尊會眾祈降臨，༔　　敬邀智慧本尊會眾，祈請降臨！༔
敬獻外內祕密之供養，༔　　我向您獻上外、內、密的供養，༔
禮讚身語意功德事業，༔　　我禮讚您的身、語、意、功德與事業。༔

懺悔輕忽放逸過犯墮。༔
我懺悔輕忽放逸的違犯和過錯。༔

Maha Amrita Balingta Rakta Khahi ༔

瑪哈　阿母[日以]塔　巴林達　咼克塔　卡嘻 ༔

調伏護法立誓時，༔④
當您將具誓者繫縛於誓言之下的時候，༔

無垢勝境極悅意，༔
在美麗無垢的殊勝處所，༔

印度西藏疆界處，༔
位於印度和西藏的邊境，༔

賜予加持而至時，༔
您在抵達的時刻，賜下了您的加持，༔

妙香馥鬱漫山野，༔
在那具有香氣籠罩的山上，༔

蓮花於冬亦盛開，༔
那裡即使在冬天，也有蓮花盛開，༔

菩提甘露湧山泉，༔
並且有證悟之源泉，流出甘露般的泉水。༔

於彼殊妙安樂處，༔
在這殊勝大樂的地方，༔

聖者善顯著法衣，༔
結秋．促桑（Kyechok Tsülzang），穿著法衣，༔

右執九股金剛杵，༔
您的右手拿著一個九股的金剛杵，༔

左手執持珍寶器，༔
您的左手拿著一個寶匣，༔

內中盛滿紅甘露，༔	盛滿著紅甘露，༔
空行護法立誓言，༔	您將空行母與具誓〔護法〕束縛於誓言之下，༔
親見本尊獲成就。༔	您面見本尊，成就了悉地。༔
以大悲心加持我，༔	以您的悲心，賜予我您的加持。༔
憫念我等而引導，༔	以您的關愛，在法道上引導我和他人。༔
密意加持賜成就，༔	以您的證量，賜予我悉地。༔
以大力除我等障，༔	以您的力量，驅除我和他人的障礙。༔
外之障礙於外除，༔	外的障礙消除於外，༔
內之障礙於內除，༔	內的障礙消除於內，༔
密之障礙法界除，༔	密的障礙消除於虛空，༔
恭敬頂禮而皈依。༔	我恭敬地向您頂禮並且皈依。༔

Om Ah Hung Benza Guru Pema Sambhawa Sarva Siddhi Hung ༔

嗡 啊 吽 班匝 咕汝 貝瑪桑巴哇 薩兒哇 悉地 吽 ༔

④〈遣除道障祈請頌〉（巴切・藍瑟）第四偈。

吽啥！༔
持明大誅魔者法界現，༔
謹以持誦音聲作迎請，༔
自心誓深處祈請降臨！༔
身相顯空遍十億世間，༔
語聲空咒音如雷嘯吼，༔
意覺空法界住於光明。༔
大樂舞蹈令本尊歡喜，༔
無勤金剛歌激勵咒語，༔
意具能解脫智慧命力，༔
致力觀想誦修至顯明，༔
圓滿之前祈勿捨密意，༔
毋忘大心誓時刻降臨。༔
此座即能圓滿四依修，༔
親證壇城尊主我祈請。༔

吽啥！༔
持明度吉・雪謙（Dükyi Shechen）自虛空中顯現，༔
我念誦持誦的音聲，迎請您。༔
從您心誓的核心深處，祈請降臨！༔
您以明顯且空性的身體形象，遍滿十億世間。༔
您以語之回響且空性的咒音，如雷嘯吼。༔
您以意之覺知且空性的虛空，安住於光明界中。༔
一切本尊都因大樂舞蹈而歡喜，༔
於是以無勤金剛歌曲激勵咒語。༔
您的心意具足能解脫的智慧命力，༔
我將一直致力於觀想和持誦，直至證得顯明爲止。༔
直到我獲得圓滿之前，請勿捨棄您的意旨！༔
請不要忘記我，您偉大心誓的時刻已然降臨！༔
就在這座位上，讓我圓滿依修四支，༔
並令我證得壇城之主。༔

吽！

壇城北方蓮花座之上，

持明大誅魔者之心間，

日上吽旁咒鬘作圍繞，

放光金剛杵橛兵器雨，

滿三千界震震搖搖墜，

魔羅眾之神識法界度，

粉碎其身軀成為微塵，

收回融己威嚴大熾盛。

吽！

在壇城的北方，在一蓮花座上，

於持明度吉．雪謙的心中央，

在一日輪上有「吽」字，周圍環繞著咒鬘，

金剛杵、金剛橛、兵器以大量的群集，伴隨閃光，如雨降下，

耀射出的光明遍滿三千世界，

解脫魔羅眾的覺知進入法界，

粉碎其身軀成爲塵埃之後，

再次攝回，融攝入我，熾燃放出巨大威嚴的光亮。

Om Ah Hung Benza Guru Pema Kili Kiliya Sarva Bighanen Bam Hung Pe

嗡 啊 吽 班匝 咕汝 貝瑪 奇哩 奇哩呀 薩兒哇 比嘎南 棒母 吽 呸 ❸

---

❸此咒 Om Ah Hung Benza Guru Pema Kili「Kiliya」Sarva Bighanen Bam Hung Pe，一般是作 Om Ah Hung Benza Guru Pema Kili「Kilaya」Sarva Bighanen Bam Hung Pe（嗡 啊 吽 班匝 咕汝 貝瑪 奇哩「奇啦呀」薩兒哇 比嘎南 棒母 吽 呸）。

供養文

智慧本尊會眾祈降臨，༔
敬邀智慧本尊會眾，祈請降臨！༔

敬獻外內祕密之供養，༔
我向您獻上外、內、密的供養，༔

禮讚身語意功德事業，༔
我禮讚您的身、語、意、功德與事業。༔

懺悔輕忽放逸過犯墮。༔
我懺悔輕忽放逸的違犯和過錯。༔

Maha Amrita Balingta Rakta Khahi ༔

瑪哈　阿母昪塔　巴林達　局克塔　卡嘻 ༔

建立如來聖教時，༔ ⑤
當您建立勝眾法教的時候，༔

岩山林中作修持，༔
您在岩山森林修持成就法，༔

咒橛拋擲虛空中，༔
您將自己的持誦橛拋向天空的廣闊中，༔

金剛印執而撚轉，༔
以金剛手印接住並旋轉它，༔

揮舞擲入檀香林，༔
做揮動的同時，將其擲入檀香木森林中，༔

火焰熾燃湖泊枯，༔
火焰熾燃，令湖泊乾涸。༔

外道領地悉皆焚，༔
瞬間，您焚毀了外道的所有土地，༔

黑色藥叉碎為塵，༔
無等大誅魔者尊。༔
以大悲心加持我，༔
憫念我等而引導，༔
密意加持賜成就，༔
以大力除我等障，༔
外之障礙於外除，༔
內之障礙於內除，༔
密之障礙法界除，༔
恭敬頂禮而皈依。༔

並且將黑暗的夜叉粉碎爲塵埃。༔
無與倫比的度吉．雪謙，༔
以您的悲心，賜予我您的加持。༔
以您的關愛，在法道上引導我和他人。༔
以您的證量，賜予我悉地。༔
以您的力量，驅除我和他人的障礙。༔
外的障礙消除於外，༔
內的障礙消除於內，༔
密的障礙消除於虛空，༔
我恭敬地向您頂禮並且皈依。༔

Om Ah Hung Benza Guru Pema Kili Kiliya Sarva Bighanen Bam Hung Pe ༔

嗡　啊　吽　班匝　咕汝　貝瑪　奇哩　奇哩呀　薩兒哇　比嘎南　棒母　吽　呸 ༔

⑤〈遣除道障祈請頌〉（巴切．藍瑟）第五偈。

吽啥！༔
持明瞻洲勝嚴法界現，༔
謹以持誦音聲作迎請，༔
自心誓深處祈請降臨！༔
身相顯空遍十億世間，༔
語聲空咒音如雷嘯吼，༔
意覺空法界住於光明。༔
大樂舞蹈令本尊歡喜，༔
無勤金剛歌激勵咒語，༔
意具能解脫智慧命力，༔
致力觀想誦修至顯明，༔
圓滿之前祈勿捨密意，༔
毋忘大心誓時刻降臨。༔
此座即能圓滿四依修，༔
親證壇城尊主我祈請。༔

吽啥！༔
持明藏綾・堅秋（Dzamling Gyenchok）自虛空中顯現，༔
我念誦持誦的音聲，迎請您。༔
從您心誓的核心深處，祈請降臨！༔
您以明顯且空性的身體形象，遍滿十億世間。༔
您以語之回響且空性的咒音，如雷嘯吼。༔
您以意之覺知且空性的虛空，安住於光明界中。༔
一切本尊都因大樂舞蹈而歡喜，༔
於是以無勤金剛歌曲激勵咒語。༔
您的心意具足能解脫的智慧命力，༔
我將一直致力於觀想和持誦，直至證得顯明爲止。༔
直到我獲得圓滿之前，請勿捨棄您的意旨！༔
請不要忘記我，您偉大心誓的時刻已然降臨！༔
就在這座位上，讓我圓滿依修四支，༔
並令我證得壇城之主。༔

吽！༔
東方珍寶熾燃角隅上，༔
持明瞻洲勝嚴之心間，༔
日上吽旁咒鬘作圍繞，༔
由彼光芒金剛嚓嚓射，༔
降伏傲慢淨顯有實執，༔
光芒收攝融己得加持，༔
自明偉大上師心意圓，༔
五毒自解得智慧自在。༔
Om Rulu Rulu Hung Jo Hung ༔
嗡 如盧 如盧 吽 究 吽 ༔

吽！༔
在東方，於珍寶的發光輻條上，༔
於持明藏綾．堅秋的心中央，༔
在一個日輪上有「吽」字，周圍環繞著咒鬘，༔
金剛杵如火花般迸射的時候，放出的光芒༔
摧毀傲慢靈，清淨對於有一眞實現象界的執持。༔
光芒收攝，融入自身，加持自己，༔
圓滿自我之明識成爲瑪哈咕汝的心意，༔
五毒得到自解脫，證得對智慧的自在掌控。༔

供養文

智慧本尊會眾祈降臨，༔
敬獻外內祕密之供養，༔

敬邀智慧本尊會眾，祈請降臨！༔
我向您獻上外、內、密的供養，༔

禮讚身語意功德事業，༔　我禮讚您的身、語、意、功德與事業。༔

懺悔輕忽放逸過犯墮。༔　我懺悔輕忽放逸的違犯和過錯。༔

Maha Amrita Balingta Rakta Khahi ༔

瑪哈　阿母以塔　巴林達　咼克塔　卡嘻 ༔

汝於鎮伏羅剎時，༔⑥　當您降伏羅剎的時候，༔

孺童化身裝束者，༔　您以年少男童的化身裝束，༔

稀有相好妙色身，༔　示現稀有神妙的善好身相，༔

齒勻髮澤黃而美，༔　具有莊嚴的身色，勻稱的牙齒，美麗的金黃色頭髮，༔

顯現十六妙齡姿，༔　宛如十六歲的少年，༔

身著種種諸妙寶，༔　穿戴各種珠寶裝飾，༔

右執青銅之普巴，༔　您的右手握著一個銅質普巴，༔

鎮伏羅剎及魔眾，༔　降伏魔羅與羅剎，༔

左執柚木之普巴，༔　您的左手拿著一個柚木（teak）的普巴，༔

救護敬信之弟子，༔　為虔信於您的子女賜予保護。༔

頸上佩飾鐵普巴，༔
汝與根本尊無別，༔
無二化身瞻洲嚴。༔
以大悲心加持我，༔
憫念我等而引導，༔
密意加持賜成就，༔
以大力除我等障，༔
外之障礙於外除，༔
內之障礙於內除，༔
密之障礙法界除，༔
恭敬頂禮而皈依。༔

您的頸項上環繞著一個鐵質普巴，༔
您與本尊無有分別，༔
藏綾·堅秋，無二的化身。༔
以您的悲心，賜予我您的加持。༔
以您的關愛，在法道上引導我和他人。༔
以您的證量，賜予我悉地。༔
以您的力量，驅除我和他人的障礙。༔
外的障礙消除於外，༔
內的障礙消除於內，༔
密的障礙消除於虛空，༔
我恭敬地向您頂禮並且皈依。༔

Om Rulu Rulu Hung Jo Hung Hung ༔

嗡 如盧 如盧 吽 究 吽 吽 ༔

---

⑥〈遣除道障祈請頌〉（巴切·藍瑟）第六偈。

吽啥！༔
持明貝瑪炯內法界現，༔
謹以持誦音聲作迎請，༔
自心誓深處祈請降臨！༔
身相顯空遍十億世間，༔
語聲空咒音如雷嘯吼，༔
意覺空法界住於光明。༔
大樂舞蹈令本尊歡喜，༔
無勤金剛歌激勵咒語，༔
意具能解脫智慧命力，༔
致力觀想誦修至顯明，༔
圓滿之前祈勿捨密意，༔
毋忘大心誓時刻降臨。༔
此座即能圓滿四依修，༔
親證壇城尊主我祈請。༔

吽啥！༔
持明貝瑪．炯內自虛空中顯現，༔
我念誦持誦的音聲，迎請您。༔
從您心誓的核心深處，祈請降臨！༔
您以明顯且空性的身體形象，遍滿十億世間。༔
您以語之回響且空性的咒音，如雷嘯吼。༔
您以意之覺知且空性的虛空，安住於光明界中。༔
一切本尊都因大樂舞蹈而歡喜，༔
於是以無勤金剛歌曲激勵咒語。༔
您的心意具足能解脫的智慧命力，༔
我將一直致力於觀想和持誦，直至證得顯明爲止。༔
直到我獲得圓滿之前，請勿捨棄您的意旨！༔
請不要忘記我，您偉大心誓的時刻已然降臨！༔
就在這座位上，讓我圓滿依修四支，༔
並令我證得壇城之主。༔

吽！༔
吽！༔

南方珍寶熾燃角隅上，༔
在南方，在珍寶的發光輻條上，༔

持明貝瑪烔內之心間，༔
於持明貝瑪．烔內的心中央，༔

月上啥旁咒鬘作圍繞，༔
在一個月輪上有「啥」字，周圍環繞著咒鬘，༔

由彼樂空遊戲光芒射，༔
放射光芒，遊戲於大樂與空性中，༔

遍供諸佛淨眾生二障，༔
供養一切勝者，清淨眾生的兩種遮障，༔

顯有三根本天尊三處，༔
從一切顯現並存有爲三根本天尊之眾的三處，༔

身相咒鬘手幟如雨降，༔
身形、咒鬘、手幟如雨般降下，༔

融攝入己觀智慧增上。༔
融攝入自己的緣故，智慧增長。༔

Om Ah Hung Benza Guru Pema Tötreng Tsal Benza Samaya Dza Siddhi Phala Hung Ah ༔

嗡 啊 吽 班匝 咕汝 貝瑪 拓稱匝 班匝 薩瑪雅 匝 悉地 帕啦 吽 啊 ༔

供養文

智慧本尊會眾祈降臨，༔
敬邀智慧本尊會眾，祈請降臨！༔

敬獻外內祕密之供養，༔
我向您獻上外、內、密的供養，༔

禮讚身語意功德事業，༔

懺悔輕忽放逸過犯墮。༔

我禮讚您的身、語、意、功德與事業。༔

我懺悔輕忽放逸的違犯和過錯。༔

Maha Amrita Balingta Rakta Khahi ༔

瑪哈　阿(母)昃塔　巴林達　咼(克)塔　卡嘻 ༔

欲伏魔鬼境域時，༔⑦

火焰熊熊遍燒處，༔

一箭之遙湖中央，༔

於蓮花上清涼姿，༔

芙蕖蕊中密意現，༔

獲得名號蓮花生，༔

等覺如來親降臨，༔

如是稀有妙化身，༔

以大悲心加持我，༔

憫念我等而引導，༔

當您決定要前往哲域這個妖魔鬼怪之地的時候，༔

熊熊大火漫燒在山谷的地面上，༔

變成寬度爲一箭之遙的一片湖泊，༔

那裡，在一朵蓮花上面，您出現了，清涼且神清氣爽的。༔

您在蓮花中，展現出您的證量，༔

贏得貝瑪桑巴哇——蓮花生——的名號，༔

您是圓滿佛陀的親自出現，༔

噢，如此稀有神妙的化身，༔

以您的悲心，賜予我您的加持。༔

以您的關愛，在法道上引導我和他人。༔

密意加持賜成就，༔
以大力除我等障，༔
外之障礙於外除，༔
內之障礙於內除，༔
密之障礙法界除，༔
恭敬頂禮而皈依。༔

以您的證量，賜予我悉地。༔
以您的力量，驅除我和他人的障礙。༔
外的障礙消除於外，༔
內的障礙消除於內，༔
密的障礙消除於虛空，༔
我恭敬地向您頂禮並且皈依。༔

Om Ah Hung Benza Guru Pema Tötreng Tsal Benza Samaya Dza Siddhi Phala Hung Ah ༔

嗡 啊 吽 班匝 咕汝 貝瑪 拓稱匝 班匝 薩瑪雅 匝 悉地 帕啦 吽 啊 ༔

吽啥！༔
持明最極聖者法界現，༔
謹以持誦音聲作迎請，༔
自心誓深處祈請降臨！༔

吽啥！༔
持明解罷．帕巴（Khyepar Phakpa）自虛空中顯現，༔
我念誦持誦的音聲，迎請您。༔
從您心誓的核心深處，祈請降臨！༔

⑦〈遣除道障祈請頌〉（巴切．藍瑟）第七偈。

身相顯空遍十億世間，༔
語聲空咒音如雷嘯吼，༔
意覺空法界住於光明。༔
大樂舞蹈令本尊歡喜，༔
無勤金剛歌激勵咒語，༔
意具能解脫智慧命力，༔
致力觀想誦修至顯明，༔
圓滿之前祈勿捨密意，༔
毋忘大心誓時刻降臨。༔
此座即能圓滿四依修，༔
親證壇城尊主我祈請。༔

吽！༔

西方珍寶熾燃角隅上，༔
持明最極聖者之心間，༔

您以明顯且空性的身體形象，遍滿十億世間。༔
您以語之回響且空性的咒音，如雷嘯吼。༔
您以意之覺知且空性的虛空，安住於光明界中。༔
一切本尊都因大樂舞蹈而歡喜，༔
於是以無勤金剛歌曲激勵咒語。༔
您的心意具足能解脫的智慧命力，༔
我將一直致力於觀想和持誦，直至證得顯明爲止。༔
直到我獲得圓滿之前，請勿捨棄您的意旨！༔
請不要忘記我，您偉大心誓的時刻已然降臨！༔
就在這座位上，讓我圓滿依修四支，༔
並令我證得壇城之主。༔

吽！༔

在西方，在珍寶的發光輻條上，༔
於持明解罷·帕巴的心中央，༔

月上啥旁咒鬘作圍繞，༔
在一個月輪上有「啥」字，周圍環繞著咒鬘，༔

光芒威光無邊射十方，༔
放射光芒至十方，無邊無際的威光，༔

促請上師本尊空行意，༔
激勵上師、本尊、空行的心意，༔

諭護法守衛眾行事業，༔
吩咐眾多的佛法保護者和守衛者要採取行動，༔

鎮伏摧毀顯有邪靈軍，༔
現象世間靈類力量的軍隊被鎮伏摧毀，༔

收回融己觀力量熾盛。༔
光芒聚集回來，融攝入我，力量和威能熾盛。༔

Om Ah Hung Benza Maha Guru Sarva Siddhi Hung ༔

嗡 啊 吽 班匝 瑪哈 咕汝 薩兒哇 悉地 吽 ༔

供養文

智慧本尊會眾祈降臨，༔
敬邀智慧本尊會眾，祈請降臨！༔

敬獻外內祕密之供養，༔
我向您獻上外、內、密的供養，༔

禮讚身語意功德事業，༔
我禮讚您的身、語、意、功德與事業。༔

懺悔輕忽放逸過犯墮。༔
我懺悔輕忽放逸的違犯和過錯。༔

Maha Amrita Balingta Rakta Khahi ༔

瑪哈 阿(母)以塔 巴林達 局(克)塔 卡嘻 ༔

西藏日光普照時，༔ [8]
具信眾吉祥導師，༔
應何身度即化現。༔
後藏喀拉峰隘口，༔
調伏戰神優婆塞；༔
匝威匝秀山谷內，༔
驕慢天神優婆塞，༔
廿一悉令誓言縛；༔
芒隅境內絳真處，༔
賜予四比丘成就。༔
無比最極聖持明，༔
以大悲心加持我，༔

當您如藏地的太陽般照耀時，༔
您是具信眾生的吉祥嚮導，༔
您依據待調伏眾生的需求，展現出一切所需的形象。༔
在後藏的喀拉隘口，༔
您將戰神優婆塞繫縛於誓言之下。༔
在匝威匝秀山谷，༔
您將二十一位傲慢的優婆塞天神繫縛於誓言之下。༔
在芒隅地區的絳真，༔
您賜予四比丘悉地。༔
哦，殊勝的解罷·帕巴持明者，༔
以您的悲心，賜予我您的加持。༔

憫念我等而引導，༔
密意加持賜成就，༔
以大力除我等障，༔
外之障礙於外除，༔
內之障礙於內除，༔
密之障礙法界除，༔
恭敬頂禮而皈依。༔

以您的關愛，在法道上引導我和他人。༔
以您的證量，賜予我悉地。༔
以您的力量，驅除我和他人的障礙。༔
外的障礙消除於外，༔
內的障礙消除於內，༔
密的障礙消除於虛空，༔
我恭敬地向您頂禮並且皈依。༔

Om Ah Hung Benza Maha Guru Sarva Siddhi Hung ༔
嗡 啊 吽 班匝 瑪哈 咕汝 薩兒哇 悉地 吽 ༔

吽啥！༔
持明神通力士法界現，༔
謹以持誦音聲作迎請，༔

吽啥！༔
持明祖初．圖千（Dzutrül Tuchen）自虛空中顯現，༔
我念誦持誦的音聲，迎請您。༔

⑧〈遣除道障祈請頌〉（巴切．藍瑟）第八偈。

自心誓深處祈請降臨！༔
身相顯空遍十億世間，༔
語聲空咒音如雷嘯吼，༔
意覺空法界住於光明。༔
大樂舞蹈令本尊歡喜，༔
無勤金剛歌激勵咒語，༔
意具能解脫智慧命力，༔
致力觀想誦修至顯明，༔
圓滿之前祈勿捨密意，༔
毋忘大心誓時刻降臨。༔
此座即能圓滿四依修，༔
親證壇城尊主我祈請。༔
吽！༔
北方珍寶熾燃角隅上，༔

從您心誓的核心深處，祈請降臨！༔
您以明顯且空性的身體形象，遍滿十億世間。༔
您以語之回響且空性的咒音，如雷嘯吼。༔
您以意之覺知且空性的虛空，安住於光明界中。༔
一切本尊都因大樂舞蹈而歡喜，༔
於是以無勤金剛歌曲激勵咒語。༔
您的心意具足能解脫的智慧命力，༔
我將一直致力於觀想和持誦，直至證得顯明為止。༔
直到我獲得圓滿之前，請勿捨棄您的意旨！༔
請不要忘記我，您偉大心誓的時刻已然降臨！༔
就在這座位上，讓我圓滿依修四支，༔
並令我證得壇城之主。༔
吽！༔
在北方，在珍寶的發光輻條上，༔

持明神通力士之心間，༔
於持明祖初·圖千的心中央，༔

日上吽旁咒鬘作圍繞，༔
在一個日輪上有「吽」字，周圍環繞著咒鬘，༔

光芒火焰熾燃射十方，༔
光芒與大量火焰熾燃散播至十方，༔

吽之聲響嘯吼遍三有，༔
「吽」的聲響嘯吼徹三界，༔

破誓邪靈眾悉毀如塵，༔
一群群的三昧耶毀墮者與靈力被粉碎爲塵埃，༔

作障魔眾度脫本淨界，༔
一切作障敵魔被度脫入本淨法界，༔

收回融己明覺力增盛。༔
聚集回來並融攝入我，明覺力量增盛。༔

Om Ah Hung Benza Guru Dorje Drowolö Loka Sarva Siddhi Hung ༔

嗡　啊　吽　班匝　咕汝　多傑　卓沃勒　咯噶　薩兒哇　悉地　吽 ༔

供養文

智慧本尊會眾祈降臨，༔
敬邀智慧本尊會眾，祈請降臨！༔

敬獻外內祕密之供養，༔
我向您獻上外、內、密的供養，༔

禮讚身語意功德事業，༔
我禮讚您的身、語、意、功德與事業。༔

懺悔輕忽放逸過犯墮。༔
我懺悔輕忽放逸的違犯和過錯。༔

Maha Amrita Balingta Rakta Khahi ༔

瑪哈　阿(母)⿱日以塔　巴林達　曷(克)塔　卡嘻 ༔

巴莫塘吉祥平原，༔⑨　在巴莫塘的吉祥平原上，༔

十二地母立誓言；༔　您將十二尊永寧地母繫縛於誓言之下。༔

雪域喀拉山隘上，༔　在中部西藏的喀拉隘口，༔

貢嘎夏美立誓言；༔　您將「無肉體的白色冰川」繫縛於誓言之下。༔

當秀拉布寧山前，༔　在當秀·拉布·寧的前面，༔

唐拉雅秀立誓言；༔　您將唐拉·雅爾秀繫縛於誓言之下。༔

嘿坡山之頂峰上，༔　在嘿坡日的頂峰，༔

天神羅剎悉立誓。༔　您將一切天神和羅剎繫縛於誓言之下。༔

所有威勢鬼神眾，༔　這些偉大的天神與魔鬼，༔

或有命力心奉獻，༔　有些獻上他們自己核心的命力，༔

或立誓護持聖教，༔　有些立誓要守衛教法，༔

或承諾願為僕役。༔　有些承諾要成爲您的僕役。༔

大威力最極聖者，༔	具有大威力的祖初・圖千，༔
以大悲心加持我，༔	以您的悲心，賜予我您的加持。༔
憫念我等而引導，༔	以您的關愛，在法道上引導我和他人。༔
密意加持賜成就，༔	以您的證量，賜予我悉地。༔
以大力除我等障，༔	以您的力量，驅除我和他人的障礙。༔
外之障礙於外除，༔	外的障礙消除於外，༔
內之障礙於內除，༔	內的障礙消除於內，༔
密之障礙法界除，༔	密的障礙消除於虛空，༔
恭敬頂禮而皈依。༔	我恭敬地向您頂禮並且皈依。༔

Om Ah Hung Benza Guru Dorje Drowolö Loka Sarva Siddhi Hung ༔

嗡　啊　吽　班匝　咕汝　多傑　卓沃勒　咯噶　薩兒哇　悉地　吽 ༔

吽啥！༔　　吽啥！༔

⑨〈遣除道障祈請頌〉（巴切・藍瑟）第九偈。

持明金剛猛力法界現，༔
謹以持誦音聲作迎請，༔
自心誓深處祈請降臨！༔
身相顯空遍十億世間，༔
語聲空咒音如雷嘯吼，༔
意覺空法界住於光明。༔
大樂舞蹈令本尊歡喜，༔
無勤金剛歌激勵咒語，༔
意具能解脫智慧命力，༔
致力觀想誦修至顯明，༔
圓滿之前祈勿捨密意，༔
毋忘大心誓時刻降臨。༔
此座即能圓滿四依修，༔
親證壇城尊主我祈請。༔

持明多傑．札嚓（Dorje Draktsal）自虛空中顯現，༔
我念誦持誦的音聲，迎請您。༔
從您心誓的核心深處，祈請降臨！༔
您以明顯且空性的身體形象，遍滿十億世間。༔
您以語之回響且空性的咒音，如雷嘯吼。༔
您以意之覺知且空性的虛空，安住於光明界中。༔
一切本尊都因大樂舞蹈而歡喜，༔
於是以無勤金剛歌曲激勵咒語。༔
您的心意具足能解脫的智慧命力，༔
我將一直致力於觀想和持誦，直至證得顯明爲止。༔
直到我獲得圓滿之前，請勿捨棄您的意旨！༔
請不要忘記我，您偉大心誓的時刻已然降臨！༔
就在這座位上，讓我圓滿依修四支，༔
並令我證得壇城之主。༔

吽！◎　吽！◎

東南珍寶熾燃角隅上，◎　在東南方，在珍寶的發光輻條上，◎

持明金剛威猛力心間，◎　於持明多傑・札嚓的心中央，◎

日上吽旁咒鬘作圍繞，◎　在一個日輪上有「吽」字，周圍環繞著咒鬘，◎

由彼光芒火焰鐵蠍及，◎　由彼處，光芒、火焰、鐵蠍，◎

夜叉明王極多如暴風，◎　以及數量眾多的夜叉明王熾然放出，如同狂風暴雨一般，◎

傲慢曜、龍、王三縛於誓，◎　將傲慢的羅睺羅、龍眾、嘉波王魔縶縛於誓言之下，◎

藏康作祟厲鬼摧如塵，◎　毀壞藏地與康地的貢波邪靈被粉碎為塵埃，◎

收回融己覲威勢無比。◎　聚集回來並融攝入我，我的宏偉與威能變得無與倫比。◎

Om Ah Hung Artsik Nirtsik Namo Bhagawate Hung Hung Pe A Hung Hung Pe ◎

嗡　啊　吽　阿兒刺以克　尼兒刺以克　南摩　巴嘎哇爹　吽　吽　呸　阿　吽　吽　呸◎

供養文

智慧本尊會眾祈降臨，◎　敬邀智慧本尊會眾，祈請降臨！◎

敬獻外內祕密之供養，◎　我向您獻上外、內、密的供養，◎

禮讚身語意功德事業，༔
懺悔輕忽放逸過犯墮。༔
Maha Amrita Balingta Rakta Khahi ༔
瑪哈　阿母日以塔　巴林達　咼克塔　卡嘻 ༔
殊勝正法之聖教，༔⑩
樹立猶如勝寶幢，༔
桑耶非建任運成，༔
圓滿國君心所願。༔
至尊大士三法號，༔
一名稱貝瑪卡惹，༔
一名貝瑪桑巴哇，༔
一名湖生金剛尊。༔
密名金剛威猛力，༔
以大悲心加持我，༔

我禮讚您的身、語、意、功德與事業。༔
我懺悔輕忽放逸的違犯和過錯。༔
當您樹立聖法之法教的時候，༔
如同升起勝利幢，༔
毋需樹立，桑耶即任運建成，༔
您圓滿了國王的心願。༔
您具有三位大士的名號，༔
一是貝瑪卡惹，༔
一是貝瑪桑巴哇，༔
一是湖生金剛。༔
多傑·札波·嚓，我們以您的祕密名促請您，༔
以您的悲心，賜予我您的加持。༔

憫念我等而引導，༔
以您的關愛，在法道上引導我和他人。༔

密意加持賜成就，༔
以您的證量，賜予我悉地。༔

以大力除我等障，༔
以您的力量，驅除我和他人的障礙。༔

外之障礙於外除，༔
外的障礙消除於外，༔

內之障礙於內除，༔
內的障礙消除於內，༔

密之障礙法界除，༔
密的障礙消除於虛空，༔

恭敬頂禮而皈依。༔
我恭敬地向您頂禮並且皈依。༔

Om Ah Hung Artsik Nirtsik Namo Bhagawate Hung Hung Pe A Hung Hung Pe༔

嗡 啊 吽 阿兒刺以克 尼兒刺以克 南摩 巴嘎哇爹 吽 吽 呸 阿 吽 吽 呸༔

吽啥！༔
吽啥！༔

持明有緣導師法界現，༔
持明噶登・諄瑟（Kalden Drendsey）自虛空中顯現，༔

謹以持誦音聲作迎請，༔
我念誦持誦的音聲，迎請您。༔

⑩〈遣除道障祈請頌〉（巴切・藍瑟）第十偈。

自心誓深處祈請降臨！༔
身相顯空遍十億世間，༔
語聲空咒音如雷嘯吼，༔
意覺空法界住於光明。༔
大樂舞蹈令本尊歡喜，༔
無勤金剛歌激勵咒語，༔
意具能解脫智慧命力，༔
致力觀想誦修至顯明，༔
圓滿之前祈勿捨密意，༔
毋忘大心誓時刻降臨。༔
此座即能圓滿四依修，༔
親證壇城尊主我祈請。༔

吽！༔

西南珍寶熾燃角隅上，༔

從您心誓的核心深處，祈請降臨！༔
您以明顯且空性的身體形象，遍滿十億世間。༔
您以語之回響且空性的咒音，如雷嘯吼。༔
您以意之覺知且空性的虛空，安住於光明界中。༔
一切本尊都因大樂舞蹈而歡喜，༔
於是以無勤金剛歌曲激勵咒語。༔
您的心意具足能解脫的智慧命力，༔
我將一直致力於觀想和持誦，直至證得顯明爲止。༔
直到我獲得圓滿之前，請勿捨棄您的意旨！༔
請不要忘記我，您偉大心誓的時刻已然降臨！༔
就在這座位上，讓我圓滿依修四支，༔
並令我證得壇城之主。༔

吽！༔

在西南方，在珍寶的發光輻條上，༔

持明有緣導師之心間，༔
於持明卡登·諄瑟的心中央，༔

日上吽旁咒鬘作圍繞，༔
在一個日輪上有「吽」字，周圍環繞著咒鬘，༔

由彼放出大樂光芒及，༔
從其放射出大樂的光芒，༔

聲空金剛咒音遍諸剎，༔
空性鳴響的金剛咒音遍滿一切剎土，༔

四種事業及八大成就，༔
四種事業、八大成就，༔

佛身佛智等等諸悉地，༔
以及諸身、諸智等一切悉地，༔

收回融己大吉祥自性。༔
聚集回來，融攝入我，於是我成爲大吉祥尊的自性。༔

Om Benza Krodha Maha Shri Heruka Hung Pe ༔

嗡　班匝　克若達　瑪哈　師昊　嘿汝嘎　吽　呸 ༔

供養文

智慧本尊會眾祈降臨，༔
敬邀智慧本尊會眾，祈請降臨！༔

敬獻外內祕密之供養，༔
我向您獻上外、內、密的供養，༔

禮讚身語意功德事業，༔
我禮讚您的身、語、意、功德與事業。༔

懺悔輕忽放逸過犯墮。༔
我懺悔輕忽放逸的違犯和過錯。༔

Maha Amrita Balingta Rakta Khahi ༔

瑪哈　阿母旦塔　巴林達　局克塔　卡嘻 ༔

桑耶青埔修行時，༔[11]
在桑耶・青埔修持成就法的時候，༔

滅除違緣賜成就，༔
您驅除惡緣並且賜予悉地，༔

安置君臣解脫道，༔
您安置國王與大臣在解脫道上，༔

惡相苯教令衰損，༔
造成苯教——惡力顯現的形象衰滅，༔

無垢法身妙珍寶，༔
您展現珍貴無垢的法身。༔

有緣引導至佛地。༔
卡登・諄瑟，引導具緣者成佛，༔

以大悲心加持我，༔
以您的悲心，賜予我您的加持。༔

憫念我等而引導，༔
以您的關愛，在法道上引導我和他人。༔

密意加持賜成就，༔
以您的證量，賜予我悉地。༔

以大力除我等障，༔
以您的力量，驅除我和他人的障礙。༔

外之障礙於外除，༔
外的障礙消除於外，༔

內之障礙於內除，༔
內的障礙消除於內，༔

密之障礙法界除，༔
恭敬頂禮而皈依。༔

密的障礙消除於虛空，༔
我恭敬地向您頂禮並且皈依。༔

Om Benza Krodha Maha Shri Heruka Hung Pe ༔

嗡 班匝 克若達 瑪哈 師昃 嘿汝嘎 吽 呸 ༔

吽啥！༔
持明羅剎顱鬘法界現，༔
謹以持誦音聲作迎請，༔
自心誓深處祈請降臨！༔
身相顯空遍十億世間，༔
語聲空咒音如雷嘯吼，༔
意覺空法界住於光明。༔
大樂舞蹈令本尊歡喜，༔

吽啥！༔
持明惹夏．拓稱（Raksha Tötreng）自虛空中顯現，༔
我念誦持誦的音聲，迎請您。༔
從您心誓的核心深處，祈請降臨！༔
您以明顯且空性的身體形象，遍滿十億世間。༔
您以語之回響且空性的咒音，如雷嘯吼。༔
您以意之覺知且空性的虛空，安住於光明界中。༔
一切本尊都因大樂舞蹈而歡喜，༔

⑪〈遣除道障祈請頌〉（巴切．藍瑟）第十一偈。

無勤金剛歌激勵咒語，༔
意具能解脫智慧命力，༔
致力觀想誦修至顯明，༔
圓滿之前祈勿捨密意，༔
毋忘大心誓時刻降臨。༔
此座即能圓滿四依修，༔
親證壇城尊主我祈請。༔

吽！༔
西南珍寶熾燃角隅上，༔
持明羅剎顱鬘之心間，༔
日上吽旁咒鬘作圍繞，༔
光芒火焰大鵬嚓嚓放，༔
化身再化身遍布世間，༔
三界八部傲慢作承事，༔

於是以無勤金剛歌曲激勵咒語。༔
您的心意具足能解脫的智慧命力，༔
我將一直致力於觀想和持誦，直至證得顯明爲止。༔
直到我獲得圓滿之前，請勿捨棄您的意旨！༔
請不要忘記我，您偉大心誓的時刻已然降臨！༔
就在這座位上，讓我圓滿依修四支，༔
並令我證得壇城之主。༔

吽！༔
在西北方，在珍寶的發光輻條上，༔
於持明蕊夏．拓稱的心中央，༔
在一個日輪上有「吽」字，周圍環繞著咒鬘，༔
光芒、大量的火焰、大鵬金翅鳥如火花般迸射，༔
放射出化身、再化身遍滿世間，༔
三界的八部傲慢靈眾加入承事的隊伍，༔

誓魔邪靈軍眾毀如塵，༔
群集的三昧耶毀墮者與靈力被銷毀成塵埃，༔

一切明力本淨通徹境，༔
一切都是明覺的遊戲，是本淨的無礙境界，༔

收回融己觀力量無比。༔
聚集回來，融攝入我，我的力量與威力變得無與倫比。༔

Om Benza Tsenda Sarva Dushten Hung Pe ༔

嗡　班匝　咱達　薩兒哇　度虛丹　吽　呸 ༔

供養文

智慧本尊會眾祈降臨，༔
敬邀智慧本尊會眾，祈請降臨！༔

敬獻外內祕密之供養，༔
我向您獻上外、內、密的供養，༔

禮讚身語意功德事業，༔
我禮讚您的身、語、意、功德與事業。༔

懺悔輕忽放逸過犯墮。༔
我懺悔輕忽放逸的違犯和過錯。༔

Maha Amrita Balingta Rakta Khahi ༔

瑪哈　阿(母)⿱日以塔　巴林達　局(克)塔　卡嘻 ༔

後赴鄔金剎土中，༔[12]
爾時鎮伏羅剎眾。༔
最勝稀有眾中尊，༔
善妙作行難思議，༔
神通變化大威勢！༔
以大悲心加持我，༔
憫念我等而引導，༔
密意加持賜成就，༔
以大力除我等障，༔
外之障礙於外除，༔
內之障礙於內除，༔
密之障礙法界除，༔
恭敬頂禮而皈依。༔

當您離開前往鄔金土地༔
以鎮伏羅剎的時候，༔
您偉大的功德超越一切人類，༔
您的行爲神妙、不可思議。༔
具有力量和神變的大威力者，༔
以您的悲心，賜予我您的加持。༔
以您的關愛，在法道上引導我和他人。༔
以您的證量，賜予我悉地。༔
以您的力量，驅除我和他人的障礙。༔
外的障礙消除於外，༔
內的障礙消除於內，༔
密的障礙消除於虛空，༔
我恭敬地向您頂禮並且皈依。༔

Om Benza Tsenda Sarva Dushten Hung Pe ༔

嗡 班匝 咱達 薩兒哇 度虛丹 吽 呸 ༔

吽啥！༔
持明蓮花金剛法界現，༔
謹以持誦音聲作迎請，༔
自心誓深處祈請降臨！༔
身相顯空遍十億世間，༔
語聲空咒音如雷嘯吼，༔
意覺空法界住於光明。༔
大樂舞蹈令本尊歡喜，༔
無勤金剛歌激勵咒語，༔
意具能解脫智慧命力，༔
致力觀想誦修至顯明，༔
圓滿之前祈勿捨密意，༔
毋忘大心誓時刻降臨。༔

吽啥！༔
持明貝瑪班匝（Padmavajra）自虛空中顯現，༔
我念誦持誦的音聲，迎請您。༔
從您心誓的核心深處，祈請降臨！༔
您以明顯且空性的身體形象，遍滿十億世間。༔
您以語之回響且空性的咒音，如雷嘯吼。༔
您以意之覺知且空性的虛空，安住於光明界中。༔
一切本尊都因大樂舞蹈而歡喜，༔
於是以無勤金剛歌曲激勵咒語。༔
您的心意具足能解脫的智慧命力，༔
我將一直致力於觀想和持誦，直至證得顯明爲止。༔
直到我獲得圓滿之前，請勿捨棄您的意旨！༔
請不要忘記我，您偉大心誓的時刻已然降臨！༔

⑫〈遣除道障祈請頌〉（巴切．藍瑟）第十二偈。

此座即能圓滿四依修，༔
親證壇城尊主我祈請。༔

吽！༔

東北珍寶熾燃角隅上，༔
持明蓮花金剛之心間，༔
月上啥旁咒鬘作圍繞，༔
由彼放射大樂之光芒，༔
悉融攝入己與壇城眾，༔
樂空熾盛自光母相合，༔
雙運大樂其聲與光芒，༔
迎請諸佛菩薩入口中，༔
行經身形於心間化光，༔
加持自續流入母空處，༔
成為如我子嗣展佛行，༔

就在這座位上，讓我圓滿依修四支，༔
並令我證得壇城之主。༔

吽！༔

在東北方，在珍寶的發光輻條上，༔
於持明貝瑪班匝的心中央，༔
在一個月輪上有「啥」字，周圍環繞著咒鬘，༔
從其放射出大樂的光芒，༔
融攝入我及所有壇城本尊眾，༔
大樂與空性的覺受熾盛，我們與自己光輝的明妃結合。༔
雙運大樂的聲音與光芒，༔
迎請諸佛與佛子進入我的口中，༔
經過我的身形，在我的心間化光，༔
這再度加持我的相續，並且流入明妃的虛空處，༔
成爲與自身形象相同的子嗣，開展諸佛的事業，༔

收回融己得殊勝成就。༔　　聚集回來，融攝入我，獲得殊勝的悉地。༔

Om Ah Hung Maha Guru Pema Benza Dhunga Ghaye Nama Soha ༔

嗡　啊　吽　瑪哈　咕汝　貝瑪　班匝　敦嘎　噶耶　拿瑪　梭哈 ༔

供養文

智慧本尊會眾祈降臨，༔　　敬邀智慧本尊會眾，祈請降臨！༔

敬獻外內祕密之供養，༔　　我向您獻上外、內、密的供養，༔

禮讚身語意功德事業，༔　　我禮讚您的身、語、意、功德與事業。༔

懺悔輕忽放逸過犯墮。༔　　我懺悔輕忽放逸的違犯和過錯。༔

Maha Amrita Balingta Rakta Khahi ༔

瑪哈　阿（母）以塔　巴林達　局（克）塔　卡嘻 ༔

具佛三密度有情，༔⑬　　您擁有證悟的身、語、意，是「眾生的吉祥導師」，༔

⑬〈遣除道障祈請頌〉（巴切·藍瑟）第十三偈。

障斷三界洞然知，༔
已經棄除一切遮障，能夠清楚感知三界，༔

殊勝成就大樂身，༔
已經獲得殊勝的悉地、大樂的殊勝身，༔

菩提道障確然除。༔
您確實能夠驅除獲得證悟的障礙。༔

以大悲心加持我，༔
以您的悲心，賜予我您的加持。༔

憫念我等而引導，༔
以您的關愛，在法道上引導我和他人。༔

密意加持賜成就，༔
以您的證量，賜予我悉地。༔

以大力除我等障，༔
以您的力量，驅除我和他人的障礙。༔

外之障礙於外除，༔
外的障礙消除於外，༔

內之障礙於內除，༔
內的障礙消除於內，༔

密之障礙法界除，༔
密的障礙消除於虛空，༔

恭敬頂禮而皈依。༔
我恭敬地向您頂禮並且皈依。༔

Om Ah Hung Maha Guru Pema Benza Dhunga Ghaye Nama Soha ༔

嗡 啊 吽 瑪哈 咕汝 貝瑪 班匝 敦嘎 噶耶 拿瑪 梭哈 ༔

如是悉皆著意誦，༔
爲了這一切的持誦意趣，༔

自己誓言壇城及，༔
面前智慧壇城尊，༔
二者心間咒鬘布，༔
由己光芒促對生，༔
彼放光芒收攝已，༔
如所說般悉地成。༔
座末收攝己心間。༔
如上所說之瑜伽，༔
等持明晰得實證，༔
壇城輪圓真實睹，༔
聽聞金剛咒語聲，༔
禁行之行煖相近。༔
至少於夢中顯現，༔
如上所述諸徵兆，༔
各各事業成辦之，༔

將咒鬘置於這兩者的心間——༔
你自己、三昧耶壇城，༔
以及前方智慧壇城的本尊眾。༔
由你放出光明，激勵前方觀想的諸尊，༔
從祂們放光，收攝光明，༔
成就諸悉地，如前解說的一般。༔
最後，祂們收攝入你的心間。༔
當你完全修持這種瑜伽，༔
並且具有清楚觀想的時候，༔
你將會直接感知壇城輪，༔
聽聞金剛咒語的聲音，༔
並且獲得瑜伽士律儀的兆相。༔
至少，無疑在夢中，༔
你將會得到上述的一切兆相，༔
並且獲得兆示，༔

徵相獲得絕無疑。
數量主修事業之，
咒語持四十萬遍，
總之根本明咒之，
十分之一乃應誦。
三昧耶。

依誦敦促心誓後，
成修所欲之悉地，
堪能具有成就時，
結合四業次第修：

首先修持息業時，
黎明之時面向東，
菩薩坐姿吟頌音，

能夠成就各式各樣的一切事業。
至於數量，持誦四十萬遍，
無論你主要著重在哪一個事業咒。
一般而言，該事業咒的念誦數量
應該比照根本咒的十分之一。
薩瑪雅。

當你已經通過「依誦」激勵心誓，
並且擁有能力
能夠通過「成修」獲得一切所欲悉地的時候，
就應該經由實修四種事業的次第來獲得它們。

首先，修持息災事業的時候，
要在黎明之時，面向東方。
薩埵坐姿，以吟唱的曲調持誦，

柔靜鬆緩方式誦，ꔛ
以溫和、安靜、放鬆的方式進行。ꔛ

等持所緣放與收，ꔛ
爲了觀修三摩地的散放與收攝，ꔛ

寂靜清澄心境具，ꔛ
同時具有寂靜清晰的心境，如此觀想：ꔛ

由己、對生壇城眾，ꔛ
從自己與面前所有的壇城本尊眾，ꔛ

放射光明如甘露，ꔛ
流射出如甘露般的光芒，ꔛ

促金剛空行心續，ꔛ
激勵「金剛部空行與空行母」的心意。ꔛ

彼等放射白光芒，ꔛ
從彼等耀射出白色光芒，ꔛ

遍布三千世間界，ꔛ
遍滿整個十億世界體系。ꔛ

病魔罪障詛咒及，ꔛ
疾病、邪魔力量、惡業、遮障、詛咒，ꔛ

八與十六種怖畏，ꔛ
八災、十六難等等，ꔛ❹

不順諸因皆平息，ꔛ
一切不調和的因素全都獲得平息。ꔛ

---

❹八災為獅、象、虎、蛇、水、火、賊、囚等八種恐怖，十六難為地、水、火、風、天、刀兵、獄、盜、魔、畜、獸、毒等所致的十六種恐怖。或另有其他解釋，礙於篇幅，此處不予詳述。

收回融攝入於己，༔
一切息業悉成辦。༔

通過收集回來且融攝入自己，༔
一切息災的事業都獲得成辦。༔

在根本咒的最末加上：

Ha Benza Dakini Ra Benza Gingkara Om Shantim Kuru Soha ༔

哈 班匝 達姬尼 局 班匝 京卡局 嗡 香聽母 枯如 梭哈 ༔

時而放出與收攝 ༔
身相、咒鬘及手幟。༔

時而放出和收攝身相、༔
咒鬘與幟相。༔

如此特定週日內，༔
各座精進堅定修，༔

如此，精進致力於各座的特定修持，༔
在特定週數和日數裡，༔

實際不順皆平息，༔
饒益他人諦語成，༔

在現實狀況中，不和諧得以平息，༔
你成就能夠利益他眾的眞實語。༔

夢中沐浴著新衣，༔
超脫可怖處所等，༔

在夢境中，你沐浴並穿上新衣，༔
脫離恐怖駭人的處所等等。༔

說為息業成辦兆。༔

三昧耶。༔

增益順緣事業法，༔

日出之時面向南，༔

遊戲坐姿吟誦音，༔

妙韻緩慢莊嚴誦，༔

莊重威猛心境具，༔

由己、對生壇城眾，༔

猶如日出光明放，༔

促寶部空行心續，༔

彼等放射黃光芒，༔

遍布三千世間界，༔

壽命福德瑞光富，༔

這些是教導中說已經成就息災事業的兆相。༔

薩瑪雅。༔

修持增長順緣之事業的時候，༔

要在日出之時，面向南方。༔

遊戲坐姿，以吟唱的曲調持誦，༔

以音韻優美、緩慢、高貴的方式進行。༔

同時具有莊嚴且威嚴的心境，如此觀想：༔

從我自己以及前方壇城的所有本尊眾，༔

放射出光芒，有如日出時的太陽，༔

激勵「寶部空行與空行母」的心意。༔

從彼等放射出的黃色光芒，༔

遍布整個十億世界體系。༔

壽命、福德、吉祥威光與財富，༔

力量名望慧善等，༔
力量、名聲、智慧、賢善等等，༔

一切順緣極增上，༔
一切順緣都全然增上。༔

收回融攝入於己，༔
經由收回融攝入我自己，༔

一切增業悉成辦。༔
一切增益的事業都獲得成辦。༔

Ri Ratna Dakini Tsa Ratna Gingkara Droom Pushtim Kuru Om ༔

日以 咼納 達姬尼 嚓 咼納 京卡咼 祝(母) 普虛丁(母) 枯如 嗡༔

實際順緣增上且，༔
在現實中，順緣將會增長，༔

食財受用無劬聚，༔
不費力地就能聚集食物、財富、受用；༔

夢見樹茁河水漲，༔
在夢中，植物與樹木欣欣向榮，河水高漲，༔

諸多人眾聚集等，༔
很多人聚集在一起等等。༔

說為增業成辦兆。༔
這些被教導說是已經成辦增益事業的徵兆。༔

三昧耶。༔
薩瑪雅。༔

懷攝所欲事業法，༔
修持所欲事物的懷攝事業時，༔

傍晚之時面向西，༔
蓮花坐姿吟誦音，༔
貪愛執著方式誦，༔
希冀欲求心境具，༔

要在傍晚❺之時，面向西方。༔
蓮花坐姿，以吟唱的曲調持誦，༔
以充滿熱情、執著的方式進行。༔
同時具有熱望願求的心境，如此觀想：༔

由己、對生壇城眾，༔
隨貪自性光明放，༔
促蓮花空行心續，༔
彼等放射紅光芒，༔
遍布三千世間界，༔
天人夜叉具力者，༔
食財受用領地等，༔
一切所欲自在攝，༔

從我自己以及前方壇城的所有本尊眾，༔
放射出大貪自性的光芒，༔
激勵「蓮花部空行與空行母」的心意。༔
從彼等放射出紅色的光芒，༔
遍布整個十億世界體系。༔
大力天神、人類、夜叉，༔
食物、財富、受用、領土等等，༔
一切所欲事物全都被置於掌控之下。༔

❺雖然此處英譯使用 evening 一詞，但按下一章的講解是指黃昏，故中文譯作「傍晚」。

收回融攝入於己，༔　經由收回融攝入我自己，༔
一切懷業悉成辦。༔　一切懷攝的事業都獲得成辦。༔
Ni Pema Dakini Hri Pema Gingkara Hrih Washam Kuru Ho ༔
尼 貝瑪 達姬尼 啥 貝瑪 京卡局 啥 哇香母 枯如 吙 ༔

實際攝食財婦女，༔　在現實中，會聚集食物、財富、女子，༔
無勁令他不自主，༔　並且你能夠毫不費力地改變別人的感知；༔
夢中騎乘日月上，༔　在夢中，你乘坐在日、月上，༔
飲下湖海度四洲，༔　喝下海洋、穿行四大洲等等。༔
說為懷業成辦兆。༔　這些被教導說是已經成辦懷攝事業的徵兆。༔
三昧耶。༔　薩瑪雅。༔

誅殺忿怒事業法，༔　修持誅滅之忿怒事業時，༔
幽暗之時面向北，༔　要在幽暗❻之時，面向北方。༔
忿怒坐姿吟誦音，༔　忿怒坐姿，以吟唱的曲調持誦，༔

猶如大雹暴降臨，༔ 如同降下大雹暴一般，༔

兇猛狂暴心境具，༔ 同時具有兇猛狂暴的心境，如此觀想：༔

由己、對生壇城眾，༔ 從我自己以及前方壇城的所有本尊眾，༔

火花四濺猛光放，༔ 放射出狂暴、火花迸放的光芒，༔

促羯摩空行心續，༔ 激勵「羯摩部空行與空行母」的心意。༔

彼等放射深藍光，༔ 從彼等放射出的深藍色光芒，༔

遍布三千世間界，༔ 遍布整個十億世界體系。༔

應誅十眾、七毀誓，༔ 待誅度的十種對象與七種壞誓者，༔

誓魔、邪靈、魔障等，༔ 違犯三昧耶者、靈力、邪靈、魔障等等，༔

一切惡靈皆誅滅，༔ 一切惡靈盡皆被誅滅。༔

收回融攝入於己，༔ 經由收回融攝入我自己，༔

一切忿業悉成辦。༔ 一切忿怒事業都獲得成辦。༔

---

❻此處英譯使用 dusk（一般是指黃昏）一詞，但按下一章的講解，懷業是黃昏，而誅業是在午夜修持，故中文譯作「幽暗」。

Sa Karma Dakini Ya Karma Gingkara Hung Maraya Pe ༔

薩　噶兒瑪　達姬尼　呀　噶兒瑪　京卡局　吽　瑪局呀　呸 ༔

實際法敵死亡或，༔
在現實中，教法的敵人死去，༔

調伏傲慢靈兆生，༔
並且出現徵兆，顯示傲慢靈被降伏；༔

夢境中海枯石爛，༔
在夢中，湖泊乾涸，岩石粉碎，༔

斷兇惡生物命等，༔
你殺死兇惡的動物等等。༔

說為誅業成辦兆。༔
這些被教導說是已經成辦忿怒事業的徵兆。༔

三昧耶。༔
薩瑪雅。༔

復次修殊勝事業，༔
接著，爲了實修殊勝的事業，༔

聚集會眾之修持，༔
聚集會眾的修持，༔

按《教集》之廣修法，༔
要做正確的修持，༔

正確方式行實踐，༔
按照《教集》（*Kadü*）的廣詳修部來修持。༔

圓成依修四支後，༔
圓滿「依修四支」之後，༔

黃昏激勵本尊意，༔
中夜領度脫悉地，༔
黎明時持交合道。༔
藉由此等之瑜伽，༔
即生證四持明位。༔

奇哉稀有殊勝道，༔
三時勝者所行處。༔
三昧耶，印，印，印。༔

特殊個別修法者，༔
十二具力持明尊，༔
置其於主尊位置，༔
移主尊於彼位置，༔
業軌次第凡合宜，༔

在黃昏的時候，迎請本尊的心意；༔
在午夜的時候，接受度脫的悉地；༔
在黎明的時候，採取雙運道。༔
通過這些瑜伽，༔
你將會在此生證得四持明位。༔

欸瑪，這神奇、不可思議的道，༔
是三時勝者所行的路途，༔
薩瑪雅。印，印，印。༔

關於特定的個別修持，༔
屬於十二位具力持明各個者，༔
將其置於主尊的位置，༔
將主尊置於其位置，༔
按照合適的事業順序，只要合適皆可，༔

主修結合依與修，༔
速成所欲悉地道，༔
即此瑜伽實行之。༔
三昧耶，印，印，印。༔

這整部《上師意修》，༔
猶如心血精華般，༔
實乃最密心要法，༔
我貝瑪已完整授，༔
觀修甚深密意此，༔
授予國王父與子。༔
慈念顧及未來眾，༔
民不聊生藏民苦，༔
措嘉將此書為文，༔
隱為珍寶地精藏，༔

將「依」與「修」濃縮結合爲一。༔
藉由持守這些瑜伽，修持這條法道，༔
以迅速成就任何所欲的悉地。༔
薩瑪雅。印，印，印。༔

整部的《上師意修》，༔
有如我的心血精華，༔
是我最密的心要修持。༔
我，貝瑪，現在已經完整教授了༔
觀想的這個最深意旨，༔
給國王、父親與兒子。༔
並且，慈愛地考慮到在未來༔
貧困無依的西藏人民之痛苦，༔
措嘉將此付諸書錄，༔
並作爲大地的珍貴精華隱藏起來。༔

應開啟時諸徵兆：༔
天竺尼國藏地皆，༔
外內戰爭再三起，༔
人畜疫病頓時降，༔
持教士夫之會眾，༔
受制於乍生障礙，༔
或被魔力控制心，༔
種種不如法作行，༔
彼時此深奧教法，༔
饒益一切中土國，༔
尤其利樂西藏地，༔
佛法住世時限延。༔
他如是而言。༔
我，措嘉，將其所言如實書錄，轉為祕密殊勝伏藏而隱藏之。༔
三昧耶。印，印，印。༔

當其弟子的時代來臨時，會有很多徵兆顯示：༔
在印度、尼泊爾、西藏的一切處所，༔
將會不斷發生外部與內部的戰爭；༔
人類和牲畜會出現驟然爆發的瘟疫；༔
持舉教法的偉大士夫會眾，༔
將會受制於突如其來的障礙，༔
或是被邪魔勢力影響其心志，༔
他們會有各種不恰當的行爲。༔
到那個時候，這部深奧的教示，༔
將會利益所有中土的國家，༔
尤其是利益西藏，༔
到時會大大延長佛陀教法住世的時間。༔

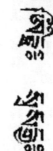

黨津王子之化身，無爭議且應時出現的大伏藏師鄔金·德千·林巴，此乃其深奧伏藏之真實祕密。

關於《誦修指南》的問題

普茲・貝瑪・札西喇嘛

弟子：本尊心間的種子字和本尊的身體是同一顏色嗎？

喇嘛：這裡，我們在談的是十二化身相，祂們心間的種子字和祂們的身體顏色永遠是相應的。寂靜相總是有個「啥」字，忿怒尊則全都是「吽」字。在寂靜尊的情況中，種子字「啥」是立在一個月輪上；忿怒尊的種子字「吽」則永遠是立在一個日輪上。

弟子：「大樂王」是忿怒的抑或寂靜的？

喇嘛：「大樂王」是半寂靜半忿怒，有「啥」字在心間。

弟子：關於「勝者法嗣」，「燦爛明亮的威光」是什麼意思？

喇嘛：這句話是關於高貴的意思。你能看到有權勢的人具有某種特殊的丰采或光輝，乞丐則不會有。通常這個措辭是用來描述懷攝事業或掌控事業的本尊。有些人講話的時候，無論他們說什麼，其他人總是會說：「是，是，好的。」就是那種特質。

在這裡，這位本尊稱作「勝者法嗣」，不過在蓮師八變中是稱作「蓮花王」（貝瑪嘉波）。縱然在此處是白色，但是從身內散發出濃烈的紅色光彩。那個光將輪迴與涅槃的一切置於掌控下，懷攝或聚集回輪迴的一切威光，這個威光就是福德、長壽、力量等等，也收回遍知智慧以及涅槃的一切證悟功德。我們應該觀想這些全都以八吉祥物、八吉祥徽、七政寶、五彩虹光明點的形象出現，全部融攝入你，你的力量、威勢因而熾然大增，一切獲得圓滿。咒語說「貝瑪 日阿匝」，即指「蓮花王」。

弟子：請您就十二化身的每一尊都簡要講解一下。

喇嘛：由於這主要是一部上師成就法，所以這些本尊全都是上師密意智慧的戲現，在功德上沒有差別，不能說一尊比另一尊更殊勝，完全沒有任何分別。之所以會有諸多不同形象出現，是因爲有情眾生由於二元分別心的力用❶或戲現，從而產生了諸多不同的念頭和情緒。同樣的，諸多不同形象的本尊、勇父、空行等等，全都是明覺的自然表達或自性妙力。

由於有情眾生具有不同的習氣和業緣，因而也有眾多不同的性相和形象。雖然功德方面毫無不同，但是取決於個人的不同，仍然會在成就速度方面有所差異。舉例來說，在灌頂的時候，當你向壇城抛出一朵明覺花朵之時，據說如果你修持那朵花所落下之處的那位本尊，會比修持任何其他本尊，成就都更為迅速。這位本尊並非較為殊勝，只是更適合你而已。有一個故事說，在蓮師傳授「八大法行」灌頂的時候，赤松德贊的花朵落在壇城中央的千秋嘿汝嘎上面，於是他以那位本尊作為自己的主要修持。這就是為何會有這麼多不同本尊的緣故。「勝者法嗣」較適合懷攝事業。如果你想要成就殊勝的智慧，則應該更著重「語獅子」的修持。「聖者善顯」適合增長財富。每一位本尊都有其特殊的目的。與蓮師本人相較，祂們在各個方面都毫不遜色，也無有差別。祂們全都完全相同，只不過形象不同罷了。

弟子：關於「聖者善顯」，「精粹」與「虛空庫藏」是指什麼？

喇嘛：第一個詞「精粹」是指被萃取出的「純淨精華」。你泡茶的時候，留下含有純淨精華的飲料，丟掉茶葉，因為茶葉不是精華所在。同樣的，在這裡萃取出輪迴與涅槃的一切純淨精華，就像從茶葉萃取茶一樣。這代表威光、財富等等，融攝入你，讓你成為虛空寶藏庫的擁有者。虛空庫藏不可窮盡，正如同普賢菩薩無量無邊、不可窮盡的供品，遍布整個天空，如同無邊際的雲

❶在大圓滿的法教中會提到：體性空，自性明，大悲周遍；而大悲即為此「力用」。後文有些偈誦中，左方文言的部分以「悲心」表示，乃依據藏文翻譯；右方白話的部分以「力用」表示，乃依據英文翻譯。

海一般。天空既是寬廣無邊，又是非實質的；所以虛空庫藏同時具有「不可窮盡」與「非常廣大」的意思。

弟子：關於「大誅魔者」，「細細雍雍」❷是什麼意思？

喇嘛：「細細雍雍」是指普巴橛、金剛杵如雨降下，布滿所有三千世界，如同一場大雪暴，雪花紛然暴落的樣子。

弟子：關於「瞻部洲妙莊嚴」，「傲慢靈」是什麼意思？

喇嘛：傲慢靈是一種獨立自主、積極大膽的邪靈。有稱作「贊」、王魔（嘉波）等等的不同靈類，它們不遵從蓮師的諭令。事實上，它們非常熱中於竊取有情眾生的生命力，並且有時會對有情的壽命製造障礙。

弟子：關於「瞻部洲妙莊嚴」，「自明偉大上師心意圓」❸是什麼意思？

喇嘛：一旦這所有的傲慢靈都被斬除，執一切顯有爲實的執著都獲得淨化，那時先前所化現的一切都會返回，融攝入你自己。經由這種方式獲得加持之後，你的心意獲得圓滿，成爲蓮師的心意。這代表什麼呢？這表示五毒已經獲得自解脫，你證得對智慧的自在。在不同的本尊之中，蓮師的這一個形象和真實意嘿汝嘎（揚達嘿汝嘎）的形象相同。

弟子：關於「貝瑪炯內」，「遊戲於大樂與空性中」❹是什麼意思？

喇嘛：「遊戲」在這裡是指「大樂與空性的相融無別」，這兩者是不可分的。

弟子：關於「貝瑪炯內」，「顯有三根本天尊」❺是什麼意思？

喇嘛：「囊西」或「顯有」是對「顯現」——即器世間——與「存有」——在這容器當中的內容物，即有情眾生——的簡稱。其實從一開始，情器世間就是三根本；這個世間是清淨的佛土，一切有情的淨相都是三根本天尊。我們領受瓶灌的時候，其三昧耶就是要視一切顯有都是遍入一切的清淨，是淨土與本尊。

從現作本尊的一切眾生的三門，降下如雨的手幟在你身上，增長智慧。這裡的遊戲或戲現一

❷參見前章「放光金剛杵橛兵器雨」（金剛杵、金剛橛、兵器以大量的群集，伴隨閃光，如雨降下）之處。

❸參見前章「自明偉大上師心意圓」（圓滿自我之明識成為瑪哈咕汝的心意）之處。

❹參見前章「由彼樂空遊戲光芒射」（放射光芒，遊戲於大樂與空性中）之處。

❺參見前章「顯有三根本天尊」（顯現並存有為三根本天尊）之處。

詞，就和我們觀看電影時一樣：螢幕上出現的一切全都是一場「虛幻的戲現」；發生了各種各樣的事情，但全都是幻相。在這裡，遊戲就是「大樂與空性的相融無別」。

遊戲也可以指「享受」或「受用」，例如五種感官妙欲。眼根享用視覺形象，耳根享用聲音，其他感官也有同樣的享用。在有些偏遠地方的方言中，「遊戲」也是動詞「毆打」的敬語。

弟子：關於「最極聖者持明」，「炯波」和傲慢靈「折巴」是一樣的嗎？

喇嘛：對，是一樣的。

弟子：關於「神通力士」，「明覺力增盛」是什麼意思？

喇嘛：意思是覺證的功德熾盛；在此，字面意義就是「增長、擴大、增加」。就像一隻小雞，看起來微不足道，可以輕易地踩到它，但是等它長大以後，就會變成一隻器宇軒昂的公雞，具有美麗的羽毛等等。同樣的，明覺力擴增變強的時候，覺證力量就會熾然爆發。這裡的意思就是如此。在開始的時候，在你尚未認出明覺之前，這不會發生；不過一旦你認出明覺，並且修持明覺之後，明覺力量就會增盛。

弟子：關於「持明金剛威猛力」，「夜叉明王」是誰或是什麼？

喇嘛：「金剛威猛力」身上有五位披甲天尊：額間是閻魔敵，喉間是馬頭明王，心間是金剛手，臍間是黑忿怒母，第五尊「熾燃夜叉明王」在密處。這是「咕汝札波」（威猛上師）的形象。黑忿怒母是黑色形象的金剛瑜伽母。當祂放出這些本尊的時候，祂們完全清淨整個世間，降伏不同種類的一切作祟鬼靈。祂的名字是「熾燃夜叉明王」，「熾燃」表示「極大熱度地熾熱燃燒著」，就像是把飛過來的小昆蟲瞬間消滅的火焰。同樣的，這些化身，尤其是第五尊「熾燃夜叉明王」，祂們充滿整個世間，完全摧毀需要被摧毀的一切。蓮師降伏藏地的一切傲慢靈與地方靈，並且將彼等束縛於誓言之下時，所使用的就是「咕汝札波」這個形象。「咕汝札波」一切形象的身體五個地方，都具有這五位本尊。

弟子：忿怒蓮師（多傑卓勒）和金剛威猛力（多傑札嚓）的事業是一樣的嗎？

喇嘛：是的。我們在這裡是修持將整部《障礙遍除》修法結合為一的壇城，所有本尊都一同出現在這單一壇城之中。不過十二化身的每一尊也有其各自的個別修持以及各自的成就法，從頭至尾都包含在內。這些相應於《精要口授》教文中的不同篇章。例如，十二化身的第一尊「勝者法嗣」，祂聚集三有的一切，或說是祂將整個三有置於自己掌控之下，祂的周圍環繞著四部的四位空行母，她們手中各持著不同的手幟，前往天界、龍界、人界等不同地方，將一切的財富與受用聚集回來。

《八大法行》成就法有一個九尊的壇城，千秋嘿汝嘎在中央，四大方位是閻魔敵、馬頭明王、甘露漩、金剛橛，四隅方向有瑪姆、猛力詛咒，持明是第九尊。①全部在一起，合稱爲「吉祥九尊」，可作爲單一壇城一起修持，不過也可以個別修持。例如，如果單修閻魔敵，就稱作「八大法行的個別修持」；你也可以單獨修持馬頭明王或金剛橛。這裡也一樣，在《障礙遍除》壇城中，在單一壇城中一起修持一群本尊，不過如果你著重於某一特定事業，也可以只修單一本尊。例如，爲了增長財富，可以修持「聖者善顯」，這表示觀想蓮師特意示現的某一形象可以成就特定目的。

弟子：關於「有緣導師」，「聲空金剛咒音」（空性鳴響的金剛咒音）是什麼意思？

喇嘛：一切所見都是顯空雙運，一切聽聞都是可以聽見卻同時是空性的，一切念想或感受都是明覺與空性的合一。這就是事物的眞實面貌。

金剛咒語在所有世間的遍處作響。我們平常的聲音不見得是金剛咒語，不過是凡俗語音而已，但依然是空性卻又發出聲響的。這表示我們所聽聞的一切，發出聲音的一切，都是自性空，不具實體。這就是聲空相融無別的意思。

弟子：「有緣導師」的八大成就是什麼？

喇嘛：雖然列出了八項，但是其實只有兩類：共通的八大成就，以及殊勝的八大成就。在《三律儀論》中可以找到列表。

弟子：關於「羅剎顱鬘」，「一切都是明覺的遊戲，是本淨的無礙境界」（一切明力本淨通徹境）這句話是什麼意思？

喇嘛：這裡的「一切」是指心中所生起的一切，例如不同的情緒、念頭等等，都是明覺的表達（明覺力）。這無非就是本淨，即完全離戲的空性境界。

佛性的功德就是：從一開始佛性就一直是清淨的；一直全然清淨，這就稱作「本淨」。蓮師八變中，相應於此的本尊是「獅子吼」。

①這裡只列出八尊。

弟子：修持的時候，是否要觀想自己是「羅刹顱鬘」，而且自己面前還有另一尊「羅刹顱鬘」？

喇嘛：在你前方的對生觀想永遠和你的自觀形象一致。你放光迎請對生觀想，然後從對生觀想散放光芒和收攝光芒，成就遍攝一切的事業，無論你要專注在何者皆然。

弟子：關於東方息業的護門尊，「薩埵坐姿」是指什麼？

喇嘛：（進行示範）。膝蓋不著地。金剛跏趺坐是釋迦牟尼佛的姿勢。練習瑜伽運動的金剛跳躍時，落地時也必須是金剛坐。

弟子：在「拓稱匝」咒的最末要加上「哈日尼薩」咒嗎？

喇嘛：要的。在《事業心要》與《中品事業》中，四勇父、空行母的咒是合在一起，加在「拓稱匝」咒之後念。不過在《廣品事業》這裡的咒語是來自《誦修指南》，則是一次一部，分開念誦。在「拓稱匝」咒的最末，你會加上「哈　班匝　達姬尼　扃　班匝　京卡扃……」等等。

弟子：之後說「時而放出身相」，這是指放出的勇父、空行或是指蓮師？

喇嘛：如前所說，文中說「時而、有時候」是表示當我們無法於心中持守一切的時候，可以輪流交替作想。有時候我們觀想光芒的放出和收回，有時候我們安住在自心與本尊心意無別的狀態中。我們可以輪流把重點放在身相、咒鬘、手幟上面。你可以按照自己的喜好來選擇重點。

弟子：關於南方的護門尊和增益事業，「遊戲坐姿」是什麼？

喇嘛：就是國王的遊戲坐姿。蓮師坐著的時候，右腿略伸，那就是遊戲坐姿。

弟子：關於西方護門尊和懷攝事業，「傍晚」是指什麼時間？

喇嘛：就是黃昏，天色變暗的時候。息、增、懷、誅四事業，其各個共通層面都有各自的實修方法、著重點、一天當中最有效的修行時間，以及最有效的方位。這是對所有修持的共通教法。息業的時候，面向東方，在黎明的時候修持；增業是在日出時面向南方；懷業是黃昏時修持最爲有效；誅業是在午夜修持。按照西藏天文學，一天二十四小時被分成十二個時辰，相應於十二種動物。以此方式，有白日的六個時辰與夜晚的六個時辰。第一個時辰是在黎明和日出之間，第二個時辰是在日出和太陽發熱之間，第三個時辰是中午，第四個時辰是下午，第五個是較晚的下午，第六個是傍晚。這最後一個時辰，大約晚上六、七點的時候，就是修持懷攝事業的時間。②

弟子：黎明和日出不是同義詞嗎？

喇嘛：黎明是天空有光亮的時候，日出是你能實際看見太陽的時候。印度達蘭莎拉有一個表單，取決於你的出生時間和你是什麼樣的人，這個列表很精確地指出你在什麼時刻服用特定的藏藥最爲有效。

弟子：教文中說「會眾的修持」，這是指一場竹千（大修）法會嗎？《教集》（教法之集合）的修持是什麼？我不明白從「在黎明領受悉地，在午夜誅滅……」開始的這一整段教文。

喇嘛：《日常觀修》中的文字是：「對於殊勝事業，即聚集會眾的成就法。」指的是舉行一場聚集眾多男女瑜伽士一起共修的竹千。

男女瑜伽士有兩種：已經完全成熟的弟子，以及努力仿效完全成熟者的弟子。完全成熟的弟子是已經完成「依修」的訓練，圓滿持誦，並且於此獲得成就者。有一群這樣的人聚在一起的時候，他們能夠從事殊勝的事業，而不只是一般共通的息、增等事業。

會眾成就法的殊勝事業類似於廣詳成就法《教集》的方式。主要伏藏是由雅爾傑·鄔金·林巴（Yarje Orgyen Lingpa）取出，但是秋吉・林巴也有一個版本，你依照哪一個修持都可以。《教集》聚集了不同教法於單一壇城中。對此的正確修持方法是：在圓滿依修四支之後，在傍晚促請本尊的誓言，在午夜的時候領受解脫悉地，在黎明修持「雙運之道」——在這個時點，在竹千結行之前，已經獲得成就的弟子與一位明妃修持第三灌頂。這只適用於已經獲得成就的弟子，不適用於模仿者。通過這種瑜伽和修持，將會即生獲得異熟、長壽、大手印、任成這四持明位的成就。

「已經成熟的弟子」與「模仿者」之間的差別是什麼？「模仿」一詞代表「面具」。例如跳金剛舞的時候，舞者會戴上一位本尊的面具，假裝是那位本尊。在這裡，縱然你沒有獲得完全的成就，只要你圓滿地進行這個修持，也會即生證得四持明位。這裡的意思就是如此。

進入金剛乘的方式是通過領受灌頂。接受灌頂的時候，我們獲得持明的三昧耶。接受瓶灌、密灌、智慧灌、句義灌的時候，會領受金剛乘的灌頂戒律。這些到底是什麼？這些無非就是承諾要進行與四灌相關的各種修持。

②以下是將二十四小時分成十二個時辰的列表：黎明是早上五點至七點，較早的上午是早上七點至九點，中段的上午是九點至十一點，中午是十一點至一點，較早的下午是一點至三點，較晚的下午是三點至五點，傍晚是五點至七點，較早的夜晚是七點至九點，較晚的夜晚是九點至十一點，午夜是十一點至凌晨一點，深夜是一點至三點，黎明前是三點至五點。按照你屬哪個生肖，這些時刻指出應該服用藥物的時刻。

與第一個灌頂——瓶灌——相關的修持是訓練自己見眾生、聲音、念想等等的這整個世間都是本尊、咒語、三摩地的清淨戲現。為了能夠恰當地這麼做到，就必須從事這個瓶灌的修持，直到臻得圓滿為止——直到你能眞正見一切事物都如其本貌：世間是清淨佛土，一切眾生是男女本尊、勇父、空行；一切音聲是咒語；一切念想活動是智慧。一再地修煉生起次第，直到你的這個見地變得穩固，時時刻刻都是如此感知，這時你就可以請求接受祕密灌頂。

祕密灌頂的授予是經由上師與明妃的菩提心為方便。一旦你接受密灌之後，即可開始進行與金剛乘內道相關的修持。這有三個層面：前行，正行，結行。一個人的身體具有使用另一人身體的善巧方便。第三灌與第四灌具有「喻智慧」與「義智慧」這兩個層面，後者指的是「勝義智慧」而不是象徵性的智慧。

與密灌相關的內在層面修持之中，第一個修持為修煉脈、氣、明點以獲得自在。最重要的是要能夠控制明點的流動，尤其是能逆轉流動的方向。這是非常重要的一點。在獲得對此的自在掌控之前，你還不能從事明妃的修持；這個修持唯有在你已經獲得掌控明點的能力之後，才能進行。當你經由修煉諸脈，嫻熟於不同的呼吸練習，獲得已經能夠控制明點的成就之後，才能夠請求接受稱作「智慧灌頂」的第三灌。這指的是修習樂空雙運的智慧，亦稱作「喻智慧」。一旦你獲得對此的成就，就可以對你授予第四灌——這與第三灌的本質完全相同，不過也僅只是本質上相同。此乃樂空雙運的眞正智慧或究竟智慧，完全離於一切戲論，廣大如虛空。

這是經由與四個灌頂相關的修持而進行的漸進道途。這個道途引領一個人通往全然證悟的境界，完全相合於正常經乘道途的五道十地。行走的路程相同，但是速度不同。比如說要前往菩提迦耶，採行經乘之道就好比是在陸地上行走，而採行金剛乘之道則猶如飛到那裡一樣——含括的距離相同，但是迅速多了。據說金剛乘之道就像是光學幻影，你瞬間就能穿越以其他方式需極長時間的距離。就像是你從飛機上向下眺望地表，你可以看到自己度過的距離，才幾秒鐘的時間，你就已經向前移動了非常遠的距離。

按照瑪哈瑜伽的觀點，金剛乘之道分爲四個持明位階。第一個是異熟持明位，相當於臻至加行道的煖相和頂相。第二個是長壽持明位，相當於證得初地。第三個是大手印持明位，相當於之後的九地。第四個是任成持明位，相當於十地的最終階段。

關於第一個異熟持明位，我們現在所擁有的這個身體之所以獲得成熟，是因爲過去宿業的果報；我們過去的業行驅使心識採取自己現在所擁有的這個人類身體形象，這是宿業成熟或異熟的形象。如果一個人證得異熟持明位，據說心意會異熟成爲本尊的形象，同時保持這個業熟之身，所以我們看起來仍然是個人類，但是我們的心識已經成熟爲本尊。因此，在臨終的那一刻，人類的身體被留下，同時心意成爲本尊。正如大鵬金翅鳥的雛鳥從蛋剛孵出的那一刻，就能立即飛翔，證得第一個持明位的修行者在臨終時，也能隨即以本尊形象前往淨土。

黨津王子

修持依、修、事業的簡短註釋

頂禮具有三恩之蓮師

秋吉・林巴

獲得殊勝的暇滿，受到無常、厭倦、出離等想法的激勵，並且希冀能夠即生證得佛果之後，應該領受灌頂，並且持守三昧耶。接著，在上弦月某個星宿吉祥的時刻，盡力做多次的共通懺悔，打掃自己的住處，灑淨水，焚香。在西面的牆上，安置鄔金仁波切的畫像或佛像。在其前方的桌台上，覆蓋桌布，陳設甘露、惹大、食子、七供。在你的座位下面，用白色粉筆畫出一個萬字符號（卍）；在你上方附上一些自己上師的頭髮。如此，製造出能夠完成修持、減少疾病、增長活力的吉祥緣起。如果你有一個完美的「禪定箱」，就應該使用；否則，以上所說，即已足夠。此外，聚集金剛杵、鈴、達瑪如小鼓、乳香、芥子、供拋擲用的穀粒、界牌，以及前行儀式的食子。

之後，坐在一個舒適的座位上，向自己的上師祈請，排出濁氣。向當地的地主獻上白食子。接著，在你前方虛空中，有你的根本上師，他與鄔金仁波切無別，是一切皈依處總集。在他的面前，如是思惟：「我與一切眾生向您皈依。爲了利益一切如母有情眾生，經由修持此深道，我將能在此生證得三身上師的境界！」以此方式發菩提心，收攝皈依境入自身。

觀想自己是紅色的馬頭明王，手持蓮花與顱器，從自己心間放出「讓母、漾母、亢母」（Ram Yam Kam）分別焚燒、摧毀、清淨食子。觀想從「仲」化現出一個珍寶器皿，其中有「嗡、啊、吽」放出妙欲的甘露海。你的心間放光召喚一切魔障，並且向彼等獻上令其滿足之供品。之後，命令他們在你的諭令下離去。對於留下者，以持著顱杖、火索的微型忿怒尊作驅除。擲出魔障食子，拋灑守護物質，焚燒乳香。在入口處立下吉祥馬頭明王掌管的界牌，關閉外內進出通道。如果有人需要進來，就將他包含在你的觀想之中。接著收回所有微型忿怒尊，生起由金剛地基、金剛圍牆、金剛帳幕、火團所構成的守護。

三身上師本尊眾如急旋的暴風雪般降臨，融攝入你、你的住處、資具和四周環境，於是你的身體變成證悟身，你的語成爲證悟語，你的意成爲證悟意，你的住處成爲清淨刹土與越量宮，你的同伴成爲男女本尊，你的飲食是智慧甘露。對於供養物不起分別心，同時視其本質爲智慧甘露，它們以下列形象顯現：放出五根妙欲的食子；盛有輪涅精華之甘露的顱器；盛有自性大樂之惹大的顱器。此外，觀想供養天女數量增長，遍布虛空。這些是前行的步驟。

至於正行，應當禪修一切現象都是大空性的瑜伽。對尚未了悟此空性的一切有情生起如幻的悲心，在此瑜伽境界中，你空悲雙運的明覺現作白色「啥」字形象。啥字放光，清淨情器世間。

光芒收回時，生起廣如虛空的深藍色法源。在這之中，又生起風之綠色十字金剛杵、水之白色圓形、地之黃色方形，四邊映射出這些顏色不同的各個須彌山，以及火之熾燃三角形。在這一切中間，周圍環繞著八大屍陀林，於一朵千瓣蓮花花蕊上坐落著具足圓滿性相的淨土。

其中有一個十字金剛杵，十二股分別是各自方位的顏色：指向東方的是藍色，諸如此類。杵心是一個珍寶物質形成的白色方塊，宮殿坐落其上。宮殿具有五層圍牆，以這兩種方式排列：第一組配置是宮殿內部完全由白色水晶所構成，周圍環繞著另一層圍牆，圍牆各面分別由不同物質組成，東面是藍寶石，南面是黃金，西面是紅寶石，北面是綠寶石。這個排列是順時針方向進行，每一圈圍牆都保持同樣的色彩和順序。在第二組配置中，從內向外，五層圍牆分別由水晶、綠寶石、紅寶石、黃金、藍寶石所構成。

沿著圍牆基底是有供養天女莊嚴的「妙欲台階」。沿著圍牆上端一圈的是由支柱撐起的黃色壁帶與白色簷台，還有懸垂的出水口簷飾。間隙處懸掛著金色飄幡以及窗格裝飾，簷台上有金瓶撐起的寶傘、三角旗、勝利幢、方旗、燕尾旗。孔雀羽毛與絲帶作爲裝飾垂掛著。四門前各自有四根柱子撐起的八重牌坊。在這上面有十三個法輪，上有寶傘，兩側有鹿。

裡面環繞著白色方形廣場的樓座，分別有各自方位的顏色，東方藍色等等。在簷台下、但在黃金棟梁上的是八根柱子，支撐著一個圓形的桁梁，上面承載著二十八根飾有各部幟相的椽木。

在圓形桁梁上有另一重五層圍牆、壁帶、簷台，和下方的圍牆類似。這一層的楝梁有方格圖樣，支撐著十六根覆蓋著珠寶厚板的椽木，其有三層，爲佛塔形狀。在一組柱子上有一朵蓮花，支撐著沿中柱而上的十三個金環。命柱是由一個插入十字金剛杵中的不變金剛杵所構成。在最頂端有一個網格環繞的黃金寶傘。蓮花屋頂則以閃閃發光的珠寶做裝飾。透明的宮殿明燦放光，其度量不可思議。

在這之中，有一個平坦的八角形珍寶，由藍寶石構成，邊上飾有亮晶晶的珠寶，並且有網格狀的裝飾。在這上面，有一朵由各種寶石構成的四瓣蓮花，蓮花中央有一個由獅子寶座、蓮花、日、月所組成的法座。主要蓮花的四方具有蓮花與月輪作爲莊嚴。在珍寶上面，各個方位具有下列法座：東方是蓮花與日墊；南方與西方是蓮花與月墊；北方以及四隅是蓮花、日、月、傲慢靈的座位；東北方是一個蓮花、日、月的三層法座。四門有蓮花與日墊。以此方式，五大元素具有五佛母的自性，越量宮具有五智的自性，三十七菩提分全都呈現於這些細節當中。

關於壇城內部的本尊觀修，主要教文對三位主尊有著清楚的描述。在上師身後生長的蓮花樹頂上，你應該按照《中品事業》的敘述，進行對兩位部主的觀想。在這個時點，周圍的形象不過是一種「感覺出來的觀想」。如果你想要了解細節，可參閱廣軌或中軌。「聖者法嗣」的姿勢可以按照你自己的偏好，或站或坐皆可。內部的化身全都有不一致的穿著。「聖者法嗣」是「蓮花王」；此外，在其他儀軌中，例如《古絳》（*Güjang*），則描述祂具有國王的裝束，以及嵌有白色顱骨和珍寶的頭冠。「語獅子」具有黃色班智達帽以及一個珍寶頂結。「聖者善顯」具有鑲著閃耀珍寶的五褶紅色蓮冠。「大誅魔者」具有一頂藍色蓮冠，帽褶以五枯顱作莊嚴等等。以此方式，祂們有著諸多不同的裝束。然而，在這裡你應該按照廣軌來觀想。如同你自己蘊、界、處的自性是清淨的，這些本尊也是清淨的；這是幻化網，結合了方便與般若慧。由於所有本尊的身、語、意都與勝者的身、語、意無別，故其三處都有「嗡、啊、吽」。因爲祂們本自圓滿五智的灌頂，所以頭冠皆以五種子字作爲標誌。主尊蓮師具有頂髻（ushnisha，無見頂相），頭頂上有五寶石的王冕。

你心間的「啥」字放光，迎請壇城的能依、所依，或者就只是所依的本尊眾。哪一種方式方便就修哪一種，但是要將其收攝入誓言壇城，令兩者相融無別。

從主要形象的心間，生出形象如你一般的事業尊（karma-sattva，音譯：羯摩薩埵），一面二臂，天衣嚴飾，具有各種不同的所欲顏色。從其心間和雙掌，化現出帶著七供、甘露、惹大、食子的供養天女獻供。觀想本尊眾飲盡惹大，毫無剩餘，如是空盡輪迴。以剩餘的甘露領受悉地，收攝供養天女入本尊，接著收攝本尊入你，以生起與收回的過程進行。

關於密供，則用與相應明妃和合的菩提心令一切善逝歡喜。誅度迷妄的輪迴念頭進入光明，以此方式修行誅合。關於「眞如供」，讓任成智慧安住於本淨法界中。

進行讚頌的方式爲：放出數量眾多的聖眾，例如金剛亥母及其餘的五空行母，以及梵天、帝釋天、轉輪聖王等，祂們以音調優美的歌曲及音樂進行讚頌，之後收攝回你自己。

在修持「依誦」的時候，並不分出持誦宮。觀想自己是上師的形象，在兩位部主的心間月輪上有一個「啥」字，分別是白色與紅色。「啥」字放光，聚集長壽甘露進入寶瓶，甘露溢流，傾注你的頭頂，此時毋須經過觀自在菩薩的身形。

在修持「成修」的時候，你身體的光芒放出供養雲，令一切方位和時間的聖眾感到歡喜，同時身相遍滿虛空，放光淨化眾生的遮障。這麼做的時候，將「吽」與氣息的入、出、住結合在一起。對於三「吽」的初學者來說，這樣就足夠了；毋須觀想數目無量的「吽」或「吽」的字形。四部空行以如同自己身形所放出的光芒成辦事業。

如上進行持誦供養的觀想。無論你是著重在六個持誦中的哪一個，都要對其他持誦做些許的念誦與觀修。或者，如同在其他法本中所教導的，利益自己的時候，就只修無量壽佛，並且對其他尊就其各自情況做相同的實修；這也完全符合經典所言。在日修持誦的時候，應該對這六個部分的每一部分都進行完整的念誦與觀修。在這個情況之下，如教法所言：

座座明現本尊到達量，在每一座中，都將本尊的清晰出現引至圓滿。
座座釘下心咒之大釘，在每一座中，都釘下心咒的大釘。
座座住本尊自心一味，在每一座中，都安住於本尊與自心的一味中。
座座修光芒散收幻戲。在每一座中，都修持光芒散放和收攝的幻化戲現。❶

一直保持自己與本尊沒有分別的佛慢。之後，如果進行薈供作爲結行事業，就要精美陳設薈供食子、肉、酒，以淨水灑淨，「讓母、漾母、亢母」作淨治。你召喚三字母的智慧甘露，融攝其入誓言甘露之時，來自空性的五肉、五甘露在「班達」顱器內融化。如同開啓持誦宮之時，進行同樣的觀想；如果尚未開啓持誦宮，就迎請資糧田。妙欲天女獻上第一份薈供。以第二部分的甘露進行酬補懺悔。對於最後一份，即使你不做誅度的觀想，向口中獻上敵障精華之血肉，完全不留下任何剩餘物。觀想自己是本尊的同時，享用薈供，作爲對身壇城的獻供。接著，馬頭明王與佛母的菩提心在自己舌上，作爲「嗡、啊、吽」融攝入餘供，淨化不淨，以智慧甘露對其作加持。召攝所有餘供的賓客，觀想彼等享用餘供並成辦事業。

❶引自《本智通澈心中心》（揚體・耶喜・桑達）。

如果不修薈供，就讓情器世間在持誦讚頌的最末化光，收攝入壇城，壇城收攝入你心間的「啥」字，然後平等安住，甚至連平等安住的想法都不要有。此時，安住於寂止之中，完全放空，完全沒有任何念想，放任一切如是。但凡有念頭生起的時候，就讓念頭解脫，如同落在湖面的雨滴一般，自然地平息消融。如此禪修片刻。經由如此修持，於是空性之覺悟無執降臨，離於能知所知，這就是「立斷」的光明見地，心部的了悟。

接著再次生爲本尊，顯明現作上師的形象，同時觀想自己的三處有「嗡啊吽」並且披甲。在日常活動的時候，見顯相爲本尊的形象，聽到的聲音爲咒語，念頭則是證悟意。

思惟：「願這些善德的果報現在就成熟，以平息違緣，集聚順緣，令我們得以藉由此修持，獲得解脫，進入光明法界中！」經由三根本的吉祥句，發願成就自他的利益。

在領受悉地的時候，陳設「桃形食子」與盛著美酒的顱器，灑上甘露。在黎明的那一座，在自己面前，或是開啓持誦宮，或是觀想資糧田。無論是做哪一種，都讓本尊三處放光融入自己的三處，從而獲得身、語、意的成就。接著，光芒再次射向供物，將其化作甘露。經由享用這些，你獲得殊勝及共通的成就。最終，讓本尊會眾收攝於你，由而生起自己與壇城尊主無二的佛慢。念完從「體性壇城中，覺心……」開始的迎請悉地偈句之後，只要誦「咕汝 得哇」（Guru Deva）咒以及從「我的脈、界盈滿甘露精華……」開始的那一段偈句就足夠了。之後，修收攝、生起、吉祥語、發願。從界標拿下標牌，從容不迫地出關。將所有的修法物質留在一個偏僻的處所。

除此之外，關於越量宮的細節，以及生起次第的清淨、成熟、圓滿等詳細教法，可以參見噶美堪布（Karmey Khenpo）所著作的〈語獅子上師〉法本，那是完全按照我的教導而書寫下來的。在此我已經簡述了《事業心要》的關鍵要點，這是出於以下人士的請求而書寫的：囊色喇嘛仁波切貢嘎．卻旺（Nangtsey Lama Rinpoche Kunga Chöwang），冉雅．嘉瑟．巴登（Ranyag Gyalsey Palden），苯教喇嘛赤嘉瓦．雍仲（Trigyalwa Yungdrung），翁宗（Öndzong）的格西，寧宗（Nyingdzong）和赤度（Tridu）的薩迦、噶舉寺上師們，諸如巴慶（Palkhyim）等來自直曲．您思（Drichu Nyinsip）的百多位密咒士，以及已經受過「新伏藏」灌頂和口傳且閉關誦修多年的數百位薩迦、格魯、噶舉、苯教的不分宗派修行人。在衛藏偏遠地區流浪的鄔金．秋吉．德千．林巴，於赤度．欸旺．確噶（Tridu Ewam Chögar）的禪修空檔，編寫此文作為慶賀，回應近來賢宗（Shendzong）的大師、堪布、喇嘛們所做的持續請求。這是在一吉祥日，於一座之間著述完成。書錄者是精通五明的閉關導師確嘉（Chögyal）以及匝岡譯師仁欽．南嘉（Tsagang Lotsawa Rinchen Namgyal）。願此著述善德能為一切值遇此文者，創造即生成佛之因。願吉祥。

修持要點

祖古・烏金仁波切

關於究竟要如何修持的問題，在開始的時候，一個人若是未先認出覺性，就不可能圓滿地修持生起次第。生起次第來自眞如三摩地，意思爲如是了知本然的自性狀態。如果沒有這個三摩地，行者就會想說：「這就是空性！」於是不可避免地造作。最好是安住在上師指出的境界當中，那是眞正的眞如，是眞實的明覺。以此方式，保任於相續不斷的修持中。否則，所修的將會是虛假的生起次第。如果我們心想：「一切等虛空的有情眾生都是自性空且無我的，大空性！」我們就是在用心意編造空性。如果我們心想：「可憐的有情眾生，他們不明白這個空性！」我們就是在造作悲心。這兩種念頭是眞如三摩地與遍照三摩地的人爲造作版，缺乏對自己心性的認出。這是大多數人所修持的生起次第。

然而在認出覺性的時候，就應該安住，不要想這是「空」或「非空」。這是對本淨、無因、自生覺性的認知，即眞正的眞如。當此發生的時候，一個人會自然而然地想到：「啊，可憐的人！」就如同水是濕的、火是熱的，明覺的自性力就是有如火焰般的大悲熱力。這個明覺心的自性乃非造作的悲心，一個人會自然而然地想到：「嗚呼！可憐的有情眾生，他們未能法爾如是地了悟佛意！」那就是悲心，即遍照三摩地。

生起次第的一切修持都含攝於空性與悲心之中。在顯宗教法裡，空性是般若（慧），悲心是方便；在密乘教法中，眞如三摩地是空性，遍照三摩地是悲心。現在，對於初學者來說，這兩者貌似虛假，但是眞正安住在明覺、空性中的時候，這種明覺力就會任運生起爲悲心。這是前面兩種三摩地。

在空性與悲心這兩種三摩地的結合之中，一個人必須觀想種子字，這是本尊的生命力或關鍵字母。對於《障礙遍除意修》這個修法的蓮師來說，種子字是一個白色「啥」字，應當觀想它如同出現在廣袤虛空中的月亮或孤星一般。接著這個字母放出空壇城的「欸」（E）字，然後是層層疊疊的地大、水大、火大、風大之「漾母」（Yam）、「棒母」（Bam）等字。在這些上面，觀想「素母」（Sum）字變成須彌山，上面有「布入母」（BHRUM）字變成的越量宮。所以，這些全都一個接著一個地出現。

再次重申：首先，從法身虛空中生起大悲力的報身，接著是作爲種子三摩地的化身。化身是空性與悲心的化現，字母是化身的意義。在這個基礎上，一切都生起爲生起次第，我們觀想外部的宮殿，以及居住於其中的本尊。

首先生起越量宮，連同其內的蓮花、月墊。完成之後，從種子三摩地降下白色「啥」字。在有些傳承中，字母首先變成手幟，然後才變成身相。手幟是意的表示；字母是語的表示。其次，觀想的身相出現，在其心間有著代表心意的手幟。在這周圍環繞著咒鬘，即環形排列的心咒。

如此，在《障礙遍除意修》這個修持當中，首先觀想主尊，之後再接著觀想十二位化身，祂們就像陽光跟隨著太陽一般緊隨其後。在這之後，保持在明覺之中，如如不動地修持生起次第即可。

如果已經熟悉於明覺，就保持在明覺的續流中，讓念頭作爲生起次第，投射並消融，如同水面移動的波浪一般。

當禪修在不動明覺中任運顯現的時候，明覺力就生起爲生起次第。以此方式，禪修是首要的；接著，實際上，生起次第與圓滿次第並非分開的。保持明覺作爲圓滿次第，讓明覺力生起爲生起次第，這就是生圓次第合一的圓滿修持。

如果無法做到，那麼首先應當培養對空性的觀修，然後是悲心，接下來是觀想空悲合一的種子字三摩地。再來是「欸　漾母　讓母　棒母」（E Yam Ram Bam）等等的層疊五大元素，其上是越量宮。然後種子字降臨，變成本尊，行者自觀爲本尊。像這樣，一步接著一步地進行修持。

在尚未認出心性之前，圓滿次第的修持將散漫無章，生起次第的修持則有如建造房子一般。若是不具圓滿次第，行者就好比在建造房子的人。因此，單獨從事生起次第的時候，如果你的觀想具有對實物與固體的執著，就應該在最後有次序地消融收攝觀想：宮殿收攝入本尊，本尊收攝入種子字，字母收攝入「納達」（nada，通常指藏文某個字的最後一筆劃），接著收攝入空性。最終思惟：「這是無生且空的！」以空性完成修持。在這樣的狀況中，收攝觀想的那個過程被稱作圓滿次第。

實際上，首先要培養生起次第，然後觀照是誰在禪修。認出禪修者的自性，這個認識本身就是圓滿次第。如果行者尚未獲得明覺的引介，就不可能完善地修持生起次第。而在確實認出明覺之後，生起次第的修持完全不會擾亂明覺。哪有可能對明覺的狀態造成任何損害呢？一切念想都是空的，是空的活動。空性在動。哪有可能對空性有任何損害呢？這就如同孩童在玩耍一般。

再次地，完全可以就只是觀想五層大種元素與越量宮的自然顯現。你不需要對自己的觀想有所執取，放下執著，於圓滿次第的相續中作抉擇。此處你應該抉擇，我的意思是於三身法界中確切抉擇。

在大圓滿教法中，我們會說到區別「思惟心」（sem）與「明覺」（rigpa），於三身法界中抉擇自己的身、語、意。簡言之，這表示一個人的身、語、意是三金剛，抉擇此三者爲三金剛的體性。只要明白這個任成自性的壇城，那麼一切顯現的身相都是身壇城，一切作響的音聲都是語壇城，一切念想的活動都是意壇城。這並非將某個東西想像成另一個與其不同的東西。無戲論就是身，於明覺之中圓滿。本淨空性的自鳴響就是語，此即抉擇語空。作爲心意的念想活動就是明覺，不受過患所染，空無執取貪著，不受向外攀執所垢染，不受內心執著所污損，是自足的，因此念想活動即是意金剛。

要區分思惟心與明覺，就必須完全臻至明覺。思惟心是明覺的力用，應予棄除。認出明覺的時候，思惟心就自行棄除。心會改變，明覺則不會。以此方式，兩者獲得區分。看向天空，天空是不變的，而雲會改變；雲就像是思惟心，而虛空則有如明覺。雲朵一再改變，但是虛空從來不改變。明覺是無滅無變的。

以此方式，三金剛是完整的，抉擇其爲身金剛、語金剛、意金剛。身金剛是非和合、無爲的，明覺是非和合、無爲的。那就是身金剛的自性，它不是形成或和合的。語金剛是無止息的音聲。意金剛是無礙的心理活動，即明覺。會止息的是有礙的思惟心，而明覺是不滅的。一開始心有一個念頭，想到第二個念頭的時候，第一個念頭已然止息。明覺不止息，而且無邊無界，超越三時的概念分別心，於三時之中如如不動。

體性空（empty essence），自性明（cognizant nature），力用周遍（unlimited capacity）——這三性相極端深奧。如果能知與空性是有邊界的，這個邊界就會導致只有明或只有空。情況卻並非如此；空即是明，明即是空。此外，兩者都不會對另一者造成限制。那無礙本身即是大悲力用的生起。

體性空是法身，是無礙的，有如虛空；自性明是報身，是法界本具的，有如日月；無量力用有如水中月影，月亮映射在水面上的時候，影像是無礙、不受限制的——除非沒有水，否則都會自然顯現。同樣的，化身也是以廣博、不受限制的方式，為了利益眾生而行事。

這三身都含攝於明覺之中。認出此一事實，即稱為已然抉擇。真的，一旦認出明覺之後，沒有什麼是不可能的。然而，直到那個認出發生之前，你無論做什麼，總是會有困難——不會圓滿，一切都停留在有所缺失或虛假的狀態，生起〔次第的修持〕也會是不自然的。因此，不需要執著於生起次第的修持。只要讓明覺力生起為生起次第，接著保任於明覺即可。完全不需要仔細探究明覺力。

目前我們對金剛乘法道的這種凡俗修行，是淨化惡業的一種捷徑、一個方法，如同瑪哈瑜伽和阿努瑜伽的修行一般。在阿底瑜伽中，生起次第和圓滿次第被稱作「立斷」與「頓超」，是不需要去造作出來的。阿底瑜伽的生起次第是關於無生無作，一切本尊都是圓滿具足於阿底瑜伽的心意壇城中。我們不能說本尊並不存在，因為祂們確實會在中陰期間出現。

在開始修座的時候，只要觀想就足夠了。之後，要放下執著，並且保任於無所觀對境的境界中，遠離心意上的所緣。應當有時鮮明地觀想整體，然後有時安住在無所緣的狀態。交替修持，時而有所緣對境，時而則無，這不會造成任何損害，但並不是一定要交替修持。交替修持觀想與休息安住，這不會造成任何損害，因為念頭的生起本身就是明覺的表述，作為觀想而生起是沒有關係的。

證得些許穩固後，念頭與觀想就會作為明覺力而生起。如果缺乏穩固，則力用會變得太強勢，在那個狀態中，似乎就會喪失體性。若是體性「逸於視野之外」，沒有認出，就是一種過失，會導致生起次第的分別念增加。另一方面，對體性的認出獲得穩固時，體性界中的明覺力會隨著生起次第的觀修而鮮明出現，於是你明覺的無礙力用將成爲來自本淨體性中的「生起」，沒有一刻逸離這個自生明覺的本淨體性。（笑聲）

在我們這個《事業心要》蓮師修法中，觀想本尊之後，接著持誦各種不同的咒語。持誦的時候，應該努力認出一切念頭的體性是法身，並且離於散亂。

這個蓮師修法首先包括無量壽佛的持誦，作爲依誦；接著是觀自在菩薩的近依；然後是蓮師的成修；然後是顱鬘力（拓稱匝），這是大修的意趣；最終是「哈日尼薩」咒，以成辦事業，這是事業的行持。

另一種方式則是，依修的一切層面都能在單一咒語的持誦中完成。四支的第一支是「具有一圈星鬘的月亮」，在蓮師心間有一圈星鬘環繞著「啥」字。其次，咒語開始旋轉，這是第二個意趣或第二種觀想，稱作「旋轉火炬」。這些指的是「依」與「近依」，都在此修持中獲得完成。「星鬘環月」通常被認爲是依誦的意趣，「旋轉火炬」是近依的意趣，這代表四種持誦意趣的前兩者：依與近依，這兩者在此簡化地含括於依誦之中。

第三支「國王使者」是從放光開始，上供聖眾壇城，下爲布施光芒，以清淨有情眾生的一切遮障與惡業。這個獻供與清淨有情的上下放光被稱作「國王使者」之意趣，屬於持誦的第三個層面：成修。

第四支「大修」包括全部四支：依、近依、成修、大修。致力於大修的時候，修法中的每一位本尊都應該有一個人在做修持。例如，爲了召請寂靜與忿怒本尊眾，因爲有一百位本尊，所以就需要一百個人。這樣的修法才能被眞正稱作「大修」。

在《障礙遍除》的修法中，持誦「哈日尼薩」咒可以成辦由四護門尊體現的息、增、懷、誅四事業，四種事業的每一種都有其各自的咒語，就看行者必須圓滿的是哪一種事業。如果需要懷攝，有著懷攝的咒；如果需要誅度，有著誅度的咒。透過任運成辦事業的殊勝眞言，能夠成就殊勝的事業。所以在這裡有五種事業：息災，增益，懷攝，誅度，以及殊勝的事業；後者即任成事業，自生覺性的三摩地事業。

在《障礙遍除》成就法中，修行持咒的時候，首先觀想自身的佛壇城，接著同時修持依、修、事業行持，如同「蜂群湧出蜂巢」。將自身觀想爲本尊的自性、本尊的身體，一切聲音是本尊語的自性，一切念頭是本尊意的自性。

依照寧瑪派的密咒傳承，景象具有身的自性，聲音具有語的自性，念頭具有意的自性。這被稱作「見、聲、覺之三修」。

耶喜・措嘉

《事業心要》教學

鄔金．督佳仁波切

前言

在聽聞教法、研讀、修持的時候，即使你是資深的修行者，也應該是爲了引領一切有情眾生臻至眞實圓滿的證悟，才進行這些活動。閱讀此文的時候，請在心中持守這樣的抉擇。

此外，如果你正在研習金剛乘，就不應該以凡庸的方式看待事物。取而代之的，應該見顯現與存有的一切，全都是遍入的清淨。換言之，不要將上師視爲凡俗人等，而應該視爲法身佛、金剛持、蓮師或任何其他的佛。同樣的，作爲弟子的你，也不應該認爲自己只是一個由五蘊、五大、五根等等所構成的有情，而是擁有本尊的神聖自性。

以上是上師在開始講授成就法的時候，應該做的傳統開場白。在《入菩薩行論》的開始，寂天講自己不具備任何的特殊善德，不擅長言辭或詩韻，所以用直白的方式進行著述。在這裡，我也將嘗試效法他。我不會裝模作樣地撰著偉大詩歌，或以自己的滔滔言辭讓各位感到驚歎，我只會嘗試解釋自己所知。也不要期望會感到震驚或不勝負荷。而且，有些上師單憑自己的語音和對生起、圓滿次第的深奧指示，即可解脫弟子的心續，不過我懷疑世上是否還有這樣的大師住世。

我來此的目標是教學，但如果只是一場演講，之後並未接著進行實修，那麼雖然不能說是毫無意義的事情，然而不過就像是看一場電影一樣——你開車前往，付錢買票，看兩小時的電影，然後回家。這樣很有趣，而且現在確實有很多人是抱著看表演的心態，前去看看喇嘛要講些什麼、喇嘛是什麼模樣，然後開車回家，就這樣了。有點像是去上週附近那個雷鬼音樂節，大約一萬兩千人聚在一起，找點樂子。而我現在要試圖確保這個教學最終能夠產生一些有價值的東西，以讓我們聽聞的時候，以及其他人觀看這次教學的錄音和書錄的時候，應該能從中得到一些利益。

有人請我從生起次第和圓滿次第開始講起。這很容易解釋，然而重點在於實際練習，變得熟悉其中義理，最好是能夠將生起次第與圓滿次第結合在一部成就法之中。以《祕密藏續》爲首的一切經續，都是以生圓次第來解釋金剛乘。

在我們的傳承中，《智慧之光》（*Lamrim Yeshe Nyingpo*，《道次第．智慧藏》）①這部經典對生起次第具有詳盡的解釋。還有吉美．林巴的《趣行奧明階梯》（*Staircase to Akanishtha Buddhafield*）以及巴楚仁波切的一篇教文，都非常優美細緻。我們有很多關於生起次第的教導，但是除非你將教導與某一部成就法做連結，否則這些教導會變得與你的修持脫節，變成似乎修持是一回事，而教導則是截然不同的另一回事。因此，你需要將教導與成就法的修持做結合。一旦你明白如何把成就法的一切關鍵層面結合成一個非常簡單的形式，你就能將同樣的模式運用在任何你可能修持的成就法上面。我在此則將教導與名爲《意修．事業心要》的蓮花生大士成就法做連結。

依據秋吉．林巴與蔣揚．欽哲的伏藏傳承，有四個層級的心要修持或上師成就法：外的是《障礙遍除》；內的是《遂願成就》（*Sampa Lhündrup*）；密的是《湖生心髓》（*Tsokye Nyintik*）；最密的是《金剛威猛力》（*Dorje Draktsal*）。按照秋吉．林巴的個人傳統，主要修持或根本修持爲《密意總集》（*Gongpa Kündü*），兩種次要修持是《障礙遍除》與《遂願成就》。

《事業心要》屬於《障礙遍除》。《障礙遍除》的根本文是一部稱作《精要口授》（雪當．寧絳，*Sheldam Nyingjang, The Essence Manual of all Oral Instructions*）的經典。《障礙遍除》法類的結構有如一個寶瓶。

大部分伏藏都會解釋說修持該法具有廣大的功德、善德、效用，但是如這部伏藏所解釋的，修持《障礙遍除》具有不可思議的利益。在伏藏文中，蓮花生大士宣說：凡是聽聞或修持《障礙遍除》教法的人都會隨即遠離一切災禍，免於投生惡道。「凡是保存有《障礙遍除》的地方，都

---

①《智慧之光》（*Light of Wisdom*）第二集，艾瑞克．貝瑪．袞桑英譯。自生智出版社（Rangjung Yeshe Publishing），香港，1995，第三十九頁。中譯版已由橡樹林出版社於二〇一六年發行。

會與稱作『金剛密嚴』（Vajra Akanishtha）的至高佛刹相融無別，並且會有勇父、空行群湧聚集，如同雲海匯集一般。如果那不是眞的，那麼我蓮花生大士就是在欺瞞後世了。」他在伏藏文的最末這麼說。

如前所說，秋吉．林巴取出《障礙遍除》伏藏之後，祕密修持了八年。在這段期間，他寫下了其中的一部分，但是沒有傳給任何人，包括這個伏藏傳承的主要持有者。在實證這個教法之後，他首先將其供養給這個傳承的命定持有者蔣揚．欽哲．旺波。關於解讀空行文字的一則授記說：母子將會相遇，並且樹立此教法。只有蔣揚．欽哲．旺波能夠見到黃紙所顯現的一切內容。「母」指的是黃紙文字，「子」指的是秋吉．林巴已經寫下的內容，所以母子文字都見到的就唯有蔣揚．欽哲．旺波。他們所譯解出來的是「孫」。據說那時就應該允許母子消失，因此它們就被銷毀了。

在那個時候，他們授予蔣貢．康楚這部教法。由於這三人對《障礙遍除》的修持與弘揚，於是這部教法變得廣傳，幾乎所有大師都曾接受過這部教法的灌頂並付諸實修。

從原本的紙卷中，出現了各種不同的根本文，包括《寧絳》（*Nyingjang*）、《揚絳》（*Yangjang*）、《玉絳》（*Yujang*）、《古絳》（*Güjang*）。《揚絳》記述的是伏藏師本人應該修持什麼，以及如何修持。《寧絳》就是《雪當．寧絳》（精要口授），我們今天擁有的那一大函教文。

顯然地，還曾經有過一部《玉絳》，意思是青松石手冊；以及一部《古絳》，所需資具的手冊；不過似乎都已經佚失了。

今天，我們有秋吉·林巴寫下的短篇教言。隨著時日過去，這些個人教言已於人間蒸發，消失不見。秋吉·林巴的兒子，旺秋·多傑（Wangchok Dorje）也曾獲得一些個人指示，但是他英年早逝，帶著那些教法一起走了。然而，雖然秋吉·林巴在取出《障礙遍除》時還相當年輕，不過他確實成功地讓這部教法非常完備。他寫下了很多的重點、支分教法等等，其修持仍然蓬勃延續著。

幸運地，《遍除障礙意修》的傳承依然延續至今且非常活躍，我們不應該讓其消亡，而是應該通過實修來維持這個傳承的活力。徒具教文擱在某處並不那麼有用，教文需要被付諸實修。相較於其他地方，西方國家的確有人修持著這部教文。我的解說所憑據的著作包括廣品成就法，以及秋吉·林巴、蔣揚·欽哲、康楚等人的釋文。我的解說是將以上這些匯聚在一起，雖然我還沒有見過一部釋論是把全部解說結合在一起的。

錯誤的解讀可能引起疑慮，所以重要的是必須闡明正確的生起次第觀想，讓這些可供大家所用，且不只爲了當今的人，也是爲了未來的人。在這個方式之下，就可以談及很多問題，如果正確的教學能夠被傳授、錄音、書寫下來，就有些東西可供未來使用，否則只會消失。一旦上師往生，知識就消失了，就像那樣，很多其他教法都是如此。除非能夠保存教法，否則教法就會隨著上師消失。這些時日，我們只有《心論》（寧絳），沒有《心中心論》（揚絳），《心中心論》與另一部重要論典都消失了。

就生起次第而言，觀想本尊是較爲重要的要點之一。我做解釋的時候，會從法身的眞如本空開始講起，也就是眞如三摩地，以及其他的三摩地。因此，這個解說的基礎爲來自以下文本中確切可知的內容，包括：稱作《廣品事業》的廣版成就法，以及秋吉．林巴、蔣揚．欽哲、蔣貢．康楚等人的釋論。我們今天知道的就只有這麼多。即使我們到處跑來跑去，試圖挖掘東西出來，也不會找到比今天尚存的這些內容更多的東西。如果你想要編造謊言，這可以做到，但是坦率、眞實的東西約莫就這麼多。我不會編造任何東西出來，這裡講的就只包含現存資料中有據可考的內容。

標題

《障礙遍除上師意修．事業心要之瑜伽》

《障礙遍除意修》的蓮師成就法有四種不同長度的版本：非常詳盡的；中等長度的；精要的，

就是《聽列寧波》（*Trinley Nyingpo*）；以及供日常修持用的精簡版本《日常觀修》。《聽列寧波》的意思是《事業心要》；正如牛乳的精華部分是包含在酥油之中，廣詳形式的成就法《廣品事業》，其精華加持乃濃縮於《事業心要》之中。

稱作「心要」（寧波）是因爲現在的人往往非常忙碌，沒有時間做眞正的修持。因此，人們就請求蓮師提供一個簡短但完整，且容易修持、方便使用的修法，於是他將教法濃縮在這個修法之中。這眞的非常合適——在每個月的初十或二十五日，當我需要與我的僧人們一起修薈供的時候，如果沒有這個精要版本就會時間不夠。儘管如此，你不應該單單因爲《事業心要》比較簡短、壓縮，就認爲它的的功德比較低下，並非如此。相反的，廣版可能會敘述更多的細節，但此處並未遺漏任何內容。這也比較適合作爲日修，特別是對西方人來說。因此這部心要修持法非常重要。

有句名言說：「與一切相合，卻勝於一切。」如果無法與每個人的感知與理解相合一致，就無法眞正產生連結。但無論是否與每個人相合一致，如果同時不具有什麼特殊之處，那又有什麼意義呢？如此就沒什麼有意思的東西包含在內。《事業心要》與一切其他教法無違，卻同時具有不共的殊勝內容。並且，你能夠將這部成就法的指示與一些關於如何修持此法的個人教誡結合在一起。

此外，這個修持也包括蓮花生大士對於如何修持金剛乘儀軌各個層面的個人教誡：什麼時候要用鼓、達瑪如小鼓、鈴，以及如何奏擊；如何製作食子；如何將生起次第與圓滿次第結合在一起。這些建言本身就非常殊勝。

在《事業心要》的開始，有一個特別的印記，證明它是蓮花生大士的伏藏。大家曉得，國家都會在重要文件上蓋有政府的印璽。同樣的，這裡的印記表示其為蓮花生大士的伏藏。《事業心要》是一部地伏藏。受命傳承有七個主要類別，包括地伏藏、密意伏藏、淨相等等。秋吉·林巴擁有這全部七種傳承。他受命要取出一百部不同的伏藏，但是只成功取出其中的三十七部。在這當中，像是《障礙遍除意修》這些地伏藏是較為重要者。在伏藏師之間，有關於何者最為珍貴深奧的爭辯。例如，吉美·林巴覺得密意伏藏最特殊，他不覺得從地下挖出來的東西有多了不起。就《寧體》傳承的狀況，他說，密意伏藏——密意即是了悟的狀態——表示伏藏師的證量與蓮花生大士無有分別，這使得伏藏師能夠譯解伏藏或是令伏藏顯露，因此密意伏藏較為殊勝。另一方面，第五世達賴喇嘛的伏藏是由淨相揭示出來的，他主張因為伏藏師是在淨相中親自領受伏藏，所以較為殊勝。其他伏藏師則主張從蓮花生大士口中直接進入自己的耳朵，這樣的受法較為殊勝，因此口耳傳承最上。但是秋吉·林巴感覺地伏藏最佳，因為是有憑有據的——寫著空行密文的黃紙仍然存在，作為有形的證據；相較之下，什麼人都能有個淨相或靈感。

「喇美」一字是「喇納．美巴」的縮寫，字面意義是「最高的」、「無上的」，指出這部經典非常特殊。

此外，由於與西藏具有宿緣的本尊是觀自在菩薩，具有宿緣的上師是蓮花生大士，所以這裡的「喇嘛」或「咕汝」一詞指的是大寶上師，這是蓮花生大士的另一個稱號。蓮花生大士來到西藏的時候，他的主要弟子是赤松德贊王、耶喜措嘉空行母，以及毘盧遮那大譯師。

他的其他弟子包括二十五弟子、九位心子等等。迄今為止，大多數的偉大上師不是蓮師密意的直接化現，就是他的影響力所加持的轉世。蓮師親口說過：「觀看我就如同觀看一切諸佛；證得我就等同證得諸佛。」

在寧瑪傳統中，有兩大主要的傳承：佛語傳承與伏藏傳承，分別稱作「教傳」（噶瑪）與「伏藏」（德瑪）。三根本為：加持之根本—上師、成就之根本—本尊、事業之根本—空行母，其每一者都有一部相關的成就法，但上師成就法則含攝了全部。

在此，上師成就法的意思是，你應該視自己的根本上師與蓮花生大士的心意無別，視自己的上師為蓮師的加持，這是「上師」一詞在此的真正意義。這就是意修的意思，我們藉此獲得對上師密意的了證。

標題中也講到「一切的障礙」。蓮花生大士的親近弟子詢問：證悟道上是否有障礙？蓮師回答：「是的，有外、內、密的障礙。有無數的障礙與阻礙，去除這一切障礙的最勝方式就是向你的上師祈請。」實際上，修持佛法的時候，任何一種困難或違緣都稱作障礙。一旦克服一個障礙，這本身就是一種成就。你也可以用這樣的方式來理解：我們的基本自性——佛性或善逝藏——受到暫時遮障的遮蔽，我們移除這些遮障的時候，佛性本具的特質或功德就會變得明顯可見，那就稱作成就或悉地。由於向自己的上師祈請是克服這些障礙的最佳方式，所以上師成就法即是獲得成就的理想方式。

前行

禮敬上師三身尊，ཿ
成就彼之心要者，ཿ
安坐寂靜舒適座，ཿ
前正結行如是修。ཿ
三昧耶！ཿ

禮敬上師，三身本尊。ཿ
爲了成就三身上師的心要，ཿ
於寂靜處，坐在一舒適座位上，ཿ
通過前行、正行、結行進行修持。ཿ
薩瑪雅！ཿ

伏藏師寫下的第一個句子：「禮敬上師三身尊」。表示三身的一切本尊都包含在成就法之中，作爲蓮花生大士密意的化身。因此，頂禮蓮花生大士這個單一形象，就是頂禮一切三身的本尊。「本尊」二字指的是中央的主要形象、周圍環繞的十二化身，以及所有三身本尊眾。至於如何修持這每一位本尊的特定細節，在更長的版本裡面有相關解說。

所以修持的時候，應該「安坐寂靜舒適座」。這意味著一個安靜、偏遠的地點，遠離人類日常活動，夜晚沒有鬼魂遊蕩，沒有像是盜賊、強盜、野獸等等的危險，並且是過往大師們曾經修持過的地方。理想上，一個人的閉關處所應該是被加持過的，並且宜人。

實際上，「舒適座」是指一個厚實、寬廣的坐墊，底下有一個萬字（卍）標記，用粉筆或吉祥草繪製皆可。關於如何準備一個合適的座位，有爲數不少的指示，但最重要的一點就是：你應該按自己最舒適的方式坐下。如果需要坐上很長的時間而你卻覺得不舒服，那麼你將無法長時間地久坐不動。這裡並未提及要坐在什麼都沒有的地面上、高高的法座上、椅子上，或是任何其他東西上，就只說「坐在一個舒適的座位上」，凡是你個人覺得舒適的皆可。大部分的教文都說，你應該面朝西方而坐，因爲蓮師的淨土是在西方，所以你的座位就應該面對那個方向。

接下來，一個人的修持應該具有前行、正行、結行，這三者含括了一部成就法的所有重要層面。前行是關於準備處所、壇城等等，以及念誦皈依、菩提心、保護輪等等法本中的偈頌。正行是指生起次第的實際觀修；結行包括薈供、迴向福德等等。對於這三部分的每一個部分，《廣品事業》都有七支。陳設佛壇的特定細節相當繁雜，應該從一個曉得如何正確陳設的人那裡學習。然而，一大重點就是要有一個蓮師像，塑像或畫像都可以。在那前面，陳設甘露、惹大、食子這三大主要物質，以及外內供養、薈供物。如果是一群人一起修持，就應該有不同種類的樂器；但如果是單獨修持，則必備的只有達瑪如小鼓與鈴。你還需要一串念珠。

「三昧耶」的意思是這個修法不給不適合的人修持。

備妥自己的空間且陳設佛壇之後，便坐下。在念誦合適的傳承祈請文之後，開始修持儀軌，從皈依與菩提心開始：

皈依與菩提心

南無༔　　　　　　　　南摩༔
我與等空眾生盡無餘，༔　　我與等虛空的一切眾生，༔
趨入皈依殊勝皈依處，༔　　向那些殊勝的皈依對象進行皈依。༔
由是發起願行菩提心，༔　　我生起願菩提心與行菩提心，༔

當得成就三身上師位。ཨོཾ　將成就三身上師的果位。ཨོཾ

這一偈應該念誦三次。「南摩」（南無）的意思是「頂禮」。皈依的頭兩句相當直截了當。在開始皈依的時候，想像從你心間放光呼喚作爲主要形象的蓮師，並且也放光連結至其他皈依處，例如諸佛菩薩、傳承上師等等，祂們如雲朵般聚集在蓮師周圍。也可以觀想「單一珍寶總集」，意指觀想主要形象，同時保持所有其他皈依對象都如雲朵般聚集環繞主尊周圍的覺知，這樣完全沒問題。接著我們念誦其意義。前行教法裡有關於如何做皈依觀想的解釋，不過簡短而言，就是觀想一切有情眾生以你爲首一起皈依。

「一切眾生」意思是一切無餘有情眾生，甚至包括奧薩馬．賓．拉登（Osama Bin Laden）之類的人。在外的層面上，我們全都皈依於三寶；內的層面是三根本；密的層面是脈、氣、明點；並且皈依於體性空、自性明、現作本尊形象的無礙力用，這是根據大圓滿教法所言。

「進行皈依」意指從這個時刻開始，直到證得圓滿佛果爲止，這些聖眾一直會是我們及一切有情眾生的皈依對象。

在金剛乘，你應該理解自己念誦的意義，這很重要。皈依對象見證我們的皈依誓戒之後，向十方放光，光芒觸及一切眾生，去除他們的遮障與惡業。

下面兩句包括願菩提心與行菩提心。「願」就是如諸佛菩薩的發願一般，我們決心立意要獲得證悟以利益一切有情眾生。「行」的意思是我們也會實際投身於一切當行之事，以獲得圓滿證悟。「三身上師」指的是三身的上師們：法身上師是無量壽佛，報身上師是觀自在菩薩，化身上師是蓮花生大士。

對於願菩提心與行菩提心，《廣品事業》還有幾句額外的文字：

吙。
猶如往昔諸佛與佛子，
發趣無上殊勝菩提心，
我亦為等空如母有情，
利益他故願成就正覺。

吙。
如同過去的一切勝眾及其子嗣，
發心趣入無上殊勝的證悟，
我也將成就佛果，
以利益我的母親們——數量廣大猶如虛空的一切眾生。

在這段的最後，如果能結合自己的呼吸與菩提心的心境會很好。吸氣的時候，觀想自己吸進其他眾生的一切疾病痛苦，接著吐出虹光，清淨他們的一切遮障，令他們沉浸於喜樂之中。

《廣品事業》還包含了「七支」與四無量心的偈頌，雖然在這裡沒有明白地提到，不過儀軌後面有含括「七支」的意義。然而，我們應該暫停一下，思惟四無量心。

以此福德眾生得安樂，∞　　以此功德，願一切眾生獲得安樂，∞

離諸苦惱異熟轉於我，∞　　離於他們的痛苦，願其取而代之地成熟於我，∞

不離無痛苦之安樂已，∞　　願他們永遠不離無苦的安樂，∞

願住諸法自性平等捨。∞　　願他們安住於平等捨，一切事物的平等自性。∞

魔障食子

接著，一切皈依對象——資糧田——收攝入你，然後你化作事業本尊，在這裡就是馬頭明王。祂具有一面二臂，頂上有一個馬頭，一手持杖，一手持套索。如果你有魔障食子，就應該以「讓母 漾母 亢母」加持。從你的心間放射出無數的微型忿怒尊，拿著鉤、套索、羂索、鈴、鍊等等，捕捉所有想要對行者製造障礙者。這些作障者被逮捕後，帶到你面前，你念咒語並向他們供養食子，接著說：「從現在起，直到一切眾生獲得證悟為止，不可打擾修行人。離開，回家去。」之後，說：

吽啥 ꣱

二取惑亂魔障鬼魅眾，꣱　迷亂的二元分別之一切魔鬼、作障者、邪靈，꣱

吽啥 ꣱

受此食子回歸於本處。꣱　享用這個食子，解散，回到自己的地方去。꣱

對於那些拒絕離去者，以特殊的忿怒方式作驅除，例如以咒語、姿勢、手印諭令之，或以三摩地刺穿之。這稱作「頒布諭令」。

「魔障鬼魅」的存在是依靠著「迷亂的二元分別」或錯誤方式的感知。我們的想法從各方各面來說，都是能所二取的，於是我們依據自己的二元分別感知而持具這些想法的時候，確實會有惡力出現，並且它們會以無數種類的方式出現。無論如何，我們說：「取走這個具有精美形狀、氣味、味道、結構、能力等等的食子，願其按照你所喜好的方式呈現出來。取走它，離開這裡，不要再對證悟造成更多的干擾妨害。」那個魔障食子稱作「給拓」（gektor）。如果你沒有魔障食子，只要說：「不要留在這裡，前去你自己本來的地方。」

《廣品事業》裡面使用的文字和句子簡直是不可思議：

吽啥 ꣱

吽啥 ꣱

一切顯有本淨壇城中，༔
不存二取魔障欺騙名，༔
客塵迷亂依附而不知，༔
汝等障礙證悟諸魔眾，༔
取此食子是為償債物，༔
悠悠解散回各自居處。༔

為能證得智慧相瑜伽，༔
利益遍滿虛空一切眾，༔
汝亦不超越此虛空界，༔
雖然利他之心無距離，༔
由於惡業力致無福報，༔
勿見壇城暫且去別處。༔
倘若不離金剛兵器雨，༔
汝等身語意碎如微塵，༔

在一切顯現與存有的本初清淨壇城中，༔
沒有像是能所二取、作障者、欺騙者等等的名稱，༔
然而，由於暫時性迷亂的依附而不明白這一點，༔
你們這些妨礙我們獲得證悟的所有魔障，༔
取走這個食子作爲我們還債的支付，༔
從容地解散，回到你們各自的住處。༔

爲了我能夠證得智慧身相的瑜伽，༔
以利益遍滿虛空的一切眾生，༔
包括你，你也不超出這個虛空，༔
雖然對於利他之心來說，距離並不存在，༔
但是由於惡業的力量，你沒有福報，༔
無法見到這個壇城，因此到別處去一會兒吧。༔
如果你不離開，金剛武器之雨༔
會將你的身、語、意完全粉碎爲塵埃，༔

七世家族連根毀滅故，༔	一直下至你的第七代，༔
因此現時應當速離去。༔	因此，現在就離去。༔
藉由自在戲馬諭令力，༔	藉由我自在戲馬的諭令，༔
以及珍貴三寶加持力，༔	藉由珍貴三寶的加持，༔
三根本諸尊三摩地力，༔	藉由三根本諸本尊的三摩地，༔
以及法性圓滿真實力，༔	藉由法性的圓滿眞實，༔
因果業報無誤發生力，༔	藉由因果的無誤發生，༔
違背此諭令之邪魔眾，༔	願違背此諭令的魔眾༔
忿怒金剛遊戲摧毀之！༔	被忿怒金剛遊戲所摧毀！༔

單是修習魔障食子，你就能夠實際獲得圓滿證悟。簡而言之，凡是收受此食子者，都被驅除至遠處。這包括觀想忿怒本尊的鮮明出現，以及向一切方位放出本尊以拘捕邪魔力量，接著用舞蹈動作、金剛杵、咒語、神奇的物質、焚香、三摩地來諭令它們，這全都包含在魔障食子（的修持）之中。由於這些層面全都結合在所謂的「吉祥緣起」之中，所以每一者都意義重大。

在這裡很重要的是必須明白：作障者是你自己的念頭，是你自己的投射；因此你於三摩地的定中保任如是之時，一切種類的魔障都會立即消融，全都會消失。

一旦把盜賊趕出自己的房子之後，隨即鎖上門。類似地，下兩句是敘述保護輪，接著是一個咒語。

無二本智尊咒法身中，༔　在本尊、咒語、法身的無二本智境界中，༔
結界壇城自性自圓滿。༔　此結界的壇城是自性自圓滿的。༔

Hung Hung Vajra Raksha Raksha Brhrum ༔
吽　吽　吽　班匝　局克夏　局克夏　布入母 ༔

保護輪的構造如下：中間是一根金剛杖，周圍是由十字金剛杵所建造的帳幕，地板也是一個巨大的十字金剛杵，所有之間的空隙都由愈來愈小的金剛杵所填滿，直到帳幕與地板完全不可入侵爲止。帳幕周圍環繞著火焰、水、咆哮的風、閃電、打雷——換句話說，就是五大元素。此外，還有忿怒男女本尊眾，一尊面朝外，一尊面朝內，如同生起次第一般方法所解釋的。面朝內與朝外的本尊防止外來障礙干擾修行，並且防止加持與成就的逸失。所以一切都有其目的。

噶美堪布的手非常靈巧，是一位很棒的藝術家。當他從秋吉．林巴那裡領受「語獅子」灌頂的時候，他發誓要每天撰寫或描繪一些具有神聖功德的東西，因此不管他去到哪裡，總是帶著紙筆。他活到非常大的年紀，繪製了很多的素描、設計圖、繪畫。經年累月之後，他畫出了幾乎所有秋林新伏藏的壇城，以及其他東西。噶美堪布的護輪素描顯示護輪應該是什麼樣子。我設法保存了其中的部分素描圖，但數量不是太多。顯然西藏東部一所寺院裡有一位僧人擁有更多的圖畫，不過我確實是有一幅堪布繪製的保護輪素描圖。

加持雨降與加持供物

嗡啊吽 ༔
三身上師聖眾法界現，༔
蒞此雨降灌頂賜成就，༔
顯有基化供物大手印，༔
加持此諸普賢神變海。༔

嗡啊吽 ༔
三身上師本尊眾，從法界中顯現！༔
讓加持光輝降臨此處，賜予灌頂與悉地！༔
請加持作為顯基的顯有大供養手印（great offering mudra of appearance and existence as manifest ground），༔
成為普賢的如海戲現！༔

Om Ah Hung Vajra Guru Dheva Dakini Gyana Abeshaya A Ah。

嗡 啊 吽 班匝 咕汝 碟瓦 達姬尼 嘉納 阿貝夏亞 阿 啊。

Hung Hung Hung Om Sarva Puja Megha Ah Hung。

吽 吽 吽 嗡 薩兒哇 布匝 美噶 啊 吽。

三昧耶。　薩瑪雅。

頭兩句包含雨降加持。爲此，你觀想自己心間向一切方向放射光芒，尤其是照向壇城主尊所居住的佛土——在這裡，就是蓮師淨土「吉祥銅色山」，蓮師在那裡就座於三身宮殿之內。接著，蓮花生大士及其眷屬放出加持雨，降臨到自己身上，以及周遭環境、壇城物品、供物等等之上。就如同落入一片巨大湖泊的水滴，這些加持融入你，變得與你無有分別。不過，眞正的意義在於：我們看待外在與內在事物的不正確、不清淨的方式將會停息，於是我們能夠清淨正確地觀待事物。雖然我們還未能感知事物是全然清淨的，但實際上它們已經是清淨的。在《廣品事業》之中，有些非常特殊的迎請句子，其中講到安住於法界基空的智慧尊受到迎請而出現，變得與我們這些誓言尊無二無別。

吽唅。༔
西北國土名為妙拂洲，༔
奇妙大加持任成處所，༔
吉祥山蓮花光越量宮，༔
三根總集鄔金顱鬘力，༔

十方三時善逝勝眾俱，༔
以及持明勇父空行眷，༔
祈勿忽視往昔承諾誓，༔
殷殷熱切迎請心續時，༔

流暢自如優美舞動身，༔
嘯吼金剛咒聲之語音，༔
自生本智光明之悲心，༔
祈自無作法界臨此處。༔

吽唅༔
從稱作妙拂洲的西北方土地中，༔❶
神妙大光輝的任成之處，༔
從蓮花光的越量宮殿，「吉祥山」，༔
鄔金．拓稱．匝，一切三根本的總集，༔

連同一切方向、時間的所有善逝與勝者眾，༔
以及您的眷屬：持明、勇父、空行母，༔
不要忽視您們先前承諾的三昧耶，༔
當我以不堪負荷、強烈渴望的力量迎請您們的心續之時，༔

以您們流暢自如舞動的優美形象，༔
以您們的嘯吼金剛咒聲的語音，༔
以您們自生覺性光明界的悲心，༔
請從無有顯現的法界降臨此處！༔

雨降身語意大金剛光，ꙮ
至外內密壇城誓物上，ꙮ
祈迅速示現神妙兆示，ꙮ
賜聖法行者灌頂加持。ꙮ

雨降身、語、意之大金剛光輝，ꙮ
至外、內、密壇城及三昧耶物之上。ꙮ
祈迅速示現神妙徵兆與指示！ꙮ
請賜灌頂和加持給這部殊勝成就法的所有修行人！ꙮ

所以雖然這裡只有兩句話，你仍然要觀想天空完全布滿本尊，接著這些本尊融攝入你、壇城供品等等。以此方式，你及自己周遭環境等等的一切，全都獲得加持。

爲了覺醒成佛，我們需要圓滿資糧與淨除遮障。爲了圓滿資糧，於是我們做供養，但是首先需要聖化供養物，所以下兩句是加持供物。「作爲顯基的顯有」指的是大圓滿見地。打從一開始，顯現與存有的一切，亦即情器世間，實際上都是本基、本初狀態的形象，那即是與本初自性無別的本尊之眞實形象。用簡單的話來說，你所感知的一切，都是蓮師心意的表達。用甚至更爲簡單的話來說，你所感知的一切，都是你自心的投射。你所感知的一切，你的一切體驗，本身都不具任何堅實的存在，就只是你自己投射出的想法，宛如它們是獨立存在的。但是，當你面對這

❶一般說妙拂洲是在西南方，而不是西北方。《事業心要》的迎請文開頭亦是「西南國土名為妙拂洲」。

實相的時候，經由修持，你會了悟到一切都不離於本淨的狀態。首先，一切都是空性的狀態，於是就有很大的彈性。如果基本狀態不是空性，那麼一切——包括我們自己在內——都會從一開始就凍結在同一個狀態。但是，在空性狀態中，你可以自由自在地想像無量數目的供品。如果一開始不是空性的狀態，那麼就不會有空間讓你去想像任何東西。

在這裡，「普賢」的意思是「不可估量的戲現」。如同在《入菩薩行論》的論釋中所解釋的，普賢菩薩身上的每一個毛孔都放出一大片布滿整個天空的精美妙欲供養雲。每一大片雲都放光，從而各自出現另一尊菩薩。再次地，從這位菩薩身上的每一個毛孔，又放出一大片布滿世間的供養雲，等等，一直到無量無邊爲止。

祖古．烏金仁波切以一個簡單的手勢指出心性。如果能夠認出並且就只是在幾個剎那的片刻維持於此明覺狀態中，能夠立即清淨數劫的惡業。同樣地，普賢的如海戲現也是一種極端有效的淨化方式。如果無法觀想無量的顯現，就嘗試想像一個比較浩瀚的景象。就算缺乏各種細節，仍然非常有利益。直到我們證得一切都是出自空性的自然顯現之前，我們需要使用自己的想像力，儘管我們仍然應該在全然平等的境界中獻供。在這個情況中，雖然生起次第是心意觀想的一個過程，但是按照究竟的實義，顯現與存有的一切其實全都是基的顯現。

「嗡　啊　吽　班匝　咕汝　碟瓦　達姫尼　嘉納　阿貝夏亞　阿　啊」是雨降加持的咒語，

「吽 吽 吽 嗡 薩兒哇 布匝 美噶 啊 吽」則是加持供品的咒語。

在廣詳儀軌中，外、內、密、極密的每一類供品是分開加持的。外的供物包括洗水、飲水、塗香、燈盞、食物、音樂等等；內供是呈給忿怒本尊的，包括血、脂肪、陳設爲花等等的五根；密供是甘露、惹大、食子。但是在這裡，你做的就只是念誦「嗡 薩兒哇 布匝 美噶 啊 吽」，這實際上包含了外、內、密的所有供養，因爲「薩兒哇」的意思是「一切」，「布匝」的意思是「供養」。想像一切都包含在一次加持聖化之中。在這個時點，想像所有一般的七供——飲水、洗水、食物、燈盞、塗香、正在演奏的樂器、花朵——以及內供。不過，獻給忿怒尊的供品是作爲油燈的人類脂肪、作爲水果的肉、塗香、大腿脛骨骨號和顱蓋鼓奏出的音樂等等。在密的層面，甘露是由以八種物質爲主的一千種物質所製成，惹大是由能夠引至終結一切輪迴存有的一種物質所構成，食子則是放出如雲的所欲物。就算你無法非常詳細地觀想這每一種供品，至少這時心中也應該有一定程度地憶念這些物品。佛壇上的一般七供杯以及甘露、惹大、食子是觀想的所依。雖然你應該備有這些所依物，但你還是應該做觀想。

雖然我們之後在儀軌中進行實際獻供的時候，會加上誅合勝義供與空性眞如供等等，然而在這個時點不需要加持這些。

在這些供養中，我們不執持自他的分別念，因爲我們在魔障食子的時候，已經驅除了能所分別的魔障。在《廣品事業》中，我們說：

吽唅༔
一切顯有本淨壇城中，༔
不存二取魔障欺騙名，༔
客塵迷亂依附而不知，༔
汝等障礙證悟諸魔眾，༔
取此食子是為償債物，༔
悠悠解散回各自居處。༔

吽唅༔
在一切顯現與存有的本初清淨壇城中，༔
沒有像是能所二取、作障者、欺騙者等等的名稱，༔
然而，由於暫時性迷亂的依附而不明白這一點，༔
你們這些妨礙我們獲得證悟的所有魔障，༔
取走這個食子作爲我們還債的支付，༔
從容地解散，回到你們各自的住處。༔

我們向寂靜尊獻上供其飲用的淨水，這與正常觀念相合一致。我們供養給忿怒尊飲用的鮮血比海洋還廣大，就算你殺掉這世間的每一個眾生，他們的鮮血也不夠盈滿大海。肉、器官等等全都生自鮮血，因此，相較於有人潑水在地上，如果有人被割傷的時候，我們的反應會非常不同。人們看到血的時候會非常沮喪，而且通常人們不會喝血，因此觀想供養鮮血，完全與殺人和供養他們的血無關，而是爲了消融我們自己有所執取的固執想法。於是我們向忿怒尊獻供的時候，把這些固執想法完全反轉過來。因爲我們必須供養祂們人類不飲用的某個東西，於是我們就用鮮血。還有，聽到供養鮮血作爲飲料的時候，有人會想：「是我的血？還是別人的血？如果是別人的血，那麼他們不是很悲慘？所以我寧願供養自己的血。」這反應出自他分別的二元感知，只要你尚未超越這種二元分別，就肯定應該繼續在自己的觀想中供養鮮血。

供養洗水的時候也是類似的。當然，對於寂靜尊，你供養乾淨的水，清洗祂們的腳；但是對於忿怒尊，就必須是與清潔、乾淨相反的水，所以我們才供養毒藥作爲忿怒尊的洗足水。這時可能有人會生起二元分別的顧慮：「難道不會傷害祂們的腳嗎？如果供養毒藥給本尊，難道祂們的皮膚不會脫落，斷裂成碎片？」你一聽到「毒藥」這個字，馬上就會形成一種強烈的心理作意，認爲「這是壞的，這是恐怖的，這是致命的」。然而，你必須征服這類的價值判斷，運用諸多微妙的金剛乘技巧以達到這個目的。這就是爲什麼那些不曉得象徵符號的眞實意義和目標者，往往會對金剛乘具有完全錯誤的觀感。

最後，「三昧耶」是指前行七支，現在都已圓滿。

正行

三三摩地

修習正行的生起次第涉及觀想本尊這個殊勝方法。眾生有四種受生方式：卵生、胎生、暖生或濕生、化生（一種驟然出現、無所依託的投生方式）。這四種方式相應於個人的習氣。生起次第中的特殊觀想方法能夠清淨與這四種受生方式相關的習氣，以及清淨與死亡相關的習氣。觀想的諸多細節可以在《智慧之光》（道次第．智慧藏）第二冊中找到，其中說道：

《道次第．智慧藏》根本文云：

由因生起果能淨卵生，ஃ 顯現為由因而來之果，能淨化卵生。ஃ
五現證之智能淨胎生，ஃ 五現證之智，能淨化胎生。ஃ
剎那由咒生起淨暖生，ஃ 由咒中瞬即現起，能淨化暖生。ஃ
憶即圓現本尊淨化生。ஃ 單憑憶念即生起完整的本尊，能淨化化生。ஃ ②

這四種受生具有四個重點：非常廣詳、相應於卵生的生起次第是給具戲論的鈍根者修持；現證的生起儀軌相應於胎生，是給略具戲論的中根者修持；只有一個咒語、相應於暖濕生的生起修持，是給不具戲論的利根者修持；剎那圓滿的生起修法相應於化生，是給最不具戲論的最上根器者修持。因此，有四種生起本尊的儀軌。③

一個人也可以按照大乘、阿努瑜伽、阿底瑜伽等眾多方式的其中一種方式開始觀修。我的解說是以《意修》本身作爲基礎，似乎是相應於清淨胎生觀念的觀修。般若（慧）的層面是本淨，方便的層面是任成，其無別雙運顯現爲種子字的形象，一切於焉出現。在此同時，你也可以說：從法身中出現了報身，從報身中出現了化身等等。

我們在此用的詞語是：「法身的眞如本空是光明覺醒的境界，報身不止息的照耀是大悲力用。」接著這空性與大悲結合成爲「化身的種子三摩地：白色『啥』字」。能淨的方便稱作「三三摩地」（眞如三摩地、遍照三摩地與種子字三摩地）。這個過程能清淨以父精、母卵相會爲基礎的受孕。你可以將「啥」字比作進入受精卵的心識，這是生起本尊的種子。

②出處同上，第一〇六頁。（中譯註）《智慧之光》（*Light of Wisdom*）第二集，艾瑞克·貝瑪·袞桑英譯。自生智出版社，香港，一九九五，第九十七頁。

③出處同上，第四十頁。

種子字接著發展成完整的本尊形象而出生。初生嬰兒尚未完全成長，需要撫育，獲得成熟。雖然本尊的顯相完整，但是爲了象徵這個成長的過程，仍然需要以三字母加持聖化本尊，以五佛部爲本尊作灌頂。孩子成長之後，現在就能夠執行成人的職責，這相應於各種不同的持誦意趣。最終，正如一切在臨終時都會開始分崩離析，我們在儀軌的最末收攝一切。接著，爲了象徵化身的無止息利生事業，我們再次以本尊形象出現。

換句話說，生起次第能清淨凡夫的迷妄習性與感知方式，從入胎與出生的時刻開始，一直到一切崩解的死亡時刻爲止。修持是從三三摩地開始，經歷儀軌的各個不同部分，最終以收攝與再次生起作爲結束。各個要點彼此相合，適得其所，作爲一個整體，不只清淨習氣，也令行者成熟，可進而修持圓滿次第。此外，不止於此，還延伸至最終的成佛果位，彼時會爲眾生顯現無窮無邊的利益。《智慧之光》第二冊也對此有非常細緻的解釋。所以生起次第具有諸多不同層次的影響和效用。

如果你修持金剛乘，就不可能規避對三身原則的理解。佛陀的覺醒境界是法身，其表述或力用是報身以教化眾生。從報身變化出化身的各種神變形象，以提供有情眾生一個有形的緣結，並且教導九乘，從而引領眾生至證悟。以無邊方式轉動法輪——這稱作「證悟身、語、意之無盡莊嚴輪」等等——之後，化身本尊收攝入報身，報身收攝入法身。生起次第的結構便反應了這個循環。

正行是從開展三三摩地的架構開始。其次，觀想作爲所依之壇城與能依之本尊。第三，迎請智慧尊無別融入作爲誓言尊的自己。接著頂禮，獻上外、內、密供養，獻上讚頌。最終，修習〔本尊身相〕顯明的現前，即觀想壇城的主要形象，之後是持咒。按照瑪哈瑜伽的教法，這構成了生起次第的共通體系。

啊 ༔
法身本然真如光明性，༔
報身不滅遍照大悲力，༔
化身種子等持白色啥，༔
由彼放光淨情器實執，༔
大種堆疊金剛護輪中，༔
「布入母」生性相圓滿珍寶宮。༔

啊 ༔
法身的眞如本空是光明覺醒的境界，༔
報身不止息的照耀是大悲力用，༔
化身的種子三摩地是白色「啥」，༔
從其放光，清淨執取情器世間爲實。༔
在層疊堆積起的大種元素上，在金剛保護輪之中，༔
從「布入母」生起具有圓滿性相的珍寶宮殿。༔

三三摩地的第一個三摩地是眞如三摩地。「啊」（Ah）字象徵無生、無住、無滅。《文殊眞實名經》說在一切語音表達之中，它最殊勝；《祕密藏續》則說它是一切聲音、文字的基礎。

此處，「啊」字則意味著「任其如是」於法身境界中。法身即諸佛的覺心，乃我們自心空性、本淨、明覺的自性——這些在此都是同義詞。

第一句的意思是法身——無緣眞如的本淨境界，周遍輪迴和涅槃的一切處所——具有一種任運現前的光明覺性。

個人對此實修，理想上是把自己的心境與一切佛的法身相融。要做到這一點，就只是單純地放下自己的觀想，完全放鬆於明覺或空性的狀態，自然地，完全不追隨任何過去、現在、未來的念頭，就只是片刻保任於本然之中。如果已經有上師向你指出過明覺並且你已經認出那個狀態，那麼這就是停駐於那定中的時刻，保任明覺的流續，這是離於念想、文字、敘述的覺性。但是如果你尚未獲得直指教示，則應該這麼做：集中注意力於自己的眼根、眼識，就只是讓視線凝視前方虛空的廣闊；讓自己的舌頭懸在口中，不觸碰上齶和牙床；保持完全出離的狀態，完全不涉入回憶過去或計劃未來，就只是讓當下這一刻如是，如同水面作畫。接著，會有片刻時間，你覺受到某種開闊，一個敞開、覺醒的赤裸境界，那就是了。然而，如果你無法就只是保任如是，那麼至少要思惟：輪迴與涅槃的一切現象，顯現與存有的一切，自性都是空。這空性並非一種全然虛無的境界，而是具有光明的覺性。當然，這個概念不見得就是法身，但是如果一個人不知道如何認出法身的本然面貌，那麼至少必須使用念頭來鬆解自己的二元分別念。

下一句話「報身不止息的照耀是大悲力用」指的是遍照三摩地。這個大悲是無緣且沒有特定方向的，懷攝無法了知自己眞如本性的所有眾生；是一切諸佛法身的自性力用，即報身。所以爲了修持這個大悲心，要讓第一個三摩地的覺醒狀態顯現爲幻化大悲，對象是所有無法認出這本具覺性的一切有情。

一切無餘眾生本來即是一切諸佛之法身，他們的眞如本性是善逝藏，但是由於無法認出這個自性，而不斷逸入迷亂方式的體驗之中。此乃何以要有悲心的原因之一。由於只有佛——覺醒的境界——才能完全離於迷妄，可以說其他所有人都沉浸在迷妄的體驗中，因此有理由生起悲心。這個迷妄造成我們生起當下這個輪迴的體驗。如同自空性狀態中顯現出大悲，自法身中出現了報身。這兩者的結合——空性與大悲的無別相融——以種子字的形象出現，這是第三個三摩地。那個「啥」字相應於化身。無論是梵文或藏文字母的形狀，我們觀想的這個「啥」字都與我們自心無別。字母放射出明亮的光芒，象徵我們的佛性自然具足不可思議的偉大功德。

在空性的廣大虛空中，報身的光明以白色「啥」這個形象出現。換句話說，想像在虛空的浩瀚之中，明亮的白色「啥」字放光照向一切方向。這是相應於化身的種子字三摩地。

簡而言之，自眞如的法身虛空（法界）中，大悲顯現，成辦確保眾生福祉之事業。這三個三摩地是難以想像地深奧。在清淨的層面上，它們相應於一切諸佛的法身、報身、化身；在不淨的層面上，它們清淨一切與出生有關的習氣。所有的瑪哈瑜伽的成就法都包括對這三種三摩地的修習。這些全都可以非常詳細地解釋，但是重點在於：要知道如何通過一位上師的竅訣，以實際的方式行持。按照瑪哈瑜伽的講法，除非你能夠實修教法，否則沒有成就法的架構可言。另一方面，如果你不知道所有較細微的細節，但是確實有修持這三項基本原則，那麼至少已經顯露了成就法的架構。這是至關重要的關鍵要點。這就是為何《廣品事業》對這三三摩地的每一個三摩地都有一段四句的偈頌。這些偈頌是用一種非常特殊的緩慢曲調吟唱，讓行者能夠將這三三摩地最為完整地憶持於心，並且隨著唱誦進行實際修持。

嗡。
遍攝一切清淨法界中，
緣起相依種種遊戲現，
自始即逾分別本初性，
此乃蓮花王所諭真如。

嗡。
從遍滿一切的全然清淨法界中，
如同緣起現象一般，顯現出種種繁多的戲現。
從一顯現的那一刻起，就是超越分別念想的本初自性。
這是「蓮花王」所宣說的眞如。

Dharmadhatu Jnana Vajra Svabhava Atma Koh Ham。
達兒瑪達度　嘉納　班匝　梭巴哇　阿特瑪　過　罕母。

啊༔

一切悉皆覺醒法身性，༔

等虛空眾卻未能知曉，༔

無緣自明大悲之光輝，༔

普照一切如空中大日。༔

啊༔

雖然一切都是覺醒狀態、法身的自性，༔

但是對於不了解這一點的等虛空所有眾生來說，༔

無緣自明大悲的光輝，༔

照耀遍及一切，有如天空中的太陽。༔

Bodhichitta Utpadaya Mi ༔

波底七塔　烏特帕達雅　密༔

吽༔

一切事物皆由因果生，༔

大悲空性解脫六道眾，༔

白色啥字明燦放光明，༔

虛空法界中無變顯現。༔

吽༔

由於一切事物都是從因生起的果，༔

爲了以大悲空性之方式，解脫六種眾生，༔

白色「啥」字明亮放光，༔

在廣袤虛空中不變異地出現。༔

Hrih Sapharana Phat Sangharana Hung ༔

啥　薩帕局納　呸　桑噶局納　吽༔

雖然在《事業心要》當中，三三摩地的每一個三摩地都只有一句話，但是我們吟誦的時候，應該思惟內義，讓字字句句都提醒自己法身——一切諸佛之密意——的本來面貌，我們應該盡自己最大的努力保任於這個續流中。接著，在法身的相續中，我們讓本淨的力用現作大悲。當然，最好是能有全然任運自成、眞誠、無爲的大悲，但是如果沒有辦法生起那樣的大悲心，那就必須努力造作。

從「啥」字「放光，清淨執取情器世間爲實」。種子字的光芒清淨攀執情、器等事物爲堅固眞實的習氣。爲了修持生起次第，我們必須消融這種習氣，就如同要在一個杯子裡盛東西之前，必須先把這個杯子清空。如果我們仍然執著於物質實有的想法，就無法觀想淨土，例如西方極樂世界，那裡的景觀完全是由非實體的寶石所構成，宮殿本身是不可衡量的。

壇城寺廟的細節非常複雜，但是按照竅訣傳統的教導，你可以就只是想像自己身處於一座富麗堂皇的房子，一棟以非實體珍寶所造的美妙豪宅。頂果．欽哲仁波切在西方的時候，曾經對幾位學生這麼說過。所以，我們努力想像這是最好、最精美的處所，凡是我們能夠想像、超越凡俗的一切皆可。

「在層疊堆積起的大種元素上，在金剛保護輪之中」這些話是指從「啥」字放出各種類型的種子字，如「欸、漾母、昺母、浪母、棒母」（E Yam Ram Lam Bam），變成各個不同顏色、形狀等等的大種壇城。這也非常複雜。在這時候，只要想像字母出現，就夠了。金剛護輪在那之外，有如一個巨大的帳幕。

「從『布入母』生起具有圓滿性相的珍寶宮殿。」越量宮坐落在巨大十字金剛杵的中心，在金剛保護輪的地板上。其比例、尺寸、裝飾等等，全都圓滿完美，如同《幻化網續》中的解釋。深入的描述可以參閱噶美堪布的《語獅子之詳細闡述》（*Detailed Explanation of Mawey Senge*）④，以及《祕密藏續》。然而，必須記得一個重點：越量宮是主要本尊的一種顯現；換句話說，建築無非就是本尊自己，並且從每一個小小鈴鐺中，都傳出正法的聲音。

觀想蓮花生大士及其眷屬

其中獅座蓮花日月上，༔　在中央，於一獅子法座、蓮花、日、月上，༔

自覺善逝總集蓮花生，༔　我自己的明覺是蓮花生，一切善逝的總集，༔

④《蓮花生大士的一部修法》（*A Practice of Padmasambhava*），法輪翻譯委員會（Dharmachakra Translation Committee）英譯，雪獅出版社（Snow Lion Publication, Ithaca, New York），2011。

白紅色澤寂笑微忿姿，ஃ
著蓮冠密袍法衣錦氅，ஃ
右持金剛左手顱器瓶，ஃ
擁抱表徵密妃之天杖，ஃ
雙足王者姿住五光中。ஃ

具有寂靜微笑的忿怒表情，以及白紅膚色，ஃ
我穿戴著蓮冠、密衣、外袍、法衣，以及一件錦緞的半月形披風，ஃ
我的右手持著一個金剛杵，我的左手則是一個顱器與寶瓶，ஃ
擁抱殊勝的明妃，其隱藏的形象為天杖，ஃ
我的雙腳是遊戲國王坐姿，威嚴處於五彩光芒的光蘊之中。ஃ

越量宮的地板主要是白色，但其上有著花樣，並且有不同的階層。四個方向的光各是相應的色彩：紅、黃、綠、白。主要樓面的四個角落有水在流動，而主要樓面的內側比其他地方高，並有著顏色不同珍寶所成的各種花樣。

在宮殿中央，觀想一座深藍色的八角平台，上面有蓮花、日、月。完全盛開的巨大蓮花具有四片花瓣，有些是藍寶石色，有些是雜色。蓮花中心是由八頭獅子舉起的高座，每一邊各兩頭獅子。在法座的平台上，有一朵蓮花，以及日輪、月輪兩者皆具。「啥」字其實是我們處於明覺狀態的自心，現在「啥」字出現並安處於主要法座上，變成蓮花生大士。

「蓮花生，一切善逝的總集……」蓮花生大士，或說是蓮師，具有白色的肌膚，但是閃耀著略帶紅色的光彩。他寂靜地微笑著，不過目光略微忿怒且些許狂野。他的眼睛直接看著那些待調伏的眾生。

蓮冠就像是祖古．烏金仁波切複製的那些帽子，秋林仁波切有一頂。獨特之處在於後方的帽片沒有垂下來。《廣品事業》裡的敘述說是「以鷹鷲羽毛、明鏡、珍寶作莊嚴，具有絲帶」。即使它經常被敘述為藍色，但其實底部是紅色，象徵懷攝事業的蓮花部。前方的帽片是藍色和綠色，並且頂上有一根鷹鷲羽毛，象徵一切見地之頂峰。還有一根雀翎，象徵五毒自動轉化成五智。現在通常只放上一根孔雀羽毛而沒有鷹鷲羽毛，宛如不需要諸見之頂了。最後，按照《秋林新伏藏》的傳統，從帽冠上垂下一條絲冕飄帶。

密衣是貼身穿著的白色內衣。在這外面，蓮花生大士穿著一件藍色、有裝飾的長袍。在長袍外面，穿著三法衣。他還有一條僧裙，這是《障礙遍除意修》獨有的。在這些衣袍之外，他穿著一件絳紅色的錦緞大氅，繫著咒師的特殊腰帶。

他的右手揚舉一隻金剛杵，左手捧著一只顱器，其上有長壽寶瓶。大部分寧瑪傳承都是顯示蓮師右手搭在右膝上的姿勢，那稱作「調伏顯有」（囊西斯能）的姿態，而「湖生金剛」的姿態則是持金剛杵於胸前。在《秋林新伏藏》中，他的手勢上揚，並且大多數時候都是略微前伸。顱器中盛滿無死甘露，甘露中有著長壽寶瓶。

在《寧體》傳承中，會觀想蓮花生大士的明妃，但在這裡，她以天杖爲其隱蔽的形象。天杖即是靠在他臂彎處的三叉戟，具有深奧的意義。例如，三叉象徵刺穿三毒煩惱以顯露其自性亦是本空；三顆頭顱則象徵三身。鏈鬘、寶縵、達瑪如小鼓、鈴等，全都具有深奧的象徵意義，這些可以從別處學習。

蓮花生大士的坐相爲「國王遊戲坐姿」而非全蓮花（金剛）跏趺，也就是一腿略微伸出，如同唐卡中一般。這大概是過去印度國王的坐姿。他並且「威嚴處於五彩光芒的光蘊之中」。他不是完全坐直的，而是略微傾向右方。

當你按照廣品儀軌的敘述，觀想蓮花生大士這一切的細節等等之時，要想像這些細節、配飾全都具有天尊的自性。

還有四位驅除障礙的本尊，爲四種標誌的幻現：從天杖生起聖度母，從金剛杵躍出祕密主金剛棒，從顱器浮現不動明王，從長壽寶瓶生起穢跡金剛。

頂門報身白色觀自在，༔　　在我頭上是白色的怙主：報身觀自在；༔

四臂合十執白蓮晶鬘，ཨོཾ 具有四臂，雙手合十，持水晶念珠與一朵白蓮花。ཨོཾ

彼頂之上法身無量壽，ཨོཾ 在祂頭上是法身無量壽❷，ཨོཾ

紅色定印持甘露壽瓶。ཨོཾ 紅色，等持印持盈滿甘露的長壽瓶。ཨོཾ

蓮花生大士是一切諸佛總集於單一形象的化身。在他身後，蓮花的另一段分支向上生長，上面綻放著一朵蓮花，在這朵蓮花上有觀自在菩薩，坐在一個蓮花座墊上。祂是白色，具有四隻手臂，前兩手合掌胸前，另外兩隻手拿著一串白色水晶念珠與一朵白色蓮花。祂披著一張鹿皮在左肩上。這同一株蓮花還有另一段分支，從觀自在菩薩身後向上伸展，法身佛無量壽佛坐在這莖分支上，報身裝束，形象同無量壽佛。祂是紅色，兩手結等持印，拿著長壽寶瓶。如同報身本尊一般，觀自在菩薩與無量壽佛都是穿著報身服飾，具有八種珠寶、天衣等等。若依照《障礙遍除》而單獨修持無量壽佛的成就法，則要觀想祂擁抱佛母，但此處祂的佛母就只是一道光輝。這些是「三身上師」，也稱作「法身、報身、化身天尊」，是《障礙遍除意修》壇城的三大主要本尊。

除此之外，還有十二位眷屬天尊。

❷藏文法本此處為「無量光」。以下段落說明亦然。

外邊四瓣蓮花之花蕊，༔
東方勝者法嗣身白色，༔
南方語獅子尊身瑩白，༔
西方聖者善顯身黃色，༔
北方大誅魔者淺褐煥。༔

周圍，在四瓣蓮花的花蕊上，༔
東方是白色的「勝者法嗣」，༔
南方是明亮白色的「語獅子」，༔
西方是黃色的「聖者善顯」，༔
北方是燦爛耀眼、淡棕色的「大誅魔者」，༔

蓮師的法座在一座八角形的平台上，祂面朝東方。在祂正前方，於法座下那朵四瓣蓮花的一片花瓣上，有身色爲白的「勝者法嗣」。祂右手持著一把火焰熊熊的寶劍，左手結鉤子形狀的手印❸，半忿怒相——意思是一半寂靜、一半忿怒，穿著虎皮做的裙子，戴有骨飾。也是半坐的姿態，意思是或坐或站，兩者之一。有人主張，祂是坐著或是站著，會造成極大的不同，但其實無所謂，如同蓮花生大士所說：「如果你觀想我是坐著，很好，就觀想我坐著。如果你觀想我站著，很好，就觀想我站著。」《古絳》說「勝者法嗣」是八變之一，稱作「蓮花王」，乃懷攝事業之本尊。在「勝者法嗣」單獨的成就法中，祂具有四個方向的四空行母作爲眷屬，據說該修法能將三界置於自己掌控之下，能開展瑜伽律儀之懷攝與忿怒事業等等。⑤

南方，意思是蓮師的右方，在第二瓣蓮花上有身色瑩白的「語獅子」。祂穿著比丘的衣著，兩手結說法印，各執一枝蓮花之莖，花朵盛開在耳際的高度，上面托著兩函經典：右邊是總聚一切佛經教法爲一函的《般若波羅密多》，左邊是驅除一切種類障難並成就各種悉地的《普巴》經典。雙腿金剛跏趺坐（通常稱作全蓮花跏趺），頭上戴著頂端尖細的班智達帽。《古絳》說這種帽子應該是黃色的；當我請示頂果·欽哲仁波切是否應該是橘色之時，仁波切也確認是黃色。所以雖然一般說宗喀巴發明了黃帽，但可能不是眞的，因爲印度必然曾經有個傳統是有些班智達會頭戴黃帽。總之，在班智達帽下，他戴著具有五種珍寶等等以及字母「嗡 啊 吽 帳 啥 啊」（**Om Ah Hung Tram Hrih Ah**）的五方佛冠。如同這裡的情況，當「語獅子」作爲其中一尊眷屬尊的時候，就不用觀想任何人在他四周；但如果你是修持祂個別的成就法時，祂就有自己的眷屬：四部文殊、四部妙音天女，以及四大天王。「語獅子」是慧與觀的顯現，祂的殊勝智慧與文殊無別，語獅子也與八變的其中一尊無別，該尊稱作「愛慧上師」。

在蓮花生大士身後有身色爲黃的「聖者善顯」，祂右手執著一只五股金剛杵，左手持著一只小型舍利匣，穿著出家僧人的三法衣，頭戴橘色蓮冠，在蓮冠內應該也要觀想一個五方佛冠。《古

❸此尊法相通常是左手持一鉤杖。

⑤關於各尊的咒，請參閱《依修念誦修法別章》（*Dzapkyi Köljang*）。

絳》中說，「連同金剛杵，他舉著一個勝利幢」，能任運帶來一切所欲之物，並且實現所有心願，有如雨霖一般，而那是在「聖者善顯」的單獨成就法中對祂的敘述。「聖者善顯」也經常被稱作「財神上師」。這裡只有提到金剛杵，但是伏藏師往往不會揭露一切——有些事情他們會明白提到，有些事情則會保密。我不確定為什麼這裡祂沒有持勝利幢，但此處就是這樣。在「財神上師」個別的成就法之中，是由眷屬圍繞，祂們是四部財神——天、人、龍、夜叉的財神——以及俱吠羅（kuvera）和其他眾多天尊、四個方向的四大天王等等。

在北方，意思是蓮花生大士的左方，有燦爛耀眼、身色淡棕的「大誅魔者」。祂貌似蓮花生大士，不過是立姿，並且沒有任何尸林裝束。祂的右手揚舉普巴橛，左手執持一支指向下方的事業橛。通常人們拿刀的時候，會指向自己以外的方向，但在這裡很重要的是：普巴是指向自己。祂的兩眼凝視天空的方向，唱誦「吽」字。處於火焰中，兩腿呈邁步的姿態。有些老唐卡則描繪祂站在一具屍體上，但是我並未找到任何支持如此作畫方式的依據。祂與象徵蓮師具有全然圓滿事業的本尊普巴金剛沒有分別。

在祂個別的成就法中，祂的周圍環繞不同的本尊，包括獅面空行母與八部嘿汝嘎。在《障礙遍除意修》之中，「下部事業」是與這位本尊相關，有很多鎮壓、誅滅、破壞等等的儀式。於該成就法之中，你需要做的就只是單純地保持蓮花生大士的形象，同時面前天空中有「大誅魔者」

與其眷屬。那時蓮花生大士的蓮冠是藍色的，而不是紅色的，並且外面有五骷髏頭。「大誅魔者」的咒語和普巴金剛的咒語相同。

現在我們開始講述坐在八角形平台尖角之處的八位本尊：

彼等之外珍寶八隅處，༔　外面，在八面珍寶上，圍繞這些的是：༔
東方瞻洲妙嚴身色藍，༔　東方，藍色「瞻部洲妙莊嚴」，༔
南方蓮花生源湛藍色，༔　南方，明亮清澈藍色的「貝瑪炯內」，༔
西方最極聖者持明白，༔　西方，白色「最極聖者持明」，༔
北方神通力士絳紅燦。༔　北方，燦爛耀眼、絳紅色「神通力士」。༔

正前方是藍色的「瞻部洲妙莊嚴」。祂是深藍色，忿怒相，穿著兩層的暗藍色錦緞大氅。在大氅之上，祂穿著屍陀林嚴飾，包括軀幹上的象皮、腰間圍著的虎皮、頸項間如圍巾般繞著的人皮，以及三圈的人頭瓔珞。祂沒有戴頭冠，而是有骷髏頭在髮間。祂的髮辮向上豎立，眼睛怒目而視，獠牙外露，持著兩支普巴橛分別向左右揚舉，還有一支普巴橛插在腰間繫著的人皮腰帶內。如同蓮花生大士一般，祂穿著靴子，不過姿勢是邁步狀，用腳踩住一具魔的屍體。祂與本尊眞實意嘿汝嘎沒有分別。

在其個別成就法之中，「瞻部洲妙莊嚴」的周圍環繞著八位忿怒母（高莉瑪）。與這位本尊相關的六種教法能夠通過禪修帶來證悟，例如拙火、睡夢、幻身、中陰、遷識等瑜伽。如果我們按照秋吉．林巴的方式修持遷識，觀修的就是「瞻部洲妙莊嚴」。

在南方，明亮清晰的貝瑪炯內是湛藍色，有如天空一般。祂手持鈴杵，交叉在胸前。明妃是白色，持著鉞刀與顱器。除了珍寶和骨飾之外，祂是赤裸的。有時候會描繪祂穿著虎裙，像是蓮花生大士的顱鬘力形象，但在此不需要有虎裙。周圍環繞著五部的顱鬘力。按照討論此尊蓮花生大士形象的教法章節，有「六種引至無修覺醒的勝妙教法」。這些教法——例如經由看見、聽聞、觸摸、穿戴而獲得解脫——不需要做任何的事情，就能帶來證悟。如果你想要按照《障礙遍除意修》修習大圓滿教示，那麼就應該修習與貝瑪炯內相關的教示。另外還有《障礙遍除》的根本續，稱作《蓮花藏續》，其中有關於此尊的輔助教示。

在西方，白色的「最極聖者持明」穿著蓮花生大士的一般衣飾，不過是站立姿。右手持著指向天空的金剛杵，象徵指出正確的法道；左手持著一根天杖。《古絳》中說祂是蓮師八變中的「日光上師」。在祂的個別成就法中，祂的眷屬包括八傲慢靈。在進行巨大的開光加持之時，例如加持一片土地或是開展一項宏偉的利生計畫時，就應該自觀爲「最極聖者」。

在北方，光燦耀眼、絳紅色的「神通力士」無非就是忿怒蓮師多傑卓勒。祂站在一隻母虎的背上，穿著法衣，持金剛杵與普巴。《古絳》中說在祂頭頂有一個伸出的馬頭，並且從持著普巴的手中散放出眾多的蝎子。在長版的成就法中，並未提及祂站立在母虎身上，而是說祂騎在一隻懷孕的母虎身上，並且噉食著「黨西」誓魔的心。在祂個別的成就法之中，周圍則環繞著十忿怒尊。

講完八角形四個主要方向的本尊之後，現在要講四隅方位的本尊。

東南持明金剛威猛紅，༔
東南方，紅色的「持明金剛威猛力」，༔

西南有緣導師暗藍熾，༔
西南方，火焰熾燃、深藍色的「有緣導師」，༔

西北羅剎顱鬘黑棕嚴，༔
西北方，威嚴顯赫的黑棕色「羅剎顱鬘」，༔

東北大樂之王紅光耀，༔
東北方，明亮的澄紅色「大樂王」，༔

諸尊嚴飾裝束皆圓滿。༔
全都以合適的裝飾與物品作圓滿莊嚴。༔

東南方的紅色持明金剛威猛力（多傑札嚓）無非就是蓮花生大士稱作「咕汝札波」的忿怒相。祂的右手持著一個金剛杵，左手從頸部持著一隻蝎子。祂穿著八種屍林裝束。在一些伏藏中，祂是單尊形象，但是在《障礙遍除》這裡，是與明妃金剛亥母（Dorje Palmo，多傑帕嫫）和合，而金剛亥母是深藍色，持著鉞刀與顱器。在其個別的成就法中，金剛威猛力周圍環繞著具有五種性相的五位披甲本尊。這位本尊的事業是鎮伏違犯三昧耶的貢波邪靈。

在西南方，火焰熾燃的深藍色「有緣導師」手持金剛杵，穿著完整的十種忿怒裝束、屍林裝束以及珍寶鐲環。祂的明妃是淺藍色的「天面母」（Namshelma，Sky Faced One）。祂具有一面二臂。製作甘露丸聖藥時，經常是用這位本尊的修法。與其相關的事業是殊勝的事業。有緣導師就是八大法行中的「大勝」（千秋）；事實上，在其個別成就法中，有緣導師的周圍便有八大嘿汝嘎環繞。

在西北方，威嚴的黑棕色「羅剎顱鬘」只有穿著屍林的裝束。雖然祂是忿怒本尊，但是並沒有翅膀或穿戴通常的忿怒嚴飾。祂手持金剛杵與顱器，擁抱明妃「青藍焰光母」。在祂的個別成就法中，祂和普巴金剛一樣，具有十忿怒尊作為眷屬。有許多下部事業與這位本尊相關，包括調伏十三種海妖。在顯教的佛經教法中，佛陀曾經傳授過製作調伏護輪的方式，但是可能只有秋吉．林巴曾經實際修持這些儀軌。我還沒有看過這樣的法本出現在任何其他伏藏師的教法文集之內，而且蔣貢．康楚也說其他處都沒有。噶美堪布曾寫到，《古絳》具有更多的大量細節，但是我還沒有找到有關於此的繕本。在《意修》的根本文中，對此並未提到其他內容。

在東北方，明亮的澄紅色「大樂王」本質即是「蓮花金剛」以及「勝樂金剛」。如同勝樂金剛一般，祂具有一位明妃。祂們身體赤裸，僅穿戴珍寶骨飾。祂具有三眼與獠牙，怒目圓睜。與這位本尊相關的教法包括方便道。在其個別成就法中，是作爲五部來修持。與「大樂王」相關的圓滿次第修持是斷法（施身法）與大圓滿。與《障礙遍除》有關的大圓滿引導文是融合來自貝瑪炯內與大樂王之竅訣，涵蓋立斷與頓超兩者。

「合適的裝飾與物品」這句話在《廣品事業》中有進一步的解釋，諸位務必參詳其文。

四門四部勇父與母俱，༔　在四門有四種勇父、空行母和祂們的伴侶一起，༔

其間三根護法如雲集，༔　在其中的空間，三根本與護法眾如雲海般會集，༔

顯空雙運幻化智慧身，༔　這些顯相與空性相合的幻化智慧形象，༔

三金剛之體性任運成，༔　任運現前，是爲三金剛的本質，༔

五智種姓灌頂得圓滿。༔　並且以五智種姓的殊勝灌頂而獲得圓滿。༔

Om Ah Hung ༔

嗡　啊　吽 ༔

Om Hung Tram Hrih Ah Abhikhincha Hung ༔

嗡　吽　帳　啥　啊　阿比辛恰　吽 ༔

「四種勇父、空行母」指的是佛部、寶部、蓮花部、金剛部這四部的勇父與其伴侶和合，其身色相應於各自的部族，持有鉞刀，刀柄皆有其獨特的嚴飾：金剛杵、寶珠、蓮花、十字金剛杵❹。

《廣品事業》對祂們有如此的敘述：

四門蓮花中心日輪上，ﾟ
東方金剛勇父身白色，ﾟ
寂靜相貌自光明妃合。ﾟ
南方大寶勇父身金色，ﾟ
遊戲姿態自光明妃合。ﾟ
西方蓮花勇父身紅色，ﾟ
具貪表情自光明妃合。ﾟ
北方羯摩勇父身綠色，ﾟ
威猛光輝自光明妃合。ﾟ
悉以絲綢珍寶骨飾嚴，ﾟ

在四門，於蓮花中心及日輪之上，ﾟ
東方是金剛勇父，身體白色，ﾟ
帶著寂靜表情，與自己光明的伴侶和合。ﾟ
南方是大寶勇父，金色，ﾟ
遊戲姿態，與自己光明的伴侶和合。ﾟ
西方是蓮花勇父，身體紅色，ﾟ
具貪表情，與自己光明的伴侶和合。ﾟ
北方羯摩勇父，身體綠色，ﾟ
具有猛厲威嚴的光輝，與自己光明的伴侶和合。ﾟ
全都以絲綢、珍寶骨飾莊嚴，ﾟ

持顱器與自標誌鉞刀，༔ 持顱器，以及用各自標誌裝飾的鉞刀。༔

遊戲邁步姿勢行站立，༔ 以遊戲邁步姿勢站立著，༔

鮮明顯相任成四事業。༔ 鮮明顯現爲任運成就四種事業的形象。༔

依據《障礙遍除意修》做火供的時候，這些是在四門執行四種事業的四位本尊。這四位勇父——與其空行母——也都有自己個別的成就法，每一部成就法都有自己的咒語。

這時，我們已經觀想了三昧耶尊（誓言尊），那是迎請智慧尊的基礎。我們已經觀想了身、語、意，應該已經完成了這個觀想，無論是修哪一位本尊都一樣。這三個層面應該現前，清楚地憶持於心中。當你把一幅已經開光的唐卡翻過來的時候，會看到後面有「嗡　啊　吽」三字。現在，這需要用殊勝的五智種姓灌頂來圓滿。五方佛冠象徵三毒煩惱已自然平息進入本空中。爲了將此憶持於心，我們說「嗡[母]　啊　吽[母]」這個咒，意指身金剛、語金剛、意金剛；「嗡　吽　帳　啥　啊」是五佛部；「阿比辛恰」的意思是灌頂。我們想像自己爲此領受灌頂；這在開始的時候是必要的。先觀想誓言尊，接著迎請智慧尊授予這個灌頂。這其實非常深奧。

---

❹此處雖然英文為佛部 Buddha，但看下文應該是羯摩部，也就是事業部。

這表示我們應該觀想自己是三昧耶尊，即本尊。我們也應該促請並邀請智慧尊，絕對如此，不要認爲哪一尊比另一尊更殊勝。你能夠如此觀想嗎？在下部密續，像是事部瑜伽，當然會認爲本尊比自己更殊勝，但是在瑪哈瑜伽的時候則不如此作想。事實上這是非常重要的一點。接著，我們就完成了。

到這裡爲止涵蓋的是對於主尊以及眷屬尊的一般觀想。

觀想的三原則

生起次第的關鍵精華可總結於三大原則中：尊身顯明，憶念淨相，佛慢堅固。尊身顯明的意思是，你的觀想應該如同平靜湖面上所映射出的天空倒影一般，清晰分明。就只是一個鮮明、無實質的顯相，內心可見，不是用任何實體物質構成。尊身顯明也指觀想並非模糊不清、不完整或混淆的，而是完整、明顯、清楚的。

《智慧之光》第二冊非常詳細地敘述了生起次第的步驟，可以按其中一種非常權宜、漸進的次序實修，直到獲得相當程度的禪修覺受爲止。不過有一個實際的修持方式是：用一幅開光過的唐卡或複製唐卡作爲自己的觀想所依；研究那幅畫，然後閉上眼睛，盡己所能地觀想自己記得的一切；接著張開眼睛，再次觀看唐卡；過一會兒後，再次閉上眼睛，盡自己最大的努力觀想本尊。在初學的時候，如此增長熟悉度會相當有助益；一陣子過後，你就完全不需要使用唐卡了。你將能在自己心裡的眼睛中，讓一切自然出現。一開始，你觀想本尊及其眷屬在你前方，但是等你對觀想變得比較嫻熟之後，就觀想自己是中央的主尊，周圍環繞著眷屬。隨著時間過去，你的心會變得完全調柔，接著你就能夠進行放出、倍增等等的修持，一切都變得可行。

佛慢堅固是對於本尊無非就是佛性本身的信心與勝觀。換句話說，這個心的自性就是本尊。你需要明白：除此之外，別無其他本尊。我們受到無明的障翳，所以一開始不明白這一點。本尊修持的目的完全就是爲了移除這個障翳。一旦障翳被移除，我們就會認出自己即是本尊的這個事實。按照瑪哈瑜伽的教法，一個人永遠不應該認爲本尊勝於自己；這是非常重要的一個要點。如果你認爲自己與本尊是完全不同的地位或功德完全不同，那麼就會進一步滋養自己的二元觀念，於是永遠無法成就本尊。

憶念清淨的符號表徵涉及諸多細節，因爲本尊的每一個特徵都有其特定含義。顏面、手臂、幟相、嚴飾、座位、宮殿等等，全都具有象徵意義。然而，我們可以總結這一切爲一個要點：本尊是明空的境界，觀想的一切性相都是空性自然生起的力用。無論是本尊或是其壇城都毫無實質。

如果你是最上根器的修行者，那麼最好是清楚且完整地觀想所有眷屬。然而，如果你尚未完全精通生起次第，那麼可能無法清楚地觀見一切，因此，著重在主尊即可。由於眷屬是主尊的力用，所以祂們最終都會出現，就像無論國王前往何處，國王的眷屬都會自動跟隨著國王。這是名爲《八大法行・善逝總集》（*Kabgye Deshek Düpa*）的成就法，其觀修次第中的教言。

同時，我們應該修習生起次第與圓滿次第的結合。爲此，按照生起次第進行觀想，同時修習圓滿次第。這就是「這些結合了顯相與空性的幻化智慧形象」之義理。

灌頂與封印

接著我們觀想所有本尊，包括三身本尊及一切眷屬，在各自的心、喉、額處都有三字母，象徵一切諸佛的金剛身、語、意。頭頂的白色「嗡」是大日如來，身金剛；喉間的紅色「啊」是無量光佛，語金剛；心間的藍色「吽」是不動佛，意金剛。以此方式，我們見一切本尊都具有金剛身、語、意的自性。

教法也說，一個人應該總是結合本尊、咒語、手印；因此，念「嗡　啊　吽」的時候，結五股金剛杵、三股金剛杵、單股金剛杵手印於自己的三處。按照《幻化網續》，你應該觀想自己右手的五根手指具有諸佛父的自性，自己左手的五根手指具有佛母的自性。接著則以相應於「嗡

吽　帳　啥　啊」的手印於自己頭部周圍的各個正確位置，象徵五佛部。接著這八個字母全部放光照耀各個方向，迎請智慧尊從其各自的處所前來。然後智慧尊降臨，授予灌頂，最終無別融攝入你。

按照瑪哈瑜伽的意趣，一切灌頂本尊都與其各自的明妃雙運，並依其所屬的佛部，安住於各自處所。祂們雙運，融化大樂的菩提心逆行向上而溢流，轉化成該部的本尊。這令五毒煩惱轉化成五個層面的本智，清淨習氣，於是五智如同寶冠一般，成為我們頭上永久的莊嚴。我們也生起確信，了知打從一開始五根蘊即具有五佛父的自性，而五大種元素則具有五佛母的自性。《意修》壇城的主尊雖然自性寂靜，但有意思的是，可以注意到當主尊現忿怒相的時候，五佛部就安住在莊嚴主尊頭部的五枯顱之內。如果主尊有一個以上的頭，像是大勝嘿汝嘎有廿一個頭，則每一個頭都有五佛冠。

在某些體系中，不需要灌頂與封印。由於有這麼多的本尊、符號與手印，一個人很容易就會搞迷糊了，因此只要專注於其中意涵或意旨即可。

簡而言之，封印與灌頂，這兩者是非常深奧的層面，在為佛像開光的時候，也是必須的。

迎請

在灌頂與封印之後，就是七句的迎請文，之後是「拓稱匝」（顱鬘力）咒：

吽啥༔
西南國土名為妙拂洲，༔
化身聖剎蓮花網境處，༔
三身無別鄔金顱鬘力，༔
無量三根海會眷屬眾，༔
此虔敬處悲切作迎請，༔
大悲願力促使降臨已，༔
遍除障礙賜勝共成就。༔

吽啥༔
從名爲妙拂洲的西南方國土，༔
化身的殊勝刹土「蓮花網」，༔
三身無別，鄔金拓稱匝，༔
偕同您的無量三根本本尊之如海會眾，༔
當我熱切渴望地邀請您前來此虔信之處的時候，༔
請您出於大悲誓願的力量而降臨，༔
驅除一切障礙並賜予殊勝與共通的悉地！༔

Om Ah Hung Vajra Guru Padma Tötreng Tsal Vajra Samaya Dzah Siddhi Phala Hung Ah ༔
嗡 啊 吽 班匝 咕汝 貝瑪 拓稱匝 班匝 薩瑪雅 匝 悉地 帕拉 吽 啊 ༔
Dzah Hung Bam Hoh ༔
匝 吽 棒母 吙 ༔

Samaya Tishtha Lhan ཨཱཿ

薩瑪雅　帝虛塔　蘭 ཨཱཿ

在此，仍然觀想自己是蓮花生大士，心間「啥」放射紅色光芒，光芒尖端向內彎而形成小小的鉤子，延展至所有方向，但主要是前往蓮花生大士在吉祥銅色山的三身佛土，在那裡觸及蓮花生大士、觀自在菩薩、無量壽佛及周圍本尊眾的心間。以此方式，自然而然地激勵諸尊的三昧耶，提醒祂們曾立下的恆時利生誓言。蓮師曾說，他會從吉祥銅色山前來，出現在任何吟誦〈七句祈請文〉者的面前。

智慧尊從未離開法界的本然空性，然而會出現在待教化者的感知之中。智慧尊自本初以來就與誓言尊相融無別。換句話說，你之前所做的觀想本來就為智慧尊所遍滿，然而你還是需要藉由迎請這個方便來將此憶持於心。當你用充滿熱切虔敬的優美曲調唱誦之時，同時要奏樂和焚香。接著，由於祂們往昔誓願大悲利生的願力，智慧尊會偕同祂們的一切本具功德顯現。

此外，以深摯的熱切渴望、虔心、清淨三昧耶與全然的眞誠心迎請蓮花生大士，創造出合適的緣起，令蓮花生大士的覺醒境界自然顯現。然而，最重要的元素是深摯的熱切渴望，猶如孩子渴望見到自己的母親，或是母親思念自己的孩子一般。如果一個人具有這種虔心，完全的臣服，不再尋找其他依怙，則毫無疑問地，蓮花生大士將會顯現。

原則上，在無數智慧尊降臨之時，祂們變得與你相融無別，有如火焰融入火焰，或是雪花飄落湖面一般。但是依據頂果・欽哲仁波切對《障礙遍除》的釋論，你應該觀想智慧尊在稍微有點距離的地方停留片刻。

在這個時候，觀想自己心間放出天女「喀庫瑪」，她以「匝」字邀請一切天尊接近壇城的東門。其次，持鐐銬的天女以「吽」請求一切天尊靠近，以與誓言尊相融無別。持鏈的天女以「棒母」確保智慧尊與誓言尊一一相融，堅固無別。持鈴天女以第四個字母「吙」對於智慧尊與誓言尊的相融無別，表達大歡喜。在「拿叟」（Ngakso）的竹千法會中，則略有不同：第一位天女是持鉤或套索，她邀請祂們前來親近；第二位持鐐銬的天女將祂們引入；第三尊持鍊，令祂們融化無別；第四尊以大歡喜享受這個相融無別。在我們的情況，適用的是前一例。在更爲廣詳與中等長度的成就法中，請求祂們堅住的時候，會在這時大聲唱誦詩句。在此，我們只是念誦四個字母，接著是「薩瑪雅　提虛塔　蘭」。應該在這幾個咒字中密集進行整個觀想。四天女邀請智慧尊，祂們前來靠近，接著融入我們的觀想並且無別堅住。

爲了避免把自己束縛於二元分別念中，請記得：應當曉得任何觀想的眞實含義，這永遠都很重要。在這裡，誓言尊象徵的是佛性，佛性作爲心性，已經在每一位有情眾生之中。這個基本自性是清淨的，而且一直都會是清淨的，否則就不叫作本尊了。對此聖性或清淨的了悟，是由智慧尊與誓言尊的相融無別來表示。雖然我們觀想誓言尊並且邀請智慧尊，但是實際上祂們已經是無別的。而且，融攝智慧尊入誓言尊並不表示我們是在把某一個個體注入另一個個體之中，變成某一個東西在另一個東西裡面；也不表示我們在創造某個原本不是如此的非自然物。

「匝 吽 棒母 吙」這四個字母在很多不同的狀況下都會用到，例如勾召、迎請等時候，這稱作「以四印綁縛」，然而意義根據各個情況而有所不同。

頂禮

吽啥。

無生滅異一切事業圓，。

自生大悲度脫眾無餘，。

如意寶般普降成就雨，。

持明會眾前稽首頂禮。。

吽啥。

沒有生起、停息或變異，您圓滿一切事業。。

您自生的大悲解脫一切眾生。。

有如滿願的如意寶，您雨降悉地。。

持明會眾，我向您頂禮！。

Ati Puho。

阿底　布吙。

Praticcha Ho。

普喦迪恰　吙。

究竟上和實際上，眞正的頂禮只是單純地保任於等持之中，全然覺知本尊與自己的心性毫無差別。依據瑪哈瑜伽，對於頂禮來說，單純地認知誓言尊與智慧尊無別即已足夠。究竟的頂禮是認出一切顯有都已經具有聖性，並且認知景象、聲音、覺知即是本尊、咒語、法身。念誦這四句的時候，理想上最好能做究竟的頂禮，否則應該如此觀修：仍然自觀爲蓮花生大士，從自己心間放出一個同樣的身形——這個形象稱作事業尊。接著觀想四門的四位天女轉向事業尊，向其匍匐頂禮，同時說「阿底　布吙」；然後事業尊向她們回以禮拜，並說「普喦迪恰　吙」；之後，事業尊收攝回你的心間。這樣的交換是承認主尊與眷屬尊互爲平等。

供養

嗡　啊　吽

外供妙欲大海如雲聚，

內供藥血食子難思議，

密供樂空雙運智慧界，

獻供受已賜勝共成就。

嗡　啊　吽

我向您獻上如雲聚集的妙欲物大海，作爲外供；

作爲內供，甘露、薈大、食子的不可思議盛宴；

作爲密供，大樂與空性的雙運，覺性的本空；

納受這些之後，請賜予殊勝與共通的悉地！

Om Vajra Argham Padyam Pushpe Dhupe Aloke Ghandhe Naividya

Shabta Sarva Pancha Rakta Balingta Maha Pudza Ah Hung

嗡　班匝　阿甘　巴底養(母)　布虛北　杜北　阿洛給　根碟　餒微迪亞

夏(布)打　薩(兒)瓦　潘恰　喝(可)達　巴令打　瑪哈　布匝　啊　吽

這些文字非常深奧，可以非常詳細地解說，但是這裡我僅略述主要重點。

首先，簡短而言，你的心間再次放出一位事業尊，並於越量宮中央入席。接著，你結各種供養手印的時候，出現無數的天神，尤其是天女。這些男女天眾幻化出外、內、密供，並且呈獻給事業尊。

外供是不可思議數量的妙欲「如雲聚集」。內供是「甘露、惹大、食子」。甘露與享用悉地有關，惹大象徵空盡輪迴，食子代表無窮數量的妙欲。密供是「大樂與空性的雙運」；為此，你供養女性形象給男性本尊，供養男性形象給女性本尊。最後，由於本淨境界即是「眞如」供，所以就只是安住於本淨的等持中。

相應梵文咒語的每一個字，結其各自的手印，並且觀想相應的供養天女向每一位本尊獻供。例如，念到「阿甘」的時候，觀想天女捧著洗濯水，同時親自獻給每一位本尊❺。完成獻供之後，作為加持與成就的象徵，每一位天女都融入每一位本尊，如此繼續修持。

在這個過程當中，不要陷入任何世俗凡庸的分別念之中，否則，所有本尊都會落得溺死在洗水大海裡面。飲水就如同恆河的滔滔水流一般，沒有本尊能夠全部喝下。如果你執著凡庸的概念，就會不堪負荷。事實上，不可思議的供養就是為了粉碎一個人的凡俗概念。

實質供物和心意幻化出的供物，兩種都有。無論你是多麼慷概大方，無論你是做多麼精美的陳設，物質供養仍然是有限的。另一方面，心意創造的供品卻能夠無量無邊。例如，一個人很難在自己的壇城上陳設出一整個海洋的洗水、如恆河水流般的飲水，或是如日月般明耀的酥油燈。然而在心意上，我們卻能夠自由地想像這些東西。擺在壇城上的物品是我們心意觀想的所依。

如果你持有淨與不淨、整潔或亂七八糟的分別念，那就應該盡可能地保持壇城的整潔。如果你已經超越了淨與不淨、整潔與邋遢等等的任何分別念，那麼這就不是那麼重要。類似地，如果你有功德優劣、大小之類的分別念，那麼就應該盡己所能地供養大量的上好供物。如同蔣貢．康楚所言，單是擺上樂器還不夠，你應當演奏這些樂器。就算你只有一個鈴，也應該搖鈴。悅耳的聲音可以視作對寂靜尊的供養，較為刺耳、令人不悅的聲音則可被視為是對忿怒尊的供養。簡言之，你應該具足所需的一切供物，從洗水到音樂都含括在內。

「阿甘」是洗滌水，「巴底養母」是飲用水，「布虛北」是花，「杜北」是香，「阿洛給」是燈，「根碟」是香氛，「餒微迪亞」是食物，「夏布打」是聲音。「薩兒瓦 潘恰」是甘露，「鬲可達」是惹大，「巴令打」是食子，「瑪哈 布匝」的意思是偉大或不可窮盡的供養，「啊 吽」意指呈獻。無論你是和很多人一起共修或是自己獨自修持，都應該演奏樂器片刻。這麼做的用意是提供你足夠的時間進行觀想。你應該思惟外供與內供的每一個層面，並且完整憶持勝義供。那麼，即使你的發音不是那麼正確，只要你能夠在心中憶持這一切，就可以了。

最終，所有的供養天女與天人全都收攝回你自己，你安住在能供者、所供物、供養對象皆無

❺通常第一個供養「阿甘」為淨飲水，此處不知為何說是洗滌水，以下八供的部分亦然。請讀者依自己上師所言為主。

別的境界中。

禮讚

吽啥！༔
體性法身光明境界中，༔
自性現為報身之空樂，༔
悲心隨化化身行利生，༔
頂禮讚頌壇城本尊眾。༔

吽啥！༔
從您的體性：法身的光明境界中，༔
您的自性顯現爲報身的空性大樂，༔
您的力用，調伏一切的化身，能成就眾生利益，༔
我向所有的壇城本尊會眾頂禮且讚頌。༔

這些是極端深奧的言詞。事實上，沒有任何凡俗詩人或學者能夠寫出這麼令人讚歎的文字。禮讚是以恭維人的原則爲基礎，但是可以做更爲精緻的禮讚，將象徵符號、意涵、兆相這三個原則結合在一起。在這個時候，《廣品事業》中包含了蓮花生大士每一項特徵的象徵意義，不過這裡就只是體性、自性、力用的勝義禮讚。

念誦這些讚頌文句的時候，要觀想十方三時的一切諸佛菩薩都在拋灑花朵，花雨柔和地降落在整個周遭環境上。天眾與四個方向的四大天王，以及梵天、帝釋天、轉輪聖王等等，全都一起加入，與你一起唱誦。隨後這所有的天尊再次全部收攝回你的心間。

進行供養與禮讚對於集資淨障極為有效。修持這些的時候，永遠要記得積聚資糧有兩個層面：有分別念與無分別念的。實物供養與意化供養這兩者都是有分別念的圓滿資糧方式；認知三輪體空的自性，即所供、能供、受者的自性皆相融無別，則是圓滿超越分別念的資糧。

持咒

現在來到持誦的階段。

首先是迎請：

吽啥！ ༔

體性菩提心之壇城中， ༔

智慧幻化遊戲本尊眾， ༔

吽啥！ ༔

在菩提心的體性壇城之中， ༔

聚集著遊戲於智慧幻化的本尊眾， ༔

無有背離隨憶金剛誓，๛　毫不分離，請記得您的金剛三昧耶，๛
祈賜加持灌頂與成就。๛　賜予加持、灌頂與悉地！๛

在廣品成就法中，以偈頌迎請三身本尊、十二化身、勇父與空行的每一尊。這裡，這些被壓縮成這四句，作爲總體的迎請。

如是懇求祂們。接著，專心一意地說：

頂門部主之心間，๛　頭頂無量壽佛的心間放光，๛
放光輪涅壽元聚，๛　聚集輪迴與涅槃的壽命精華，๛
融入手執寶瓶內，๛　融攝進入其手中的寶瓶，๛
由彼甘露盈滿溢，๛　甘露從這個寶瓶溢流下來，๛
入己梵穴門內注，๛　從梵穴之門進入我，盈滿我的身體，๛
灌身疾病罪障除，๛　清淨疾病、損害、罪業、遮障，๛
並獲得二種成就。๛　獲得兩種成就。๛

Om Amarani Jivantiye Svaha。

嗡　阿瑪局尼　茲溫底耶　梭哈。

如是匯集自利之加持。

這部成就法具有三大目的：聚集加持以成就個人自己的利益，空盡輪迴以利益他人，成就自他的無二利益。這一偈是與這些目的中的第一項有關，處理的是實現自己個人長壽的目標。

在無量壽佛心間，於蓮花和月輪上，有一個紅色「啥」字，周圍環繞著字母「嗡　阿瑪局尼　茲溫底耶　梭哈」。種子字「啥」及環繞的咒鬘全都放射五彩光芒。輪迴各處的一切壽命力與福德——五大元素、效力強大的精華等等——以及涅槃的一切壽命力與福德——智慧、悲心、諸佛菩薩的能力、五大精華，花草樹木等等的精華——全都以光的形式聚集回來，就像是蜜蜂採蜜而回到自己的蜂巢一般，全部融入無量壽佛所持的長壽寶瓶中，盈滿寶瓶直到溢流出具有光澤的白色甘露。這個甘露經過你的頂門，直接流入身爲蓮花生大士之你的體內，充滿你的身體，就像是水晶瓶裡裝滿乳汁一般，清淨一切的疾病、邪祟、惡業、遮障，於是成就兩種悉地。在你觀想的時候，念誦無量壽佛的長壽咒語「嗡　阿瑪局尼　茲溫底耶　梭哈」。如果你是在閉關累計持誦數量，就依照伏藏根本文所說：「念這個咒一百廿萬遍。」最佳的成就驗相是實際見到本尊。聽到咒音是三摩地有進展的兆相。另一個殊勝兆相是：在你壇城上的甘露沸騰，或是你的酥油燈自行點燃。次佳的兆相是在淨相中體驗這些。第三佳的是夢見日月、登上山頂、湖水溢流、莊稼成熟等等。這些全都是成就無死的兆示。

調眾聖者之心間，ཿ　從調伏眾生聖尊的心間放光，ཿ
放光遍照六趣界，ཿ　遍及六種眾生的所有區域，ཿ
六種煩惱各各淨，ཿ　清淨他們的每一個煩惱，ཿ
得成大悲者之身。ཿ　將其轉化為「大悲者」的形象。ཿ

Om Mani Padme Hung Hrih ཿ

嗡　瑪尼　貝美　吽　啥ཿ

如是利他事業遍虛空。ཿ

為了成修第二項意趣，觀想觀自在菩薩如前所述一般，在自己頭上。在其心間，有六瓣蓮花，上面安住著月輪。於此中央是一個白色「啥」字，六片花瓣的每一瓣上各自有「嗡　瑪尼貝美　吽」的其中一個字母。《廣品事業》中是觀想這六個字母的每一字都有其獨特的顏色，放光照向六道中的其中一道，於是各道眾生的惡業、遮障、習氣獲得清淨。在這裡是全部濃縮成只有四句文字，你觀想「啥」字及咒語同時以光芒清淨輪迴六道，並且將一切眾生轉變爲觀自在菩薩的形象。對於這個咒語，你應該累計一百萬遍。

成就驗相是具有自然生起的悲心，並且能夠實際利益他人。次佳的驗相是夢到自己出於悲心，引導很多眾生獲得安穩。

其次是：

自身部集上師之，༔　在我自己的心中央，༔
心間月輪壇城上，༔　總集一切部族的上師，༔
黃金五股金剛杵，༔　有五股黃金金剛杵在月輪上，༔
中央啥周咒圍繞，༔　其中心有「啥」字，周圍環繞咒語，༔
由彼放光供聖者，༔　從其放光，供養聖眾，༔
加持成就融自身，༔　聚集加持與悉地進入我。༔

復照外器成淨土，༔　再次放光使得世間成爲淨土，༔
內情眾生成本尊，༔　內盛的一切眾生成爲本尊的形象。༔
聲是金剛之咒音，༔　嗚響的聲音是金剛咒的聲音，༔
諸想本智光明性，༔　念想是覺性的光明境界。༔
無二壇城成為一。༔　一切都是無二元分別的單一壇城。༔

Om Ah Hung Vajra Guru Padma Siddhi Hung ༔

嗡　啊　吽　班匝　咕汝　貝瑪　悉地　吽 ༔

如是自他無二，༔
生圓雙運之持誦。༔
三昧耶。༔

繼續觀想自己是蓮花生大士，可見卻無實質的顯空雙運形象。在你的心間，有一個蓮花與月輪，上面有一個樹立著的黃金五股金剛杵。在金剛杵中央的球部有「啥」字，周圍環繞著蓮師心咒「嗡　啊　吽　班匝　咕汝　貝瑪　悉地　吽」。咒字是逆時針方向排列，卻順時針方向旋轉。在此，你自己的身體形象是誓言尊，金剛杵是智慧尊，「啥」字是三摩地尊。「啥」及咒語向一切方向放光，如是獻供並禮敬十方一切諸佛菩薩，帶回一切加持、成就、大悲力用等等。換句話說，光芒朝各個方向照射，以及光芒的收回，是在同時之間交替發生的，如此而成就了自己的利益。不過，光芒也照向世間的一切處所，轉化對器世間的感知成爲淨土，內在的有情成爲本尊，聲音成爲咒語，念想成爲本智的光明性。換言之，持誦單一咒語就結合了依、近依、成修、大修這所有四支念修意趣（對此的比喻是：星鬘環月，旋轉火炬，國王使者，以及蜂巢開啓）。巴楚仁波切曾經闡明過一項非常深奧的教示，稱作「持誦四釘」。這四釘是：本尊釘（等持本尊釘），咒語釘（心咒眞言釘），散收光芒釘（散收事業釘），三摩地不變釘（密意不變釘）。念誦這一個咒語就能成就所有這些。

按照寧瑪的言教傳承，修持這四支持誦意趣的時候，是每一支念一圈念珠。然而，按照竅訣傳承，而竅訣乃蓮花生大士的特有之處，則可以全部結合爲一圈，或是交替著修持，相當具有彈性。

種子字周圍環繞著蓮師心咒，由此放光照射一切方位，相應於「依誦」，有如周圍環繞一圈星鬘的月亮。月亮在天空中升起的時候，你能同時看到一切方位的所有星星，非常顯明、清楚。

國王使者這個念誦意趣則是：你觀想種子字與周環的咒語，每一字都向十方放出無數光芒，前往周圍環繞著無數菩薩眾的一切佛與佛土那裡；接著這所有的光芒向其身、語、意獻上供養，促請祂們的加持和悲心；最終，取回一切諸佛的身、語、意成就，融入你的額、喉、心。

「大修」就像是打開的蜂巢。這時一切字母都以其各自獨特的聲音鳴響著；字母不再靜止地站立不動，而是開始旋轉，同時放出甚至更多的光芒，向一切諸佛獻供、禮讚等等。光芒射向甚至更遙遠之處，照向任何具有有情眾生的國土，驅除和消滅一切遮障、惡業、習氣、痛苦，並且轉化六道成爲淨土，一切有情眾生都變成男女本尊，他們的心意都成爲覺醒狀態，諸如此類。

散放收攝釘是爲了成就周遍事業，意思是你可以隨心所欲地自由觀想。夏嘎．措竹．攘卓（Shabkar Tsokdrug Rangdröl）在安多（西藏東北部）閉關的時候，有些被強盜洗劫一空的年輕婦女——甚至連食物都被搶走了——前來見他。夏卡想要幫助她們，但是他無法護送她們回到文明處所，因爲那麼一來，他就必須破壞自己的閉關誓言。所以，他就嘗試了別的替代方法。他觀想自己心間放光，觸及他的功德主心間，引發他們心裡生起這樣的想法：「我必須去見上師。」接下來兩天，很多人出現在他的閉關處，安全護送那些女子回家。這是千眞萬確的，一旦你成修了生起次第，就能夠按照一切所需來調整自己的觀想，那時就沒有限制只能觀想什麼、不能觀想什麼，不限於本尊、咒語、三摩地。

當你進行竹千——即「大修」修法——的時候，念誦就像是旋轉的火炬。你觀想於自己面前映照出另一座壇城，所以你同時具有自生觀想與對生觀想。接著，在持誦咒語的時候，觀想每一個字母從你的心間出來，經過你的口，穿越空間，進入在你面前虛空中相應本尊的口中；從祂們的口中進入，融入心間，接著從祂們的臍間出來，然後進入你的臍間，回到你的心間。咒鬘持續以這樣的方式，不間斷地循環。從這個巨大鏈鬘的每一個字母放光到一切方向，轉化器世間成爲淨土、情世間成爲男女本尊等等。

如果曾有上師向你引介明覺，並且你也認出了，能夠在修持成就法的時候毫不動搖地安住在明覺基本自性中，那麼就完全可以在持咒的時候，堅固釘下三摩地不變釘（密意不變釘），而非刻意造作地專注於有分別的性相上。

念誦「嗡　啊　吽　班匝　咕汝　貝瑪　悉地　吽」咒具有無量的巨大利益。蓮花生大士本人親口說過：「倘若如此持誦，你的心意就會與我的心意無別。」你應該累積至少每個字十萬遍，也就是一百二十萬遍；但最好是修四百五十萬遍。

如此從事依誦已，༔　如此完成依誦之後，༔
成修與大樂誦者：༔　現在是成修與大樂的持誦。༔
我與壇城諸尊身，༔　從我自己與壇城本尊眾的形象，༔

放射分身滿世間，༔　散放出身形，遍滿世間；༔
語之誦音咒嘯響，༔　我們的語，作爲持誦之歌曲，以咒音嘯吼；༔
意之無變光明性，༔　我們的意是光明的無變異境界。༔
時處諸勝喜供養，༔　一切時處的勝眾都因爲供養而歡喜，༔
三界眾生二利成，༔　三界眾生的二利獲得成就，༔
一切大壇城手印，༔　一切都全然圓滿，༔
不可思議皆圓滿。༔　成爲不可思議的大手印壇城。༔

Om Ah Hung Vajra Guru Padma Totreng Tsal Vajra Samaya Jah Siddhi Pala Hung Ah ༔
嗡　啊　吽　班匝　咕汝　貝瑪　拓稱匝　班匝　薩瑪雅　匝　悉地　帕拉　吽　啊 ༔

時而騎上音韻馬，༔　有時候騎上音韻之馬，༔
時或高唱吽之歌，༔　有時候唱「吽」之歌，༔
尤其結合風息後，༔　特別是從事大樂之金剛誦，༔
進行大樂金剛誦。༔　同時結合呼吸。༔
三昧耶。༔　薩瑪雅。༔

在這裡，「我的形象」是指誓言尊，也就是作爲蓮師的你自己，連同壇城的所有本尊，顯現出無數的分身，射向一切方位，遍滿整個世間。相應各咒的每一個字母都同時且持續地作響。不同的種子字也放光照向一切方向，並且發出聲音。同時，完全沒有任何一者是與本淨境界、諸佛的覺醒境界分離或動搖。以這些光芒放射出不可竭盡的供養物，令一切方向的諸佛菩薩歡喜，清淨輪迴三有一切有情眾生的惡業、痛苦、遮障、習氣等等。以此方式，二利獲得完全的成就與圓滿。

時而以秋吉．林巴傳承的獨特曲調唱誦「拓稱匝」咒。據說，以曲調唱誦能夠令咒語的效力增長數十億倍。此外，秋林特殊的「拓稱匝」咒曲調具有偉大功德，比如單是聽聞即可令一個人的分別心暫停，這個曲調能夠吸引注意力而中斷尋常思惟的流續。

「吽之歌」是五種不同顏色的五個「吽」。對此的觀想在廣詳儀軌的《誦修指南》中有解釋：

我與壇城諸尊之，ꣲ 我與一切壇城形象之 ꣲ
心間吽字放五吽，ꣲ 心間的「吽」字，放出五個「吽」字，ꣲ
嘯吼如雷自音聲，ꣲ 嘯吼其如雷的自鳴音聲，ꣲ
遍入器世間遍處，ꣲ 周遍整個現象世間，ꣲ

供養勝眾攝成就，॥　向勝眾獻上供養，收回悉地，॥

清淨眾生業煩惱，॥　清淨一切眾生的業與煩惱，॥

尤淨凡俗體驗執，॥　尤其是他們對凡俗體驗的執取，॥

主眷共唱吽之歌，॥　主要形象及全體眷屬唱誦「吽」之歌，॥

經由此金剛音律，॥　經由這個金剛旋律，॥

大樂智慧覺受熾，॥　大樂智慧的覺受熾燃放射，॥

獲明覺力殊勝灌。॥　獲得明覺力的殊勝灌頂。॥

如是觀想，唱誦：॥

吽　吽　吽　吽　吽。॥

以一次五個的方式唱誦「吽」，同時將觀想結合自己的呼吸。呼氣的時候，觀想從心間放出「吽」，也是五個一組，遍滿並且清淨整個世間；接著吸氣的時候，吸入這些吽字。關於「吽」是如何代表一切勝眾的覺醒境界，有著大量的解釋。「吽」的形狀和特徵具有深奧的涵義，不過簡而言之，「吽」清淨我們對凡俗堅實體驗的執取。

修持「大樂之金剛誦」的最高深方式是結合自己的呼吸與心意，意誦咒語，同時持寶瓶氣。這屬於成修的意趣，接下來是頒布事業。

其後實際行使事業：༔

由自心間放光芒，༔　從我心間放出的光芒，༔
激勵四部勇父心，༔　激勵四部勇父的心意，༔
化身再化滿世間，༔　祂們的化身與再化身遍布世間，༔
四種事業任運成。༔　任運成辦四種事業。༔

Harinisa Racha Hriya Chitta Hring Hring Dzah Sarva Siddhi Phala Hung ༔
哈日尼薩　局恰　唅呀　七塔　興　興　匝　薩兒瓦　悉地　帕拉　吽 ༔

這時，蓮花生大士放光觸及駐於壇城四門、各自顏色的勇父、空行，驅使祂們行使息、增、懷、誅四種事業。若要更爲廣詳地做此修持，則相應於一天的四個時間、四個方位、四種專注與心態等等，分開進行四種持誦。

這裡只有說「哈日尼薩」咒，但是秋吉．林巴在別處說：爲了特定目的，例如灌頂，應該將此咒接在「拓稱匝」咒（嗡 啊 吽 班匝 咕汝 貝瑪 拓稱匝 班匝 薩瑪雅 扎 悉地 帕 啦 吽 啊）的後面。「哈日尼薩」咒的字母是四部勇父空行的精華或心要字母，所以是吸引一切加持與成就的咒語。

以此方式持誦。接著作個別替換，ꣽ

按照《精要口授》的敘述為之。ꣽ

三昧耶。印，印，印。ꣽ

《精要口授》是《障礙遍除》的根本文，解釋了如何相應於十二化身、勇父與空行等等而改變咒語及觀想，以成就特定的需求或願望。欽哲與康楚兩人都說《精要口授》就像是轉輪聖王的寶庫，因為其中給予了豐富的竅訣以及眾多不同的事業修法。針對如何成就勝共悉地、施咒、製造藥物等等，此文具有不可勝數的教法。祖古．烏金仁波切曾說，在《精要口授》最末所記述的一些製藥配方，有著不可思議的效用，遠比一般藥物來得有效許多。

蔣貢．康楚在他的論釋中曾說，如果你一直無法圓滿地修持，那麼就需要做些補缺。為了彌補自己在觀想中可能有所遺漏的缺失，念誦梵文的母音咒；為了彌補任何的發音不正確、缺字等等，念誦梵文子音咒；爲了彌補心意散亂之類的缺失，重複念誦百字明。你也應該重複念誦供養與禮讚的偈句。傳統上，也會念誦〈遣除道障祈請頌〉（巴切・藍瑟）及各種護法供養（sölkha），尤其是教法守護者長壽母（次仁瑪）以及伏藏守護者金翅母（瓊尊瑪）的供養。你也可以念誦《根除地獄》（*Narak Kongshak*），或是較短的《不可言詮勝義懺》（*Jömey Dönshak*）。

座間的薈供

在正式的座與座之間，圓滿福德資糧的最殊勝方式就是舉行薈供。薈供的藏文是「措」，意思是「眾多的會集」，這指的是男女參加者會聚一堂，共同前來舉辦一場薈供，同時也是聚集各種飲食作爲供品。梵文「噶納恰可日阿」（ganachakra）：「噶納」爲「聚集」，意即薈供的聚集；「恰可日阿」的意思是「輪」，藏文「闊洛」（khorlo）其實指的是「斬成碎片」，如同作爲兵器的輪。《智慧之光》解釋說，聚集福德與智慧資糧，並且將阻礙或妨害圓滿積聚福慧資糧的一切全都斬成碎片，意指一切二元分別念。

按照密續，薈供有許多要求，其中飲食是不可或缺的。接著這些被堆聚在一張人皮或是動物毛皮上。德達・林巴說，舉行薈供具有諸多不可思議的善德。現在這些日子，薈供是非常令人愉悅的事情，因為有很多吃喝的東西，經常包括酒與各種肉類。

在《龍欽寧體》的《持明總集》伏藏文中說，酒肉是薈供不可或缺之物。然而，巴楚仁波切說，把有情的肉放在智慧尊面前，就像是宰殺了某個小孩，然後把肉拿給他的母親一樣。很多人都同意他的看法，在薈供中從來不備有肉。我個人覺得，我挺高興薈供裡沒有肉。但是同時，教法也沒有禁止有肉，並且經常鼓勵供品裡要包括肉。至於實際上是供養哪一種肉，如五肉和五甘露，這議題太複雜了，因此這裡不講解。

讓母 漾母 亢母。༔
自觀本尊心間種子字，༔
出讓漾亢淨供物實執，༔
三字放光轉成智慧露，༔
妙欲供雲遍滿虛空處。༔

讓母 漾母 亢母（Ram Yam Kam）。༔
從我自觀為本尊的心間種子字，༔
放出「讓母 漾母 亢母」，清淨執取供品為實的執著。༔
三字母放光轉化彼等成為智慧甘露，༔
變成妙欲供雲，遍滿天空。༔

Om Ah Hung ༔

嗡 啊 吽 ༔

仍然觀想自己是蓮花生大士，從心間放出「讓母 漾母 亢母」。「讓母」是火，焚燒一切實質供物成為灰燼；「漾[母]」是風，吹散灰燼到各個方向；「亢[母]」是洪水，滌除任何殘餘物。其次，觀想一個巨大的顱器，大小等同三千大千世界，處於一只三腳架上。在這個顱器之內，是五肉與甘露的供養。其下是由智慧風所鼓動的智慧火。隨著顱器變熱，供物融化在一起，並且沸騰。接著，從上升的蒸汽中，「嗡　啊　吽」三字激勵一切佛的身、語、意加持，加持以身、語、意之甘露為形象收回，這些智慧功德與誓言物相融無別，生起不可窮竭的甘露大海。以此方式，智慧尊與誓言尊在這個甘露之中相融無別。我們應該觀想這個甘露具有如此的功德：即使拋擲一滴到空中也能變現出如雲的妙欲物。

金剛上師坐在中央，面向一排排的座位。在他的右方是男咒士，左方是女咒士，孩子應該坐在面朝金剛上師的地方，所有薈供物應該豐盛地堆放在中間。

首先，事業金剛使用金剛灑淨水加持薈供物。如果只是以平常的方式進行，誰都絕對不會想進食任何的薈供物，然而，轉化分別念是薈供最關鍵的層面之一。在薈供開始的時候，你應該完全超越淨或不淨、善惡、可以食用或不可食用等等的分別念。其次，你如此邀請賓客：

吽　吽　吽。

吽　吽　吽。

三身勝者如海會集眾，ꔰ
光明離戲本體性相中，ꔰ
為益我等集資淨障故，ꔰ
智慧如幻遊戲祈降臨。ꔰ

如海會集的三身勝者，ꔰ
請從光明的離戲境界中顯現，ꔰ
以幫助我們積聚福德並清淨遮障，ꔰ
請降臨，在您的智慧幻化中遊戲。ꔰ

Vajra Samaya Jah Jah ꔰ

班匝　薩瑪雅　匝　匝 ꔰ

蓮花生大士心間放光邀請賓客，賓客是他自己的上師、本尊眾，以及勇父、空行、智慧部的護法等等。祂們全都降臨，如雲層一般充滿越量宮的各處，尤其是天花板。

薈供有三個步驟。第一個是呈獻薈供：

嗡　啊　吽 ꔰ
薈供體性智慧甘露雲，ꔰ
顯相妙欲天女滿虛空，ꔰ
無緣大樂受用物資此，ꔰ
願成三根壇城眾歡喜。ꔰ

嗡　啊　吽 ꔰ
薈供的本質是智慧甘露的雲叢，ꔰ
以帶著妙欲物的天女形象，遍滿虛空。ꔰ
願這個無緣大樂的享用，ꔰ
令諸位三根本壇城本尊會眾歡喜。ꔰ

Sarva Gana Chakra Puja Ho ༔

薩兒哇　戛納　恰克局　布匝　吙 ༔

在此，無數供養天女向會聚的所有賓客獻供。這一偈要重複三次。這令上師歡喜，修復與本尊的三昧耶，去除護法的不悅，並且也修復三昧耶和清淨男女修行者等等。

薈供的第二部分是懺悔與酬補。在我們的傳統中，會加入稱作〈岡瓦・玉俠瑪〉❻的念誦，這是蔣貢・康楚的著作，文字與意涵皆優美細緻。我曾經請求頂果・欽哲仁波切對其撰作一份解釋，但是他一直沒有完成。在所有賓客的面前，我們如下進行懺悔：

吽 ༔

無始所集罪障過犯墮，༔

尤其根本支分誓言者，༔

吽 ༔

自無始以來所造的惡業、遮障、過失、犯墮，༔

尤其是根本與支分三昧耶的 ༔

❻ Kangwa Yushelma, The Turqoiuse-Covered Tsokhang Pema。後面篇章中，普茲喇嘛稱其為：〈薈供酬補・蓮花網〉（Turqoise Chamber Mending Chant，Tsok-Khang Pema Drawa）。「玉俠瑪」的原意不明，只能勉強譯為〈玉面版〉，此處不再做英文的意譯。

一切違犯衰敗之過失，ཨ　破壞與違犯，ཨ
奉獻妙欲薈供酬補懺。ཨ　我以供養此妙欲物之薈供，進行懺悔與彌補。ཨ
Samaya Shuddhe Ah ཨ
薩瑪雅　修礫　啊 ཨ

我們在心意上清淨對三昧耶的違犯；只是念誦這些文字並無法清淨任何東西，酬補任何違犯的最佳方式，是懷著超越違犯等概念的見地進行酬補，或者至少應該對一切犯墮感到深切的懊悔。

薈供的最後一部分是「誅度」。《智慧之光》述及一位進行眞正誅度的金剛上師所必須具有的資格，也詳細闡釋了七支犯墮、符合被誅度資格的十眾、誅度方法等等。然而，誅度在此被總結於下面這一偈：

吽 ཨ　吽 ཨ
巴千意化金剛京卡咼，ཨ　金剛京卡咼，大吉祥嘿汝嘎的心化身，ཨ
勾召消融二取魔障眾，ཨ　勾召並消融二元執取的魔眾與作障者，ཨ
光明界中解脫肉骨血，ཨ　解脫他們進入光明虛空，他們的肉、血、骨，ཨ

獻供三根壇城本尊口。　　我呈獻給三根本的壇城本尊會眾。

Sarva Bighanan Shatrun Maraya Kha Kha Khahi Khahi。

薩兒哇　比噶南　夏淳　瑪局雅　喀　喀　卡嘻　卡嘻。

Ha Ha Hi Hi Hung Hung Phat。

哈　哈　嘻　嘻　吽　吽　呸。

現在這些時日，誅度只不過是大家薈供時候放在一旁的那份供品。這時將這一部分放在金剛上師面前，金剛上師進行特殊的勾召作法，觀想敵障——他們是我執、三毒、五煩惱的顯現——被勾召前來，融入一個象徵性的容器內。進行勾召者是主尊的化身，在這裡就是「巴千嘿汝嘎」，偕同其男女「京」眾。受到勾召而聚集在這裡的魔障代表對於能知、所知、我執等等的執著，那些就是魔。爲了誅度，觀想用普巴橛刺穿仇敵和魔障的心臟，其命力與福德融攝入你，其心識被誅度入法界，無別融入主尊的覺醒境界，諸如此類。此處的這個觀想有許多必要的層面。誅度之後，彼眾神識離開身軀後所殘留下的肉、血、骨等剩餘物被獻給所有本尊享用。這就稱作薈供的最後一部分：誅度。

一般來說，金剛乘修持有兩個獨特之處，就是雙運與誅度，但是如果按字面意義做修持，則是錯得離譜。如果對誅度做更完整的解釋，將會包含一些非常駭人的細節。

在誅度供養的最後，行者享用作爲成就物的薈供物品。伏藏根本文說這應該在大樂與空性的狀態下享用，保持本尊佛慢。在樂空境界中身爲本尊而享用薈供，具有非常重大的意義。如果金剛上師具有很高的證量，那麼可以同時進行金剛歌與金剛舞。

享用薈供之後，你毫無保留、不留存任何東西供日後享用地做餘供。餘供首先經由這個壇城的主尊巴千嘿汝嘎的呼吸加持——而這其實是來自巴千嘿汝嘎口中的氣息。最好的方式是金剛上師先取用一些食物，然後吐在餘供上面；不過這些時日，通常是使用虛空手印做爲替代，加持餘供，同時念誦：

必佑。 必佑。
巴千之使者僕眾，。 大吉祥尊的僕役、使者眾，。
享用此剩餘物質，。 接受這個餘食的享用，。
當如往昔所宣誓，。 按照你們過去的誓言，。
遣除障礙增順緣。。 去除一切障礙，增長順緣。。
Mama Hring Hring Balingta Khahi 。

瑪瑪　幸幸　巴令塔　卡嘻ༀ

有很多天尊和參加者都曾立誓要留在壇城的周邊地區，不參與壇城的中央部分，祂們不取食主要的供品，而是只享用餘食，所以應該把餘食妥善安置於向外七十二步距離之處。如果你是在閉關期間，則把餘食保存起來，直到閉關結束時，再把它們放在合適的距離處。

後行供讚祈成就，ༀ　隨後，做供養與讚頌，祈求悉地，懺悔過失，ༀ

懺罪、於智慧壇城，ༀ　以「吽」收攝智慧壇城入本空，ༀ

以吽收攝入本空，ༀ　以「呸」顯現本尊與持續作行。ༀ

呸現本尊行威儀。ༀ

在薈供的最後，再次念誦供養與禮讚的偈頌，接著是念誦名為《菩提心精華》（*Nyingpo Jangchub Sem*）的誦文。如果是舉辦數天的薈供儀式，則應該領受成就，但是對於簡短、偶爾一次的修法則非必要。其次，念誦《持明壇城》（*Rigdzin Khyikhor*）懺悔任何可能的錯誤。如果有壇城，則應該修長壽法（Tenshuk）。

接著，念誦三「吽」的同時，觀想佛土收攝入越量宮，越量宮收攝入周圍的本尊，周圍的本尊收攝入主尊蓮花生大士，接著蓮花生大士慢慢地收攝入其心間的種子字，然後種子字消失，這時你單純地安住於等持中。你念誦三「呸」的時候，猶如魚兒躍出水面，你再次顯現蓮花生大士的形象，三處有「嗡啊吽」做表徵。這個收攝與再次生起能清淨死亡與受生的習氣。

結行

迴向福德與發願

迴向福德並發願：：ꣻ

吙ꣻ

成修持明上師壇城力，ꣻ
我與無邊有情盡無餘，ꣻ
四種事業任運得成就，ꣻ
願解脫入光明法身界。ꣻ

吙ꣻ

藉由成修持明上師壇城的力量，ꣻ
願我及一切無量有情眾生皆無餘，ꣻ
任運成就四種事業，ꣻ
並且解脫入法身的光明界中！ꣻ

念誦迴向與發願的時候，你的心態應該無異於文殊或普賢菩薩。理想上，只要你知道怎麼做，就應該進行勝義的迴向，這能保證你所發的一切願望都能獲得圓成。

對於接下來的四句，要觀想一切諸佛菩薩拋灑花朵，男女天眾歌唱、舞蹈等等。接著誦吉祥頌：

願根傳上師加持入心，ꣻ
本尊空行如影隨行伴，ꣻ
護法眾神遍除障礙已，ꣻ
獲得勝共成就願吉祥。ꣻ

願根本與傳承上師的加持進入我的心中！ꣻ
願本尊與空行母伴隨我，猶如影子跟在身體後面一般！ꣻ
願護法與佛法守衛者驅除一切的障礙！ꣻ
願具有獲得殊勝和共通悉地的吉祥！ꣻ

福德智慧二資糧，ꣻ
座間應當令增上，ꣻ
尤其上師虔敬心，ꣻ
空明無二皆修習。ꣻ

在座間，要永遠增長ꣻ
福德與智慧這兩種資糧，ꣻ
尤其是要修習對上師的虔心，ꣻ
以及本空與明覺的結合。ꣻ

三昧耶。ཨོཾ

薩瑪雅。ཨོཾ

佛法的每一種修持都含括在最後這四句之中。如果你按照這四句修持，就能實現自己所有的如法目標。九乘全部都含括於積聚福德資糧與智慧資糧之中；在這些法乘當中，最高的阿底瑜伽，是最容易修習且最方便者。一個人能在一剎那間，就覺醒獲得完全的證悟，達成所有的目標。換句話說，這是關於如何當下證得佛果的教法。

特別是，在《障礙遍除意修》這條法道上，對上師的虔心是不可或缺的。除非你具有誠摯的虔心和信心，抉擇自己的根本上師與蓮花生大士本人的心意無別，否則你無法眞正進入加持流續之中。倘若沒有虔心，加持就會凋萎；不具虔心卻期望獲得加持，這不會帶來任何成果。再也沒有比修持對自己上師的虔心更高深的修法了。舉行任何竹千或薈供修法的正確方式，就是要結合對上師的虔心，令自己的心意與上師的心意融合爲空性明覺。因此，要一直保持對上師的虔心，那麼成就是必然的。爲此，要視自己的上師爲非常特殊者，遵從他的每一項諭令，視他的一切作爲都是完美的，並且視他爲一切皈依處的總集。

扉文

甚深之中最精華，ꔰ
易行方便加持速，ꔰ
障礙除已證量增，ꔰ
調眾事業得圓滿。ꔰ
三昧耶。印，印，印。ꔰ

這個一切深奧教法的精華，ꔰ
便於運用，容易修持，能帶來迅速的加持，ꔰ
能去除障礙，增長覺受與證悟，ꔰ
並且圓滿調伏眾生的事業。ꔰ
薩瑪雅。印，印，印。ꔰ

我秋吉・德千・林巴，於土猴年九月初十（一八四八年十一月七日），在達寧・喀拉・絨溝之巴千嘿汝嘎足下，取出此伏藏。保守密印八年之後，於木兔年適逢噶爾底噶（Kartika）星宿的十月初十（一八五五年十一月十九日），時處緣起皆圓滿之時，譯解智慧空行母之密文，由湖生上師之歡喜僕役欽哲・旺波書錄。願恆時安樂！

在西藏東部囊謙的香達鎮附近，有一處稱作「達寧・喀拉・絨溝」的峭壁，上面有巴登嘿汝嘎或普巴金剛的形狀。該形狀的足部是由一塊巨大的褐色礫石所形成，秋吉・林巴在那塊石頭下取出了《障礙遍除意修》。秋吉．林巴出生於牛年，所以他當時應該是二十五歲左右。他將這部伏藏保密了八年。之後，在木兔年，他譯解了空行密文，由蔣揚．欽哲．旺波將此書寫下來。差不多在那個時候，蔣揚．欽哲做了一個夢，夢見他來到一片廣闊的原野上，那裡有成千上萬的人在搭建各種不同高度的梯子。他問說：「你們在做什麼？」他們回答：「我們在建一把梯子，迎接蓮花生大士的降臨。」雖然他們極端勤奮，但是卻都無法成功，據說只有秋吉．林巴與蔣揚．欽哲和康楚一起，才能建造一把管用的梯子。蔣貢．康楚說這個夢意味深長，具有特殊意義，並且我覺得《障礙遍除意修》能夠持續帶來廣大利益。

結語

弟子的工作是在眞如三摩地中進行實際修持，但是坦白地說，沒有幾個人能夠在觀想的同時，安住於三摩地中。上師的工作是講解，我覺得自己對此已經盡了最大努力，已經在最大範圍內全部明白講述了一切，沒有比這個更多的內容了，眞的。如果你無法在眞如三摩地中進行實修，那麼就以第二等的方式進行修持：在近似的狀況下修持。如果是這個情況，你就別無選擇，只能想像其原本該有的樣子，以此進行有分別念的修持。想像就是思惟，對嗎？「無論顯現或存有著什麼，一切現象都是空性。」那是一種思惟，對嗎？所以你應該盡自己最大的能力，仿效竅訣傳承的指示，保持身體坐直但卻放鬆，雙眼與虛空融合，心意與明覺空性相融無別，舌頭不觸碰上顎等等；這稱作竅訣傳承，爲的是讓行者能夠趨近上述。坦白地說，實際在修持觀想的時候，這種情況不常發生；但是從另一方面來說，你要欺騙自己到什麼程度，則取決於自己。

如果這麼做，即使你不明白所有的象徵意義，至少也在結緣。只要你盡了自己最大的努力，你的修持就會緩慢進展，你將會對自己與教法都生起信心，你對上師的虔心也會變得更爲深切。在開始的時候，要做的就只是相信自己已然到達這個境地，從那個點上前進。如果你有那樣的信心，一步一步地前行，遲早會到達自己的目的地。無論你是多麼虛弱無力，只要持續修持，就會離目標越來越近。也許你這一輩子不會達到目標，但至少是往正確的方向移動，並且有在結緣。

有些人以這樣的想法趨近儀軌修持，認爲自己必須從一開始就是完美的，然而正如同生命中大部分的事情一樣，就是不可能如此。你必須從自己所在之處開始，朝向能夠變得完美的目標持續修持。另一方面，如果你是以一種封閉的心態開始修持，認爲：「我現在做不到的一切都不是眞正必要的，那些都毫無用處，我不想去管那些。」那麼你就永遠不會進步。有些教師會說：「你只要相信自己已經有做到那些就好，可以這麼做，不需要眞的那麼努力。」然而，依據《幻化網續》等寧瑪傳承的基本經典所說，那絕對不是眞實可靠的方式。對於修持集會成就法、廣詳壇城、手印、咒語等等的一切，什麼是必須的以及什麼是圓滿的標準，《祕密藏續》都有非常清楚精確的解釋。

我們每天都會念誦傳承祈請文《昆桑．多森》（*Kunsang Dorsem*），裡面有偉大傳承上師的名號，他們是經由修持《幻化網續》而獲得成就者。像是龍欽巴、榮宗班智達等偉大上師，他們畢生修持《幻化網》，而秋吉．林巴的伏藏與這些原本的密續完全相符一致。在灌頂的開始，上師會帶上法帽，解釋這個教法結合了密續的意旨，依萬法自性的力量而確立無疑，諸如此類。

當然，佛法教師可以有很多種類，有些好、有些差，他們是人。你不應該完全仰賴單獨一位教師的話語作爲唯一的指引，沒有任何一個人的主張可以那麼殊勝。即使書寫下來，也只是某人的意見，不會因爲書寫下來就變得更特殊。另一方面，你可以視《幻化網》等密續爲眞正特殊的教言。你可以經由原本的經典來確認什麼是正確的、什麼是不正確的，以此檢視修持是否正確或是衡量修持的程度，並且也可以使用你自己的理智來進行檢測與衡量。如果你留意生起次第每一個層面的眞正目標，它是如何清淨習氣並且讓你準備好修持圓滿次第和獲得證悟，你就會明白每一項特點都有其必要性。否則，你可能在佛壇上擺個食子，搖鈴打鼓，口中發出一些完全不思惟其含義的聲音，如同某些人的修持方式一樣，就只是不具意義地進行這些活動。

最重要的重點在於：要盡自己最大的努力。佛陀教導過，一個人應該聽聞教學與指示，思惟已經獲得教導的內容，在自己心中闡明其義，然後在自己的生活中實際運用這些教法。

有時候，隨著時光流逝，傳統會消亡，人們的修持會變得只是表面文章而已，這似乎不可避免，情況確實如此。很多大師都曾經這麼寫到，與過去相較，當今的竹千和重大儀式都不過徒具表象而已。據說當年蓮花生大士與札王舉行薈供輪和竹千法會的時候，他們可以在半空中幻化出壇城；單是念誦「班匝 薩瑪匝」，所有智慧尊就會出現。但是，即使我們微弱不堪的版本也比什麼都不做來得好，因爲——眞的——如果修持完全消失殆盡，那麼還剩下什麼呢？令人悲傷的是，時間似乎正在流失耗盡。偉大上師一位接著一位，相繼離世；清淨、賢善、智慧等偉大功德似乎也隨著他們消逝而去。現在還有很多的內部諍鬥。事實上，佛陀曾經說過，佛法唯有從內而亡——不是從外部破壞，而是因爲僧團之內的不合而毀滅。

我個人寧願表面文章的景象能夠至少持續久一些。教法是否存續，取決於人們的研讀與省思，不只對廣博的顯宗教法如此，也需要對金剛乘教法進行研思。若不做聞、思、修，就只是在佛法中心晃蕩或拜見上師，這起不了多大的作用。

我想要說的最後一點是：請不要認爲你只需要一天修持約三十分鐘，加上偶爾做些閉關就足夠了；你應該要把每一天的每一分鐘都百分之百地投入修持。

此外，不要把你的時間分開——有些特殊時間用來修持，其餘時間則不修持。所有時間都要修持，因爲這樣才能讓修持成熟結果。否則，就只是一年的幾個月修持一下，然後其他時間完全不管，這樣不會帶來太大的成果。當然，這麼做會烙下正面的潛藏習氣，不過在初十、二十五日的時候，我們不應該中斷特殊的修持，這其實是蓮花生大士的三昧耶之一：永遠不要中斷陰曆初十的修持，並且永遠持有金剛杵和顱器。在初十的時候，《障礙遍除意修》是很好的修持。

三十五日圓滿持誦的短文

基於《意修》的短軌：《事業心要之瑜伽》

蔣揚・欽哲・旺波

嗡　思伐斯諦

如果你想要在稍稍多於一個月的時間從事《意修》的持誦，就在自己面前陳設任何合適的大寶上師佛像，畫像或塑像皆可。在那前面，應該擺放「輝煌珍寶」食子，連同在食子右方的甘露，以及在食子左方的薈大。在那前面亦陳設七供。甘露的右方放置教傳護法「長壽母」的食子，中央白色圓球具有四片花瓣，四邊各有一小塊食子，中間空隙處圍繞著小丸，並且有一根白色的棒杖。在薈大的左方，放置伏藏護法「喀薈金翅母」的食子，這是三角形的紅色食子，具有裝飾，食子周圍有三角形的小丸。

之後，在下午修座的開始，按照前行儀軌《殊勝菩提種子》修到上師瑜伽完成的部分。按照廣品修持儀軌中的內容，修持皈依、菩提心、驅除魔障；在擲出魔障食子到外面的時候，立下界標。回到裡面之後，繼續進行保護輪的觀想以及前行七支。

至於正行的部分，按照廣版或短版的修持儀軌，擇一適合者，修持到讚頌之處。接著開啓持誦宮，持誦合宜數量的咒語。念誦〈遣除道障祈請頌〉一遍。如果是按廣品修持儀軌，就依文進行讚頌與收攝持誦宮。或者，如果是按照《日常觀修》，則做簡短的供養和禮讚，念三遍百字明之後，以「匝　吽　棒母　吙」收攝對生觀想入自身。進行三「吽」的收攝以及三「呸」的再次生起，接著念誦迴向、發願、吉祥頌。

在夜晚的那一座，按照短品修持儀軌，進行皈依、菩提心、加持供物。如上，繼續按照短軌的根本文修持，以三「吽」收攝，在此境界中起修睡眠瑜伽。

次日早晨，從那個狀態中生起爲本尊，修持前行。用一天的時間，專注於皈依的修持，座終時念些發心偈頌和七支，接著進行金剛薩埵的觀修和持誦等等，以保持連續性，理想上是一天修四座。接著用一天的時間，做金剛薩埵的觀修與持誦。

由於上師瑜伽在這裡是作爲外的成就方便，所以要作爲重點而修持三天。在第一天，主要修持獻曼達。第二天，以〈杜松桑傑〉（Dusum Sangye，即〈蓮師滿願文〉）與〈遣除道障祈請頌〉進行祈請。第三天，主要修持「金剛上師」念誦（蓮師心咒），以及觀想接受灌頂。爲了保持修持前行時的連續性，以中品儀軌完成每一個修座，從觀想本尊開始，到迴向、發願、吉祥頌作結束。如此完成五天的前行修持，隨後開始修正行。

修正行的時候，在開始第一座的皈依之前，修一遍前行。在其他修座的時候，則修三遍短品修持儀軌的皈依與菩提心。驅除魔障的時候，念誦「拿走這個食子」到「不要留在這裡」的這些話。以通常的方式，繼續修到加持供物之處，接著做本尊觀想。在結束讚頌之後，開啓持誦宮。開始的時候，主要持誦「阿瑪日阿尼」咒，念七天；接著主要持誦「瑪尼」咒，七天；之後，完成四十萬遍的蓮師心咒，這是主要的持誦、最重要的修持，看來需要約十天的時間。完成這些之後，爲了保持連續性，其他咒語只要各念一圈念珠即可。

最終，用三天的時間念「拓稱匝」咒，這象徵成就。至於事業修法，則念誦附加於後的「哈日尼薩」咒約一天。在座終的時候，念誦「阿里卡里」（母子音）與「嗡 耶達兒瑪」咒三遍，以彌補對咒語的增減並且增長加持。接著獻供與讚頌，並且念一遍〈遣除道障祈請頌〉與三遍「百字明」。

以三「吽」收攝持誦宮，接著以三「呸」再次生起。念誦迴向、發願、吉祥語的偈頌。

尤其是，在下午的那一座，念完〈遣除道障祈請頌〉之後，要按照廣版修持儀軌，從加持薈供品一直修到誅度供。在那個時候，念誦長壽母的祈請供養，一直到讚頌的部分，然後是喀惹金翅母的祈請供養。在這一段結束時，念誦任何合適的鄔金大寶上師祈請文，例如〈遣除道障祈請頌〉與〈願望任運自然成就祈請頌〉（桑巴．倫祝）。接著念誦餘食的偈頌。然而，按照傳統做法，不應在閉關結束前將餘食食子拿到外面去，所以應該將其收集在一個容器裡。按照儀軌，如前一般，修持餘食供養、供養與讚頌、複誦百字明、收攝持誦宮等等。

對於日常使用來說，短品修持儀軌即已足夠。在每月上弦月與下弦月的第十日，下午那一座要修廣品修持儀軌等等。如果能夠念誦長壽母的酬補祈願文，祈請彌補不祥和，並且念誦永寧地母的祈請供養，會非常好。

念誦與長壽母相關的祈願文以彌補不和時，在一只顱器內放置混合著法藥的甘露，還有新獻的酒。對於地母的祈請，只有金飲（serkyem）就已足夠。

最後，在閉關結束的前一天，如果不做火供，就在四座全部結束的時候，盡可能地多念百字明，例如一千遍，以彌補咒語的增減。當天晚上，換上新的供養，把自己所有的薈供物豐盛地陳設出來。隔天早上要比平常早起，按自己的選擇，修持廣品或簡短的修持儀軌根本文，盡己所能地做最多的持誦。之後，念〈遣除道障祈請頌〉，做廣詳的供養、讚頌，以及懺悔過失。

按照廣品修持儀軌，在領受成就的時候，剎那間觀想食子爲本尊，將其觸碰自己的三門，食用一些。接著收攝持誦宮等等。傳統上是在拂曉的時候領受悉地。

之後，按照自己覺得合適的廣品或簡短修持儀軌，盡可能大量修持薈供作爲感恩，例如一百遍。如果你眞的修一百遍薈供，每一遍都要一直修完餘供，按照廣品修持儀軌，同時持續保存餘食。最終，按照廣品修持儀軌，送出餘食，並且也送出之前聚集的所有餘食供品。最後，按照廣品修持儀軌，修迎請、具誓護法等等，一直到吉祥頌。

上述數量的誦修不但可行，而且也算足夠。看來可在約莫一個月又五天的時間內完成這樣的念修。

這是由欽哲．旺波所撰。願善妙。

《事業心要》三十五日閉關之精簡教學

普茲·貝瑪·札西喇嘛

英文版編輯註文：這篇教學是精簡版。爲了避免內容重複而刪除對儀軌不同層面的解說，因爲這些內容在鄔金·督佳仁波切對《事業心要》的解說中已有非常詳盡的描述。若是以不同風格解說的要點，以及關於三十五日閉關的一切內容，則皆收錄其中。

前言

如果你沒有時間修持《事業心要》成就法的廣版儀軌，名爲《廣品事業》者，那麼你可以修持一篇稱作《三十五日修法》的儀軌，由蔣揚·欽哲·旺波撰著，可在《秋林新伏藏》中找到。在那部儀軌中，你可以用一種比較廣詳的方式修持《事業心要》。儀軌稱作「達奇霞拿」（Da-chig zhag-nga），意思是「一個月又五日」，在這個期間之內，你以一種完整的方式修持前行與正行。

這些是關於如何修持《意修》短軌的一些註釋，以《事業心要》爲基礎，用合宜的方式進行一個月又五天的持誦。

首先，在自己面前的佛壇上，陳設蓮師的唐卡或是佛像。在此，祂被稱作「洛本仁波切」，即「大寶上師」。在祂的面前以及下方，從佛壇的角度來看：陳設稱作「仁欽．巴爾瓦」（Rinchen Barwa）或「輝煌珍寶」的食子，這是《意修》的共通食子；在這個食子的右方擺放甘露，左方放惹大；最前方，陳設一般的七供，例如水、米等等。這是陳設佛壇的簡單方式。

你應該也要放一個「長壽母」食子在佛壇的中央，這個食子可以非常簡單，也可以非常複雜，具有下方的四層台階，兩種形式都可以。食子的圓球是白色的，具有四片花瓣，在圓球的四方四隅還有小圓球。這個食子象徵長壽五姊妹。食子應該放在甘露的右方。

另一尊護法稱作「喀惹金翅母」。長壽母被稱作教傳的守護者，而喀惹金翅母被稱作伏藏的守護者。喀惹金翅母的食子應該放在佛壇的另外一邊，在惹大的左方。這個食子是紅色新月形的，周圍有小丸子。

儘管此處並未寫出，但還有一件事情我們應該要記得。由於我們是要閉關，所以應該在自己禪修座墊下面的地板上，畫一個白色的萬字符號；也應該在自己頭上的天花板，繫上一袋聖物，例如甘露丸或是自己根本上師的一點頭髮。這麼做，有助於避免疾病等等的干擾而得以圓滿修持。

如果我們是作為三十五日閉關而進行這個修持，就應該在當月的下弦月期間開始修持，意思是在藏曆的二十至三十日之間；結束閉關則應該在月初，也就是初一到初五之間。在藏曆中，一個月的前十五天稱作上弦月時期，後十五天稱作下弦月時期。

關上門之後，你應該在夜晚開始閉關。念誦傳承上師祈請文，以此開始修持：首先是一般的祈請，接著是《障礙遍除》的特殊祈請。之後，如果能夠按照一般方式供養白食子（kartor）會很好。

接著，開始修持稱作《殊勝菩提種子》的前行。從最前面開始，一直修完，包括上師瑜伽的部分。這是由蔣揚・欽哲・旺波所撰寫，後來由秋吉・林巴兒子的轉世——德喜祖古——略微擴充、加長。德喜祖古也是祖古・烏金的叔父。這篇儀軌的兩個版本，各由蔣揚・欽哲・旺波與德喜祖古所撰，皆能在《秋林新伏藏》中找到。

前行

開始閉關的時候，從念誦《殊勝菩提種子》皈依與發心的偈頌開始，一直到包括上師瑜伽的偈頌。之後，從廣軌《廣品事業》再次開始念誦皈依、發心、驅除魔障等等。如果你沒有長軌，可以念誦《事業心要》的同一段部分。

有一小篇附註細節的教文，是我們在修《事業心要》時會一起使用的，稱作「素德」

（Zurdeb）——《輔助部分》，此爲蔣揚．欽哲．旺波的著作。這篇教文有額外的句子，是你應該在特定時點插入《事業心要》裡的。如同第一段插文的解說：觀想自己在皈依會眾之前，自己心間的「啥」放光遍及十方，呼喚一切諸佛、菩薩、上師眾的三昧耶；通過說「班匝 薩瑪雅 匝」，邀請祂們出現在你前方的虛空中。

在這個時候，你觀想白色「啥」字在自己的心間。當然，你應該永遠想著自己是本尊，保持本尊慢。所以，你是蓮師，你心間放出的光芒激勵上師們與諸佛菩薩過去所立下的誓言。因此，你應該觀想祂們全都做出回應，出現在你面前的虛空中。如果我們想像一切諸佛及佛子都已經前來，出現在我們面前，那麼祂們就是眞正在我們面前。佛陀親口說過，他會出現在任何思念他的人面前。

事實上，沒有什麼是諸佛菩薩不知道的。因此，凡是有人向祂們祈請的時候，祂們會馬上知道。就算你是處於一百個人的群體當中，也是一樣。你心間放光的時候，皈依〔處〕還是會出現在你的面前。你們大多數人在接受前行教學的時候，都已經聽聞過關於如何皈依等等的詳細解說。無論你是念誦廣版的《廣品事業》或是加上七支的《事業心要》，觀想都是一樣的。

「外道」和「內道」，亦即佛教徒與非佛教徒，兩者之間的主要差異就在於是否有作皈依。此爲眞正的不同所在，因爲非佛教徒不依賴三寶，而佛教徒會。在你被剪下幾撮頭髮的那一刻，便劃分了是否爲佛教徒的界限。

皈依之後是菩提心。對於所有的成就法修持來說，這兩者都是極爲重要的成分，是一切修持的根本與基礎。我們需要堅實的基礎，如同建造一棟有多個樓層的房子時，倘若沒有堅實的地基，房子就有坍塌的危險。在西藏的冬天，有可能在結冰的地表上建房子，即使是一棟非常大的房子也行。冰會持續堅固，直到春夏來臨；化冰之後，整個結構就會開始動搖並且崩塌。所以皈依尤爲一切佛教修持的根基。

在皈依和發菩薩心後，當法本念到「匝　吽　棒母　吽」時，觀想皈依對象收攝入你。《三十五日修持》文中提到驅除魔障，爲了給予魔障食子和樹立界標，文中有不同的句子可供念誦。

若屬閉關，這就是在四大方位樹立四大天王界標的時候。我們在四個方向樹立四王的界標，或只是在門口放一個上面有祂們畫像的界牌，這時我們就設立了結界，沒有人可以跨越這個界限，進出都不行。我們觀想四天王眞實出現，作爲防止障礙入內、加持外洩的守衛者，這有點像是在前門有一隻好的看門犬一樣。我們也發誓，承諾不走出去，也不讓其他人進來。在竹千法會的外圍會樹立這些界標，我們在自己的閉關也如是而爲。

現今因爲時間和安排的關係，很難進行一場眞正嚴格的竹千法會。儘管不適於我們現在的周遭環境，然而在藏地舉辦竹千法會時，會完全按照書上說的那樣，從設立界標開始，就沒有人能夠離開結界範圍，也沒有外面的人能夠進來，毫無例外，甚至連食物或補給用品都不允許進出。此外，也不允許參加竹千法會的人和外界任何人有所交流。會有一位特殊指派的「內外交流者」傳遞來自外界的所有信息，並且傳達來自內部的一切回覆。如果眞的必須帶入什麼東西，則會宣告一個特別的「給垂」（gek-trey）以驅除任何作障者，然後才能把那個東西帶入。

在這個時候，如果你知道自己必須會見的某個人無論如何都只能在之後抵達，就觀想這個人從一開始就被允許進入竹千，如此開許這些人可以晚點抵達。蔣貢·康楚說：「如果你樹立界標，卻不尊重其意義，而是和任何前來的人講話，或是隨自己的高興出去溜達，就完全沒有樹立界標的必要，因爲那毫無意義。如果你樹立四大天王的界標，就不應當跨越這個界標，也不應該讓外面的人進來。」

樹立界標之後，你回到裡面，坐下，觀想保護論。接著你開始修《廣品事業》教示裡的七支前行。如果你只修《事業心要》儀軌，則只需要按照儀軌文，接著進行加持供物與降下加持光輝即可。

驅逐魔障並生起保護論，以此去除違緣；加持資具並且降下光輝以增長善緣。所有的成就法都有三個部分：前行，正行，結行。於此，我們現在已經完成了前行。

正行

按照論釋，完成七支前行之後，接著修持正行的儀軌文，一直到讚頌的部分，廣版或是精簡版都可以。因爲這是對簡版的教學，所以正行是從「啊」及觀想本尊開始。「啊」字代表大空性，是一切現象的無生狀態。因爲從一開始，一切現象就都完全離於任何心意造作。我們經由說出「啊」字，單純地保任於事物本自如是的境界。

關於生起次第的主要部分，有幾項主要重點：三三摩地、觀想越量宮、觀想本尊、灌頂與加持。

三三摩地

在生起次第中，三三摩地其實是最重要的層面。它們是眞如三摩地、遍照三摩地，以及種子字三摩地。

在《事業心要》中，第一句指的是眞如三摩地：

法身本然真如光明性，ꔀ　　法身的眞如本空是光明覺醒的境界，ꔀ

下一句指的是遍照三摩地：

報身不滅遍照大悲力，༔　報身不止息的照耀是大悲力用，༔

第三句指的是種子字三摩地：

化身種子等持白色啥，༔　化身的種子三摩地是白色「啥」，༔

據說，一個人應該以搭建帳篷的同樣方式來建構這三三摩地的架構。在藏文中，以所淨、能淨、淨果來解說三三摩地。

第一個眞如三摩地清淨死亡的體驗。我們遲早都會死亡，我們臨終時的體驗可以經由修習眞如三摩地作爲方便，因而獲得清淨。有不同的中陰狀態，包括死亡中陰、法性中陰、受生中陰。這些狀態從離開身體的那一刹那開始，一直到且包括投生六道其中一道的時刻。有些眾生在受生中陰停留的時間非常短暫，有些則停留很長的時間，但是一般而言，差不多爲期四十九天。修持遍照三摩地能清淨中陰狀態。在某個時點，我們會再次與一個在胎、卵等等之內的新生命連結在一起，而這個出生的過程可通過種子字三摩地獲得淨化。

三三摩地的成果是獲得三身：眞如三摩地引至證得法身，遍照三摩地引至證得報身，種子字三摩地引至證得化身。

當我們由四大構成的肉身死亡時，只要我們還有需要被清淨的東西，眞如三摩地就是必須的。在這個死亡過程當中，這四大元素的力量開始消散：地融入水，水融入火，火融入風，風融入空，空融入識。在那個時點，有一個稱作「死亡法性」的時刻，那是光明的了知。如果不能認出這一刻即是一切事物的基本狀態，即空性且離戲的，這些凡夫就會陷入昏迷、失去意識。但是對於好的修行人來說，這是他們在肉身死亡之後，停留在「圖盪」三摩地（tukdam，圓寂後的入定狀態）的時刻。

我們需要清淨的，正是這個無法認出的缺失。為了清除這個無法認出的缺失，所以要進行相應於該時刻、與死亡法身狀態類似的修持。你進行修煉，以生起這樣的佛慢或自信：這個明空狀態，完全離戲，無有造作，即是一切現象的空性——包括輪迴與涅槃之外在與內在、顯現與存有的一切現象，都是如此。眞如三摩地即是於無分別念的狀態中單純地片刻安住自心，直到你再次開始生起念頭為止。要明白這即是整個成就法修持的基本架構。眞如三摩地也清淨對「常見」的執取，常見就是認為世間是堅實恆常的，這是兩種邊見的其中一種。眞如三摩地能清淨這類的見地，以及投生無色界的習氣。

簡而言之，通過修習遠離一切戲論的境界，我們清淨此三者：死亡狀態、常見、投生無色界的習氣。此外，我們也種下證得法身的種子。

金剛乘的密咒之道具有兩個層面：方便與般若。方便是生起次第，般若慧是圓滿次第。在生起次第之中，我們觀想本尊，並且留意其他的一切細節，例如練習將這些全都憶持於心。圓滿次第則是要了知甚至連本尊都不具有任何的實體，本尊也是空性離戲。在這個脈絡中，眞如三摩地即是圓滿次第，這是至關重要的要點，沒有比它更重要的要點。

佛法的一般教導敘述「眞如」乃相應於基、道、果的三解脫門：空解脫門、無相解脫門、無願解脫門。我們需要修持這些以清淨死亡的時刻。然而，在死亡之後，白、紅、黑這三種體驗發生的時候，大部分人都很快就陷入昏迷。這種無意識的茫然狀態通常會持續三天，雖然實際時長並不一定。身體仍然存在，但心意卻一片空白，沒有意識。數天過後，一個人會帶著這樣的想法醒來：「我在哪裡？發生什麼事了？」思惟再次開始活動，受生中陰於焉開始。這個中陰體驗是以遍照三摩地做清淨。在密續中，這也稱作普照一切的幻化大悲。

三三摩地的第二者也是一種能淨。死亡之後，法性中陰開始的時候，有一種由光芒、色彩構成的壯觀景象。曾經修煉過「頓超」的行者，會將這些經驗視爲本尊。除非你擁有某些頓超的訓練，否則整個現象會閃爍而逝，就只是光亮和色彩的閃動，極端明燦，讓人難以承受。如果想要知道更多的細節，可以閱讀蓮花生大士的《中陰聽聞解脫》（即《西藏度亡經》）。

在這個時候，柔軟、舒適的六道亮光也會出現，更加吸引一個人的注意力。這些色彩柔和的光明引誘你回到六道眾生的六趣。爲了清淨這樣的體驗，就需要修持遍照三摩地。怎麼做呢？在離戲的大空性境界中，將你的注意力導向一切有情眾生，他們不明白自己的本性即是空性，你充滿慈悲地思惟：「有情眾生尙未明白這一點，實在太可憐了！」讓你的大悲心如同太陽一般，放光遍照一切方向。教法說：「證得空性的那一刻即是大悲顯現的那一刻。」這個大悲即是三三摩地的第二個三摩地。

遍照三摩地能清淨中陰境界，具有兩個層面：主要部分，以及次要部分。主要部分是單純地安住空性中，沒有任何分別念，充滿大悲的光芒。當我們再次開始有想法的時候，應該生起的第一念是信解清淨的中陰狀態即是報身。這個三摩地除了能清淨中陰狀態之外，也能清淨執取斷見的習氣，以及投生色界天道的習氣。最後，這個修持種下證得報身——殊勝相好莊嚴之本尊形象——的種子。這第二個三摩地與報身相關，也稱作幻化大悲三摩地。

第三個是種子三摩地。在此，所淨對象是受生之前的那一刻，也就是一個人即將進入成爲某六道有情眾生的那個時刻。種子字成長爲本尊，或是生起爲本尊。本尊可以是簡單的單尊形象，或是具有多面、多臂等等的複雜形象，種子字生出這一切。我們首先應該觀想種子字，作爲無二大悲空性的自然顯現，在虛空中出現，有如一輪明月一般。

種子字是本尊整個壇城的根源。在生起次第一開始的時候，應當一而再地觀想種子字，直到它變得清楚爲止。只要種子字不清晰，就回去觀想它，直到變得清晰爲止。如此能清淨投生的「心—風」本身。觀想「心—風」爲種子字的形象，可以清淨受生的習氣，並且也建立證得化身的基礎。以上是種子字三摩地的解說。

無論你是修持哪一位本尊，都應該再次圓滿這三種性相：尊身顯明，佛慢堅固，憶念清淨的象徵意義。

顯明出現的意思是：觀想蓮花生大士或任何其他本尊的完整形象，包括手幟、衣物、容色等等的一切，甚至包括眼球的黑白部分，全部都應該非常清楚地出現，不模糊，不混淆。如果有些細節沒有在你的心中清晰出現，就重複練習觀想這一部分，直到變得清楚爲止。你的觀想不應該是平面、二維的，像是一幅畫一樣，而是應該如同佛像一般，是三維的。在開始的時候，觀想顯相清晰明確，然而是空的，就像鏡中影或水中月；是可見的，卻沒有自性，如同彩虹一般，透明且無實質。

其次是佛慢堅固。世俗的驕慢是認爲：「我很棒，我比別人棒。我很有錢。我知道這些事情。我很特別。」這是尋常種類的自負或驕傲，但這裡講的意思不同。我們於此所要生起的是自信之慢：確信自己的善逝藏與一切諸佛的善逝藏完全相同，要有這樣的信心。我們的佛性也是原本就具足四無畏、十力等功德，然而我們處於基位，而佛或蓮花生大士是處於完全證悟的果位。儘管如此，我們應該具有確信與佛慢，相信自己的佛性實際上與蓮師本人處於圓滿佛果的佛性完全相同。我們需要具有那樣的信心。

最後，憶念清淨的符號象徵（憶念淨相）是至關重要的一件事。憶念清淨能夠運用在任何本尊上，無論是寂靜尊或是忿怒尊，無論是二臂或是六臂的。簡而言之，每一個細節都有其意義，你應該學習這些意涵。

回到文本，下一句說：

由彼放光淨情器實執。༔ 從其放光，清淨執取情器世間為實。༔

我們具有認為事物真實存在的習性，包括外器與內情、顯現與存有。所以，在這個時點要觀想「啥」字朝各個方向放出巨大的五彩光芒，完全清淨執取情器為堅固真實的習氣。去除這樣的習氣後，再次安住於離戲空性的等持之中。

生起次第的整個原則就在於清淨我們不同種類的習氣，於是生起次第的種種層面就成為消滅我們遮障與習氣的真實對治。因此，這些修習步驟應該以某種方式相應於我們目前所具的不同想法和習氣。

（關於越量宮與本尊的教學，請參見鄔金．督佳仁波切的解說。）

法本中有一句極端重要的話：「自覺善逝總集蓮花生……」宣說自心即是一切善逝的總集——蓮花生大士。這句話出現在觀想蓮師的一開頭。因此，爲了證得這個基本狀態，我們應該觀想自心是本尊蓮花生大士的形象，具足二智等等的圓滿證悟功德。這位本尊不是我們向他祈求長壽、健康、生意成功的另一個人，不是像那樣。在這裡，你就是本尊，本尊無非就是你。以此方式，本尊任運現前。

「明覺」（rigpa，本覺）一詞指的是佛性，一個人的明覺是佛性的基本元素或成分。一切有情眾生都具有，毫無例外。具有二智以及所有證悟功德的成佛覺醒境界，與我們自己的佛性毫無任何的差異，連一粒微塵的不同都沒有。我們應當了知這一點。這個佛性，或說是「善逝藏」，就在每一個眾生之中。當我們認出並且修煉、圓滿二智的時候，這個佛性就會顯露出來，令我們具有爲利眾生而行事的能力。

然而我們的狀況則是尚未認出善逝藏，所以佛性還停留在被遮蔽或包覆的狀態，覆藏於二障之內。就像手上握著藥瓶（卻不服用）的例子，證悟功德並未顯現。因此，我們處於目前狀態的時候，無法爲眾生的利益行事。這就像是被雲遮蔽的天空，雖然太陽是在天上，卻無法照耀和放出溫暖。等到雲朵散去的時候，陽光才放射光明。同樣地，我們的遮障獲得移除之後，不需要發明一個新的佛性，宛如佛性之前不存在一般；不需要每次都創造一個新的太陽出來。

非常重要的是必須了知：我們已然具有的佛性與圓滿證悟境界的佛性完全相同，唯一的不同在於我們現在的佛性受到了障蔽。然而，這些遮障並非佛性本具的，不是固著於佛性的一部分，就好比我打開拳頭的時候，橡皮擦會掉出來，手和橡皮擦並非黏在一起的。這裡的意思即是如此。我們尚未斷除遮障，但這些遮障也不是本具的。

完全的證悟具有兩種清淨：本初體性的清淨，以及移除暫時染垢之後的清淨。我們具有這兩種的第一種，因此，我們是體性本初清淨的佛。然而眞正的佛也具有第二種清淨：去除煩惱障與所知障的清淨。雖然我們的自性與完全證悟之佛的自性完全相同，但是因爲還有遮障的覆蓋，所以我們的佛性並沒有如同完全證悟之佛的佛性那般運作。在此，「暫時」的意思是「非本俱的」，是可以被移除的。理解這個原則非常重要。

爲了去除這些遮障，按照大乘的共通之道，我們修習方便的五波羅密：布施、持戒、精進、安忍、禪定——安住等持之中；我們也培養般若。按照金剛乘，我們修持結合方便與般若智慧的法道：生起次第是善巧方便的層面，圓滿次第則是般若的層面。隨著我們對這些學處的修行，逐漸去除障翳，證得俱生的自性。這不是一種新的成就，而是證得一開始就有的東西。

我們怎麼知道自己有佛性？有證據能證明我們相續之中絕對有佛性：我們能夠對別人感到慈悲；我們能夠感覺虔心、出離心，以及不再沉迷輪迴；我們能夠對善行感到歡喜，對惡行感到懊悔。之所以可能有這些感受，完全是因爲我們具有善逝藏的緣故，否則就不會生起這些感受。經典中說：若是我們沒有這份潛藏力，就永遠不會對輪迴感到厭倦，也不會有想要獲得解脫與完全證悟的欲求。

在佛性的諸多同義詞之中，包括了「潛藏力」與「種姓」。一條毒蛇具有「有毒」的潛藏力；毒蛇咬人時，能夠隨即注射毒素。同樣地，我們具有證悟的潛藏力，或說是證悟的基本元素；因此我們才有可能覺醒，獲得證悟。

現在，由於我們尚未棄除煩惱障，因此我們所具的基本元素是煩惱情緒。由於我們具有這樣的潛藏力，所以在面臨艱難環境的時候，可能變得生氣、貪執或驕慢。然而，我們也具有證悟的潛藏力。這就像是從金礦裡提煉黃金一樣——礦石具有黃金這個基本元素，所以我們融化礦石的時候，會出現黃金。同樣地，牛奶具有酥油這個基本成分，如果我們攪動牛奶，就會出現酥油。水卻沒有產生酥油的潛藏力，我們可以一直攪動水，看要多久就多久，卻永遠也產生不出一丁點的酥油。

佛性是無生的，意思是佛性非由因和緣所創造。它就像是虛空，是無變異的。如果你禮讚虛空，虛空不會覺得歡喜；如果你責怪虛空，虛空也不會感到悲傷。在我們獲得證悟的時候，我們的基本自性不會因此而有所增益；當我們迷妄地處於輪迴之中的時候，我們的基本自性也不會因此而有所減損。因為無生，所以不變。

有些新派的學者反對這樣的觀點，他們不認為佛果是無生且任運現前於一切有情眾生之中，他們質問說：「那麼一隻老狗呢？如果牠有圓滿的潛藏力，為什麼牠沒有三十二相與八十隨好？為什麼牠不會轉法輪？」對他們的回答是：雖然佛性全然圓滿且已然在所有眾生之中，但卻尚未具有功效；因為受到二障的覆蓋，所以無法實現自己的潛能。然而，一旦有情眾生根除二障之後，就證得自己本具的真實自性，這自性是一開始就已經在的。

關於我們的佛性，為何會出現不同的觀點呢？這是因為不同佛經所教導的意趣不同，所以觀點不同。佛陀以不同的方式傳法，以相應不同眾生的根器。因此，我們聽到關於三轉法輪的三套教法。第二套教法是轉動無相（沒有性相）的法輪，換句話說，就是強調一切事物都是空無本體，即體性為空。在自性上，一切現象都空無自性。這是二轉法輪的主要教法。

著重二轉法輪的人士認為這即是了義，他們將佛性的教法視為暫時、權宜的不了義教法，而不了義教法最終會引導人通往了義的勝義教法。

其他人則認爲三轉法輪的教法是了義教法，其強調能知、光明的佛性，具足三智，現前於一切有情眾生之中。從三轉法輪的觀點看來，只教導事物爲空的教法是不了義教法，而非最終的教法。他們認爲：教導佛性的教法才是了義。

這兩種探討方式都可以，兩者都是理解佛陀密意的一種方式，只不過是爲了不同種類的人而宣說。不同佛學宗派看似在數個要點上有所歧異，因爲他們強調不同套的教法，有些強調二轉法輪，有些強調三轉法輪的那一套最終的教法。然而，他們都沒有自己編造出什麼內容，他們都是在追隨佛教的教法。

噶舉和寧瑪傳承主要追隨的見地是：於一切有情眾生之內的善逝藏，以潛藏力的方式，已然具足了圓滿證悟功德。運用道上的修持作爲去除遮障的外緣，能讓處於內部的證悟功德顯現出來。

《寶性論》敘述了善逝藏如何受到遮蔽的方式，文中使用九個比喻顯示凡夫的善逝藏被障翳的方式，例如聲聞、緣覺等等道上行者的善逝藏被障翳的方式，以及補位菩薩、前七地不淨位菩薩、最終三淨地菩薩被障翳的方式。即使處於第八、九、十地，仍然具有某種程度的遮障。雖然第十地最末階段的菩薩仍然略有遮障，但是從我們的觀點看來，祂們與圓滿證悟的佛沒有分別。像是文殊菩薩等等，其他八位佛子（八位菩薩）看來沒有分別，但是仍然具有某些非常、非常細微的所知障，必須以金剛喻定這個方便消除，以證得第十一地：普光地。仍然有此細微的分別。

我們如何去除這些覆蓋佛性的遮障呢？我們利用集聚資糧、清淨障礙等等的方便，使用道上所有的不同修煉，去除這些遮障。就像是不斷劈砍一堵厚牆，直到它變得愈來愈薄，最終什麼都不剩下的時候，我們就證得了證悟的本淨體性。

在《大般涅槃經》中，佛說：「現在是傳授這套了義、不退轉之究竟教法的時候。這裡若有心意無法容納這些教法的人，都請離開，不要回來。」接著佛就派遣迦葉尊者去釐清誰應該留下、誰應該離去。他們檢查了三次，確定留下來的人都能真正接受且理解勝義的教法。例如，就算佛說父親只有十歲而兒子卻有一百歲，他們也能理解並接受這樣的說法以及佛所說的一切。這發生在佛即將開始傳授了義的勝義教法之時。

佛在這個時候教了些什麼呢？精要而言，佛教導了一切有情眾生從一開始就具有覺醒境界的功德，例如二種殊勝智慧、四無畏、十力、十八不共功德❶等等；在眾生的相續之中，已經擁有這些功德。有些人無法理解或接受這種主張；對他們來說，這是難以理解的。

所以，這到底是什麼意思？例如，二智的第一個層面「盡所有智」指的是什麼？科學家相信只有自己所看見的周遭物理世界才是存在的，這樣的科學家至少接受有個物理世界、一個稱作「地球」的星球存在。雖然地球上的種種粒子小得如同我們在陽光中所見到的浮塵那般微小，佛卻能見到這個星球是由多少個粒子組成的。佛不需要思惟，僅是在一剎那間，就能精確地知道這整個世界有多少個粒子存在。同樣地，佛也知道這整個世界體系裡有多少個粒子存在。此外，佛不只知道那些我們無法感知的其他世界眾生，還能很精確地知道在這個世界上有多少人類、多少動物和海洋生物，以及他們的實際地點；不僅是現在這個時刻，而是從無明的起源時刻開始直到現在這一刻，都能清楚了知。佛知道每一位眾生的個人生平，生生世世、無始以來到現在的一切時刻，都無所不知。例如，佛知道每一個有情的過去父母是誰，在哪裡受生，做過些什麼，死亡之後會在哪裡投生、從誰而轉生，諸如此類的。佛知道的不只是一個眾生的歷史，而是一切有情眾生的個別歷史。佛知曉歷史的方式並非逐一、接續，而是同時了知一切，在一彈指之間即知曉一切。事實上，每一位有情的心續之中都有這種遍知。問題在於：我們是否能夠掌握這種遍知？佛陀的遍知智慧就是這樣的。

❶即「十八不共法」，指如來有十八種唯佛所獨有的功德法，是聲聞、緣覺、菩薩所不具的：⑴身無失；⑵口無失；⑶念無失；⑷無異想；⑸無不定心；⑹無不知己捨；⑺欲無減；⑻精進無減；⑼念無減；⑽慧無減；⑾解脫無減；⑿解脫知見無減；⒀一切身業隨智慧行；⒁一切口業隨智慧行；⒂一切意業隨智慧行；⒃智慧知過去世無礙；⒄智慧知未來世無礙；⒅智慧知現在世無礙。

聲聞、緣覺、菩薩的智慧非常深奧，但皆不如佛的智慧那般深奧廣博；他們的智慧仍然有限，只能覆蓋一定距離的範疇，而佛的智慧卻是無限量的。例如，聲聞可能具有知曉從這裡到法國的一切事情的智慧，菩薩可能擁有知曉從這裡到美國的一切事情的智慧，但是這種智慧仍然是有限的。

現在，我們不知道自己過去世在哪裡，也不知道自己過去世曾經做過什麼事情，我們知道的只有現在這一生，但是同時我們也必須接受佛的遍知智慧確實存在我們的相續之中。對嗎？如果這看似不可能接受，我們就會說這是「不可理解的」。然而，只是具有這種功德並沒有利益，因爲現在這個功德完全被二障所遮蔽。

佛陀舉過下面這個例子：曾經有一個非常貧窮、一無所有的人，被迫四處乞討爲生，然而在他自己茅棚火灶下的地裡卻埋著一個寶藏，但是他對此一無所知。寶藏的珍寶沒有呼喚他，跟他說：「我就在你的屋子下面，把我挖出來！」所以他持續過著一貧如洗的生活，不知道只要在自己茅棚下面挖掘一下，就會變得非常富有。

有一天，一位具有天眼通的人經過，看到埋在灶下的寶藏，告訴這個窮人：「你不需要過這種乞食的貧窮生活，只要在你的爐灶地下挖一挖，就會發現非常珍貴的寶藏。」乞丐開始挖掘，先找到了一些銀子，這當然是有價值的東西，雖然不是極端珍貴之物，然而他很滿足，心想：

「這就是一直在這裡的東西了。」他取出來，拿給有神通的那個人看，問說：「你指的是這個東西嗎？」神通者說：「是的，這是寶藏的其中一部分，但不是全部的寶藏。你必須再往下挖。」這人就再挖了更長的時間，挖出了金子。他把金子拿給他的朋友看，說：「看看我找到了什麼！這就是寶藏嗎？」朋友說：「是的，那也是部分的寶藏，但不是全部的東西。回去再挖深一點。」這人按照指示去做，終於找到那裡所埋藏的全部寶藏。

同樣地，佛陀的初次傳法是向我們展示如何通過聲聞與緣覺的法道而達到阿羅漢的層次，但這並非最終的成果。二轉法輪時，佛陀展示了如何達到菩薩的各個證悟位階，但即使這些，也不是最終的果。究竟上，佛教導一個人必須清淨一切遮障，才能達到全然圓滿的證悟境界，這稱作十一地的普光地。這個比喻是佛陀本人親自教導的。

因爲無法認出自己的佛性，於是我們持續受到二障的遮蔽，在輪迴的不同狀態中遊蕩，經歷巨大的痛苦與艱難。例如，我們經歷地獄道的寒熱、餓鬼道的飢渴等等，卻不知道自己一直擁有一個珍貴的寶藏。

有時候我們會使用佛陀所舉的另一個例子：茅坑穢物中的如意寶。雖然這個寶物具有滿願的力量，卻沒有人知道它就在那裡。如意寶滿覆污物，就等著有人將它撿起，再次清理乾淨。首先，我們用水清洗它，然後用一塊粗布擦拭，接著使用更細緻的布擦拭，之後再用非常柔軟的布料將它擦亮，直到完全沒有一點灰塵或不淨殘留在如意寶的表面為止。最後，我們可以將如意寶懸掛在勝利幢的頂上，向其獻供，接著向它許願，一切願望都會獲得實現。如意寶一直都具有這同樣的能力，但是我們必須去除髒污，才能實現它完全的潛藏能力。同樣地，我們應該具有大堅忍與大毅力，消除覆蓋我們佛性的遮障與染垢。

再次重申，我們應該確實了知並承認我們所有人都具有這個本覺：善逝藏。我們觀想這個本覺是本尊的形象。我們不應該一直認為佛處於高高在上的證悟境界，而我們有情眾生屈居於下，離得很遠，距離遙遠得像是有個巨大的天堂橫隔於兩者之間。就自性而言，我們與諸佛完全相同。只是在我們的情況，目前這個自性受到遮障的屏蔽。然而，這些遮障是可被移除的，這正是我們修持成就法時所做的事情。

我們觀想自己是在越量宮中央的蓮花生大士。在這宮殿之內，基底中央是一個高於地面的四方形平台，其中有一塊八角形的珍寶，珍寶中央是一朵四瓣蓮花。四瓣蓮花的中心是獅座，這是由八頭獅子抬舉、珍寶物質所構的台座。在獅座上面是另一朵蓮花、日輪、月輪，蓮花生大士坐在這些上面。我們的背後有一株蓮樹。在宮殿二樓中央房間的中心處，相對於蓮師頭上高度的位置，蓮樹分生出另一朵蓮花，上面坐著觀自在菩薩。在宮殿的三樓位置，另一朵蓮花出現在觀自在菩薩的頭上，上面坐著無量壽佛。這是我們應該觀想的方式。

（關於十二化身、勇父與空行、灌頂與加持、迎請、頂禮、供養、禮讚的特定教學，請參閱鄔金・督佳仁波切的解說。）

如我們在蔣揚・欽哲稱作《三十五日修法》的解說中所見，他建議我們在閉關的第一個晚上應該先做前行修法，然後才修成就法，一直到讚頌的部分。他說我們可以在這個時點開啓持誦宮，接著念誦〈遣除道障祈請頌〉一遍。《素德》（輔助部分）提到：

在誦修的時候，如果希望在讚頌之後開啓持誦宮，則說：

Bhrung Vishva Vishuddhe Hrih Hung Phat Jah ༔
布入母　比虛瓦　比修嘚　啥　吽　呸　匝 ༔

由自根本壇城出，༔　從我自己的根本壇城中，༔
分啟第二智壇城，༔　開啓第二座智慧壇城，༔
安住面前虛空中。༔　安住在我前方的天空中。༔
自心二種字周圍，༔　在我們兩者心間的種子字周圍，༔

回響咒鬘作旋轉，ꔀ 發出聲音的咒鬘旋轉著，ꔀ
放射無量大光芒。ꔀ 放射出無量的光芒。ꔀ

從我自己——觀想為蓮師以及其他二身的根本壇城中——分出第二座智慧壇城，出現在虛空中。有如在前方的映像，安住在天空中。在你自己這個壇城與前方第二座壇城這兩者的心間，種子字「啥」周圍環繞著一圈咒鬘，每一個字母都發出各自聲音的聲響。字母是逆時針方向書寫，但是順時針方向旋轉，分別是：

Om Ah Hung Vajra Guru Padma Siddhi Hung

嗡　啊　吽　班匝　咕汝　貝瑪　悉地　吽

從對生觀想中，咒字放射出不同顏色的無量光芒：白色、黃色、紅色、綠色。我們講到持誦的部分時，會討論咒語如何排列。現在回到《事業心要》：為了持誦，應該從激勵祂們的三昧耶開始。

吽啥！ꠓ
體性菩提心之壇城中，ꠓ
智慧幻化遊戲本尊眾，ꠓ
無有背離隨憶金剛誓，ꠓ
祈賜加持灌頂與成就。ꠓ

吽啥！ꠓ
在菩提心的體性壇城之中，ꠓ
聚集著遊戲於智慧幻化的本尊眾，ꠓ
毫不分離，請記得您的金剛三昧耶，ꠓ
賜予加持、灌頂與悉地！ꠓ

「菩提心的體性壇城」是覺醒境界——明覺，即佛性——的本智壇城。其自性力是以所有不同本尊的形象作表述，在這裡被敘述是「遊戲於智慧幻化的本尊眾」。祂們全都具有三昧耶，而這些誓言是不可違犯或捨棄的。祂們過去在道上的時候，立下這個誓言，承諾要永無休止地爲利益一切有情眾生而努力。我們提醒祂們這件事，說道：「記得您的金剛三昧耶」或是將此憶持於心，並且「賜予加持、灌頂與悉地」在我身上。這是迎請。

（關於持誦，請參閱鄔金．督佳仁波切的解說。）

持誦——結行

在持誦的最後，念誦母子音咒以及緣起咒各三遍。

Om A Ah I Ih U Uh Ri Rih Li Lih E Eh O Oh Ang Ah

嗡 阿 啊 噫 譯 吾 唔 昱 悬 里 哩 欸 欸 噢 喔 盎 啊

Ka Kha Ga Gha Nga, Tsa Tsha Dza Dzah Nya

噶 喀 嘎 尬 拿，咋 擦 匝 咂 尼亞

Ta Tha Da Dha Na, Ta Tha Da Dha Na

嗒 踏 答 大 納，嗒 踏 答 大 納，

Pa Pha Ba Bha Ma, Ya Ra La Wa, Sha Ka Sa Haksha

把 帕 爸 罷 瑪，呀 咼 啦 哇，夏 噶 薩 哈克下

Om Ye Dharma Hetu Prabhava Hetun Teken Tathagato Haya Wadet Teken Tsayo Nirodha Ewam Vadi Maha Shramana Svaha ❷

嗡母　耶　達兒瑪　嘿吐　普髜巴伐　嘿圖　爹肯　達他嘎投　哈呀　哇嗬　爹肯咋嗬
　尼若達　欸旺　伐底　瑪哈　虛髜瑪納　梭哈

接著念供養的四句：

嗡　啊　吽　　　　嗡　啊　吽
外供妙欲大海如雲聚，　　我向您獻上如雲聚集的妙欲物大海，作爲外供；
內供藥血食子難思議，　　作爲內供，甘露、惹大、食子的不可思議盛宴；

---

❷英文版為藏式發音轉寫，梵文原文為：
OṂ A Ā / I Ī / U Ū / ṚI ṚĪ / LI ḶĪ / E AI / O AU / AṂ AḤ //
KA KHA GA GHA ṄA / CHA CHHA JA JHA ÑA / ṬA ṬHA ḌA ḌHA ṆA / TA THA DA DHA NA / PA PHA BA BHA MA / YA RA LA VA / SHA ṢHA SA HA KṢHAḤ //
OṂ YE DHARMĀ HETU-PRABHAVĀ HETUṂ TEṢHĀṂ TATHĀGATO HYAVADAT TEṢHAṂ CHA YO NIRODHA EVAṂ VĀDI MAHĀSHRAMAṆAḤ SVĀHĀ

密供樂空雙運智慧界，
作爲密供，大樂與空性的雙運，覺性的本空；

獻供受已賜勝共成就。
納受這些之後，請賜予殊勝與共通的悉地！

Om Vajra Argham Padyam Pushpe Dhupe Aloke Ghandhe Naividya Shabda Sarva Pancha Rakta Balingta Maha Puja Ah Hung

嗡 班匝 阿甘 巴底養(母) 布盧北 杜北 阿洛給 根碟 餒微迪亞 夏(布)打 薩(兒)瓦 潘恰 咼(可)達 巴令打 瑪哈 布匝 啊 吽

接著念讚頌的四句：

吽啥！
吽啥！

體性法身光明境界中，
從您的體性：法身的光明境界中，

自性現為報身之空樂，
您的自性顯現爲報身的空性大樂，

悲心隨化化身行利生，
您的力用，調伏一切的化身，能成就眾生利益，

頂禮讚頌壇城本尊眾。
我向所有的壇城本尊會眾頂禮且讚頌。

再次讚頌之後，加上〈遣除道障祈請頌〉或〈杜松桑傑〉，這是對三身蓮師以及十二化身的特殊祈請文。最終，念三遍百字明咒。

收攝與生起

如果是按照三十五日閉關修持《事業心要》，在做完持咒、供養、讚頌的這個時候，說「匝 吽 棒母 吙」以收攝對生觀想，觀想情器世間的壇城收攝入你自己。說「吽 吽 吽」，將整個壇城瞬間融化為光。首先，周圍的形象收攝入你；接著，你自己的身體收攝入心間的「啥」，並且「啥」也慢慢地收攝；不要讓它逗留在心中，而是進而在光明界中安住片刻。這是收攝的圓滿次第。

說「呸」三次，再次生起本尊的形象，一面二臂。觀想三處有「嗡 啊 吽」三字。接著，說迴向與發願的言詞。

三十五日閉關期間的修座與休息

我們還在閉關的第一天，剛完成了一座修法。現在，我們吃晚餐，然後開始第二座修法——

稱作「索敦」（sö-tün），意思是夜晚或天黑之後。通常在閉關的時候，我們一天修四座法：清晨、上午、下午、夜晚。

晚餐之後，在第一天的第二座，即夜晚的那一座，按照《事業心要》短軌，我們再次從皈依、發心、加持供物等等開始。如前所述，我們按照這個儀軌修持到持咒，接著按自己覺得舒適的數量，盡力念咒，這個取決你自己。

最後以三「吽」收攝觀想之後，就在那個時點就寢。在此，這被稱作修持睡眠瑜伽。用這樣的方式，我們在光明境界中入睡，同時修持光明瑜伽。

早上醒來的時候，我們立即帶著自爲本尊的佛慢醒來。在《障礙遍除》前行修持的時候，一醒來的那一刻，我們就做一個特殊的蓮師念誦，蓮師出現在頭上的虛空中，周圍環繞著勇父與空行母，祂們搖著鈴與達瑪如小鼓，同時吟唱自心光明自解脫等等的咒語。我們確信蓮師及所有勇父、空行母都已經降臨，並立即坐起，接著開始修持前行。

在《雪當．寧絳》中，有一個咒可加持我們的語成爲一切諸佛陀羅尼咒的自性。這是一個短咒，我們可以在座與座之間念誦，不過非常重要。

如果我們的安排是要在一個月之內修持完整的前行和成就法，那麼就應該用一整天的時間修持四座的皈依。我們用各座大部分的時間進行皈依，接著修菩提心或菩薩戒，連同七支與四無量心。之後，在每一座終了的時候，我們修持完整的《事業心要》。如此，我們在每一座都修持完整的前行以及完整的《事業心要》。然而，在第一天的時候，我們其實將座上的大部分時間單獨用在皈依上面。你可以決定每一天要完成多少遍的各項修持。在這裡，我們在清晨那一座做大禮拜與七支，從大約四點或者任何方便的時間開始。

清晨那一座是在早餐之前，不管我們是什麼時間起來，就從那個時間開始，一直到吃早餐的時候；這稱作清晨的那一座。四座的修持全都一樣，閉關的第一天就是做這些。我們入睡的方式如同之前敘述的。第二天早晨，我們起床，重複第一天做的那些修持。

我們開始修前行的時候，只念三遍皈依以及幾遍的菩薩戒與七支，座上的主要時間用於百字明。座終的時候，繼續修完前行的剩餘部分以及《事業心要》；一座的大部分時間都用來念誦金剛薩埵咒。接下來三座也是按照同樣的模式進行。

現在我們已經將第一天主要用於皈依與菩提心，第二天的修持集中於金剛薩埵咒的持誦。第三、四、五天則著重於前行的上師瑜伽修法。

在第三天的時候，我們將重點放在獻曼達；第四天著重念誦〈杜松桑傑〉與〈遣除道障祈請頌〉，向蓮師祈請；第五天則念誦蓮師心咒作為前行的一部分。此外，我們觀想接受灌頂，將修座的主要部分用於這個修持中。

這就做了總共五天的修持。在第六天的時候，前行差不多完成了，所以我們只在清晨那一座修非常簡短的前行；當天的其他三座則不需要修前行，可以僅修正行，亦即上師成就法本身。然而，如前一般，我們應該修持四座，從清晨那一座開始，到夜晚的那一座作爲結束。

只有在清晨那一座才需要實際供養魔障食子，該日的其他修座則不需要。如果想要簡化事情，並且不想花時間製作實際的魔障食子，則可以只是在盤子上放一些米，並加一點水，觀想這是食子，然後獻供；這也是可以接受的做法。

在第二週期間，我們主要修持無量壽佛的「阿瑪鬲尼」咒。當然，我們會念幾遍其他的咒，但是數量都不多。接著我們將下一週主要用在累積觀自在菩薩的「瑪尼」咒，這時我們只念一串念珠的無量壽佛咒（一百零八遍）。等我們開始修持蓮師心咒的時候，對於之前的第一個和第二個咒，我們只念各一圈念珠的數量（一百零八遍）。

在接下來的十天，非常重要的是要念四十萬遍的蓮師心咒，要在十天內完成這個持誦。當然，這取決於你的能力。在這個時候，其他咒語只念幾遍即可，例如每一咒念一圈念珠，但是不應該中斷每日的持誦。

以上敘述的是依誦的部分，現在我們要講成修的部分。我們應該用三天的時間念誦「拓稱匝」咒，一天的時間念誦「拓稱匝」咒加上附加的「哈日尼薩」咒，這是四部勇父空行的修持。

在每一座持咒結束的時候，為了彌補對咒語有所增減，並且聖化、加持、增長咒語的利益，於是我們念字母音咒、「嗡 耶達兒瑪」（緣起咒）以及百字明各三遍，並且念誦各一遍的供養、禮讚，以及〈杜松桑傑〉或〈遣除道障祈請頌〉。

接著我們念三次的「吽」，收攝持誦宮與整個觀想；說三次「呸」，再次生起，成為本尊。接著迴向功德、發願，以及念吉祥頌。每一座的程序都是如此。然而，在下午那一座——從一、兩點開始，持續到較晚的下午時刻結束——在〈杜松桑傑〉或〈遣除道障祈請頌〉之後，應該按照這部成就法的長軌《廣品事業》加持薈供物，然後繼續修到「綴瓦」（drelwa）——誅度供養。

在閉關期間修到餘食供的時候，不要把餘食丟到外面，而是放在一個專門擺置餘食的地方，收集起來而不丟出。

在特殊的日子，像是初十或二十五，最好是能修持《廣品事業》儀軌。在日常的時候，使用《事業心要》則是完全可以的。

我們進行供養、禮讚、〈杜松桑傑〉或〈遣除道障祈請頌〉、三遍百字明等等，之後是獻給護法的供養。有一部非常簡短的長壽母護法供，只有三段的四句偈頌，可以在這裡插入。

如果你接受過很多護法的灌頂，只要念誦《喇嘛．宜當》（*Lama Yidam*）護法供養就夠了。不過，這部《障礙遍除》教法的不共護法是長壽母，而伏藏的護法稱作「喀惹金翅母」。

就一天的四座而言，完成清晨那一座和早餐之後，修上午中間時段的那一座，例如從八點到十一點。下午那一座從一、兩點開始，直到五點；在這一座裡面，我們加上薈供與護法供。護法供養相當簡短，在閉關期間讓護法供保持簡短是可以的。在天黑之後，夜晚的那一座，我們完全不做任何的薈供或護法供，整個閉關期間都是如此。魔障食子是在上午那一座供出，而非清晨的那一座。

雖然《事業心要》法本說薈供是在座與座之間進行，但是聖者從來沒有座上瑜伽（nyamzhag）與威儀瑜伽的分別。座上瑜伽的意思是「平等住」，而聖者從不逸離此心意狀態，因此對這樣的聖者來說，沒有後得位的狀態。然而，像我們這樣的凡夫，首先從事座上禪修，這時我們專心一意地修持，就像之前解釋的四種持誦意趣的修持一般。當我們從禪修座墊上站起身來，開始四處走動的時候，就進入了座下瑜伽的階段。在這些座間休息的時候，也就是指這些威儀瑜伽的時刻，我們從事不同的活動。這就是進行薈供的時候。

薈供

實際上，薈供這個詞在這裡的字面意義是「會聚或是很多東西聚集在一起」。有四種會聚：

第一種是會聚有福的男女修行人。從壇城的觀點看來，男修行人應該坐在右列，女修行人坐在左列。大家聚集在一起，以此方式，人人都和自己的男性或女性伴侶共聚一堂。這就是有福者的會聚。

第二種是本尊的會聚，或諸佛菩薩等一切受邀賓客的會聚。這些就是我們召請前來接受薈供物的對象。

第三種是物品的會聚，這也相應於福德資糧的會聚或積聚。這主要是指肉和酒。當然，我們可以包括很多其他的物質在內，但是我們主要是供養酒肉。在薈供的時候，我們不使用這些東西的一般用語，每一項都有其獨特的措辭。如果我們供養狗肉，我們不稱之為「狗肉」，諸如此類的。它有其獨特的名稱，我們可以在蔣貢．康楚的《薈供大解說》（*Great Explanation of Feast Offerings*）之中找到這些詞彙。

四種會聚的最後一項是偉大的會聚，即智慧資糧的會聚。於此，我們訓練自己棄除供養物、供養者、受供者此三種分別念。

關於薈供的酒肉，有些事情應該要講一下。法藥或甘露丸（mendrub）已經具有五肉和五甘露，但不是以一種尋常方式為之。過去的大成就者，尤其是蓮花生大士本人，特別加持了五肉和五甘露。因此，如果我們舉行薈供卻沒有酒肉，也不需要擔憂或感到有所欠缺。我們只要灑一些泡過法藥的水在我們的柳橙和餅乾上，那麼薈供就具足了五肉和五甘露。實際有酒肉擺在那裡，並非絕對必要的。

通常，五肉指的是人肉、狗肉、象肉、牛肉、馬肉。它們取決於一個人居住的文化環境。在印度，過去從來不殺這五種動物作爲食物，因此它們並未受到爲了餵養人類而被宰殺的污染。

佛教是一個主張不傷害其他生物的宗教。由於諸佛視一切有情眾生如同自己的孩子一般，所以我們不能使用被宰殺作爲食物的有情之肉來供佛；在一場盛宴中，向一位母親供養因殺她孩子而取的肉，並不會令她高興，她也不會想要吃這種肉。因此，我們供養的人肉或動物肉必須來自因自然死亡、非暴力屠殺的眾生，這樣的肉才被視爲是清淨的。然而，如果我們居住在一個地方，那裡的人們通常會吃象或馬，我們就不能用這些肉；從另一方面而言，如果我們居住在一個人們不吃山羊或綿羊的國家，我們就能用這種肉，只要這隻動物不是被殺害的就可以。如果我們沒有這樣的肉，那麼只要在食物上灑法藥即可。

在薈供時所供養的物品，取決於我們個人的證量和禪修力量。我們享用薈供物的方式應該不具清淨或不淨、清潔或不潔的念頭。例如，如果我們帶有一種強烈的感受，覺得狗肉非常骯髒、不淨，吃起來很恐怖，卻還把它放在佛壇上，試圖享受它，這會破壞我們的心態，我們會認爲一切都已經受到污染、變得污穢。如果我們有這種感覺，就不應該供養這個物品。

此外，無論我們陳設出什麼薈供物，都應該是清淨的，意思是我們不應該帶著驕傲或吝嗇的心態，因而污損這些薈供物。例如，如果我們陳設一席廣大壯觀、種類豐富的供養，因而覺得自己非常富有和重要，這就等同於在所有食物中都放了毒藥一般。相對而言，如果我們只供養幾個東西，卻想說：「反正沒人會在這裡吃很多的供品，所以我何必多事擺那麼多東西，不過是浪費自己的錢罷了！」如此我們就是用吝嗇毒害了供物。最好是供養符合自己個人財富的適量供品，這麼一來，如果我們沒有很多錢，就不需要做很奢華的供養；如果我們恰巧很富裕，則不需要很粗陋。無論我們陳設些什麼，都只是我們觀想供物的所依，我們以心意觀想增長這些物品變得無量無邊。以不淨的動機供養一百盧比，不如以清淨的意樂供養一盧比。

我們可以參照《事業心要》的薈供部分。首先是「讓母 漾母 亢母」，這代表火、風、水。接著法本說：

自觀本尊心間種子字，፨　從我自觀爲本尊的心間的種子字，፨
出讓漾亢淨供物實執，፨　放出「讓母 漾母 亢母」，清淨執取供品爲實的執著。፨
三字放光轉成智慧露，፨　三字母放光轉化彼等成爲智慧甘露，፨
妙欲供雲遍滿虛空處。፨　變成妙欲供雲，遍滿天空。፨
嗡 啊 吽。፨　嗡 啊 吽。፨

自觀爲本尊形象，充滿身爲本尊——蓮師——的金剛慢。從自己心間的種子字白色「啥」放射出「讓母 漾母 亢母」三字，清淨執取柳橙、餅乾等薈供物爲實的貪執。這些物品受到火的焚燒、風的吹散、水的沖洗而獲得清淨。以此方式，我們完全清淨執著物品實有的任何執著。

我們說「讓母 漾母 亢母」的時候，應該確實觀想三字的意義。首先，爲了模擬火的層面，站在佛壇旁邊的人可以在供物之前，揮動一隻香或是點燃的火柴。爲了模擬風，拿起寶瓶的孔雀羽毛扇，在供品上面搧動幾次。爲了模擬水，用同一支棒子灑幾滴水在供物上。

通過「嗡 啊 吽」三字的光芒，薈供物被轉化成智慧甘露海，接著這甘露海變成巨大的妙欲供物雲，充滿了諸如美妙聲音、景象、質感、滋味、香氣的妙欲物，以及八吉祥徽、八吉祥物、七政寶等等。這些供物在一起，遍滿整個天空。我們做此觀想的時候，說「嗡啊吽」三次。

之後，迎請賓客。如果我們已經放射出第二個對生的持誦宮，就不需要思惟賓客正在從別處降臨。如果沒有持誦宮，則迎請是很重要的一環。首先，我們說三個「吽」，然後說：

三身勝者如海會集眾，༔
如海會集的三身勝者，༔

光明離戲本體性相中，༔
請從光明的離戲境界中顯現，༔

為益我等集資淨障故，༔
以幫助我們積聚福德並清淨遮障，༔

智慧如幻遊戲祈降臨。ꔅ　　請降臨，在您的智慧幻化中遊戲。ꔅ

Vajra Samaya Jah Jah ꔅ

班匝　薩瑪雅　匝　匝 ꔅ

法身、報身、化身的「三身勝者」是諸佛菩薩、三根本等等，顯現為如同大海般的會聚。你可以迎請祂們，例如，說：「在體性上，您是光明的境界，完全離戲。然而，為了我們能夠集資淨障，所以我們請求您現為智慧幻化。請前來此處。」我們集聚的兩種資糧是有相的福德資糧與無相的智慧資糧。

接著我們觀想各種本尊與聖眾降臨在我們前方的虛空中。然後我們說：「班匝　薩瑪雅　匝匝」，意思是「不可摧毀的神聖誓言，降臨，降臨，降臨！」這個金剛三昧耶或誓約是本尊在過去時劫所立下的誓言，承諾要幫助引導一切有情眾生。我們呼喚諸佛菩薩、根本的本尊等等，請祂們記得自己的承諾，並且請祂們降臨。

有一個特殊的供養，稱作「百供」，供養一百個薈供食子。通常一場薈供具有四個部分：清淨的部分、酬懺、度脫供養、以及餘食供養。

如果有十個人聚集在一起做一百次薈供，並且供養這四個部分各一次，就等同供養十次完整的薈供，因為每一個人都算作一次，重複這個過程十次，就供養了一百次的薈供。在每一遍過程中，我們首先供養清淨的部分，接著是酬懺，然後是度脫供。我們獻供的時候，把各個部分放在佛壇上，念誦相應的偈頌。我們把餘食收集在一起，和之前尚未給出的餘食供養一起放在旁邊，這稱作清淨的餘食。

如果你是一個人想要做這百供，就必須緩慢地念誦整個內容一百遍，會需要一些時間才能完成。傳統上，如果是十個人供養非常廣詳的百供，每一次獻供的時候，行者都會從《雷絳》（《事業心要》）的最前頭處開始，一直修完薈供的部分；一輪又一輪的，從《雷絳》的開頭開始，每一輪供養十次薈供。由於我們想要快速地修完法會，而且我們時間有限，所以我們就只念《雷絳》一次，然後供養薈供。但是實際上，按照真正的傳統，每一輪是供養十次，然後又從頭開始再次修儀軌。

現在，我們來到薈供的實際供養之處，就是接下來的四句，開頭是：

嗡　啊　吽。　　嗡　啊　吽。

薈供體性智慧甘露雲，　　薈供的本質是智慧甘露的雲叢，

顯相妙欲天女滿虛空，　　以帶著妙欲物的天女形象，遍滿虛空。

無緣大樂受用物資此，ༀ　　願這個無緣大樂的享用，ༀ

願成三根壇城眾歡喜。ༀ　　令諸位三根本壇城本尊會眾歡喜。ༀ

Sarva Gana Chakra Puja Ho ༀ

薩兒哇　戛納　恰克局　布匝　吙 ༀ

在這裡，薈供物的體性是智慧甘露雲，現作五部供養天女的形象，遍滿虛空，呈上妙欲供養。我們說：「願這個無垢無緣的大樂令您——三根本之壇城本尊眾——感到歡喜。」在那個時候，我們舉起盤子，同時思惟文字的意義，向一切本尊獻上供養。「薩兒哇」的意思是「所有的」，「戛納」的意思是「會眾或薈供」，「恰克局」的意思是「輪子或圓圈」，「布匝」的意思是「供養」，「吙」的意思是「請用」。所以合在一起的意思就是：「我供養您這整個薈供輪。」這是薈供的第一部分，稱作「清淨的供養」；我們將此堆放在最大的盤子上，擺在佛壇上，就在壇城本尊眾的面前。

現在我們來到薈供的第二部分，稱作「措．巴爾巴」或「康夏」，這是薈供的中間部分，由酬謝和補缺懺悔所構成。這四句包含了補缺與懺悔兩者。當然，如果我們修的是更長、更為廣詳的版本，還有更多的念誦。例如，我們可以加上蔣貢．康楚的〈酬補文〉（kangwa，岡瓦），名為

〈薈供酬補・蓮花網〉。

接下來，對輪迴無始以來所積聚的一切罪惡都感到強烈的懊悔。罪惡有兩種：一種是當下自然造作的惡業，一種是違犯善誓的惡行。「迪巴」和「直巴」是一時衝動而自然造作的惡行、惡業、罪障等等。「孽巴」和「通瓦」——墮犯和違背——則是破壞誓言。首先，這指的是對別解脫戒的未履行及違犯，以及對皈依戒與菩薩戒的過犯。這尤其是指在金剛乘領受四灌時所做的相關承諾，以及內含的二十八三昧耶、十四根本墮、八支粗罪等等的違背、違犯、壞失。我們祈禱自己能夠以此妙欲薈供而彌補這一切。帶著強烈的後悔心，我們懺悔自己的過錯，說「薩瑪雅」，意思是「三昧耶或神聖誓約」，「修礫」的意思是「全然清淨的」，而「啊」的意思是「願其能夠如此」。

作爲度脫供而送出的那一份薈供食子，應該在薈供一開始以「讓母 漾母 亢母」加持聖化薈供食子之前，就將這一部分從食子當中切分出來。但是如果你已經加持聖化了一切，有個迂迴處理的方式，就是想像自己已經觀想出的供養天女收攝回到你的心間，接著將一部分的薈供食子切分出來。

薈供的第三部分或說是最後一部分，稱作度脫。我們首先觀想剎那間自己化作「勝馬」的顯相——大吉祥馬頭明王。從我們心間放射出無數稱作「京」的特殊眾生，他們找出邪靈，拘捕邪靈，並且將邪靈推入金剛上師的地牢中。有不同種類的京：有些召喚，有些屠殺，有些切斷，有些獻上鬼魔作為供養。這些全都是生自馬頭明王的心間。

這些被揪出、拘捕、帶回來的鬼魔和邪靈是二取執著——也就是執取能所——的自然顯現；只要我們具有二元分別的執著，這些執著的顯相就會以仇敵、惡力等等的形象出現。在被捕獲的時候，這些鬼魔融攝入它們的模擬像中，這個模擬像看起來像是一個以背部臥躺的小型人樣，處於金剛上師面前的地牢中。金剛上師拿起自己的普巴，這個普巴稱作「普巴．瑟秋」，意思是「殊勝之子」，上方的手柄是普巴金剛形象，祂的身體下半部分變成三面的橛。金剛上師手握普巴橛在模擬像上舞動，將其分屍——首先是右腿，接著是左腿，然後是手臂、頭、身軀。這個時候，金剛上師舉起普巴橛，將橛尖觸碰自己的心間，觀想佛法敵障的命力、福德、美名、威榮等等，全都收攝入自己。

再次地，金剛上師拿起普巴橛並觸碰該模擬像，想像邪靈的心識化作白色種子字「啊」的形象；將普巴指向天空，觀想這心識被直接投射入淨土，如同流星上升一般。為了利益自己，你吸收了仇敵的一切福德榮耀；為了利益仇敵，他神識的一切障礙獲得清淨，被度脫到一個清淨佛土中。他剩下的身體，包括肉、血、骨等等，被解脫於光明界中，轉化成智慧甘露。雖然形象還是血肉，但是體性是智慧甘露，進而供奉給三根本的一切壇城本尊眾之口。我們應該做此觀想，並說：「薩(兒)哇」意思是「全部的」，「比嘎南」意思是「作障者」，「夏淳」意思是「仇敵」，「瑪局雅」意思是「超度或誅滅」，「喀　喀　卡嘻　卡嘻」意思是「獻上供養」，而「哈　哈　嘻　嘻　吽　吽」意思是「大歡喜享用此物之壇城本尊眾的回應」。

在這個時候，我們應該說一些重要的話。這裡提到的仇敵是我們自己妄心的投射；只要我們錯誤地持續相信有能知和所知——所知是我們所感知的一切，能知是我們自己的二元分別心，感知有別於自己的「其他」事物——那麼就一直會有某個眾生或某個東西顯現「在外」，我們會感知這個眾生或東西在「傷害」我們。但這無非是二取執著所產生的一種投射。這個二元分別的投射才是眞正的仇敵，這是我們要召喚並誅除的。除非我們理解這一點，否則修持這種度脫可能會造成大量的過失。若是沒有正確的見地，我們會變成是在修持累積惡業。

我們經常說：如果沒有能力進行正確的修持，則修持「度脫」會是一種過失。如果你培養出的觀想是眞的有一個仇敵「在外」，你應該殺掉這個敵人以避免他傷害你，那麼你會造就巨大的惡業。無論我們是否眞的有能力殺掉一個敵人，這都不重要，單是那樣的心態就足以創造出巨大的惡業——傷害仇敵只是其中的一半而已；一個人可以生起強烈的信心，覺得自己能夠輕易毀掉自己的敵人。然而，引導那神識前往淨土則肯定更爲困難得多。我們應該了知我們在殺害的是自己的投射，否則這會是一種造犯惡業的訓練。

在念誦度脫供的四句之前，說：

Nri Tri Benza Angku Sha Jah Jah Hung Bam Hoh ཿ

尼昃　赤以　班匝　昂固　下　匝　匝　吽　棒母　吙 ཿ❸

在這個時點，灑一點惹大在食子上。有四句話，分成兩部分。頭兩句用於度脫鬼魔，後兩句用於實際獻供。

咒語也有兩部分，第一段是度脫：

Sarva Bighanan Shatrun Maraya ཿ

薩兒哇　比噶南　夏淳　瑪咼雅 ཿ

第二段是供養或呈獻：

---

❸未見於《事業心要》，乃出自《中品事業》。

Kha Kha Khahi Khahi。

喀　喀　卡嘻　卡嘻。

接著本尊以此歡喜與享受的表達作回應：

Ha Ha Hi Hi Hung Hung Phat。

哈　哈　嘻　嘻　吽　吽　呸。

如果我們是在做驅逐儀式，就只放一半的度脫供在食子盤上，並且在供出餘食供養之前，也放一小塊度脫供在餘食供的最上面。否則，我們就只是把度脫供在佛壇上，第一份清淨供養和第二份酬懺供的旁邊。

完成薈供的三部分供養——第一個清淨部分，中間的酬懺部分，最後的度脫部分——之後，我們接著開始享用薈供。男女修行者開始吃喝薈供物。

首先，呈獻供物給金剛上師。如果他是男性，首先供奉自性爲般若的甘露，然後才供奉自性爲方便的食物。如果金剛上師是女性，則程序相反，先供上食物，然後才是甘露。

向薈供參與者供奉薈供物的人應該右手持食物，左手持甘露。向金剛上師獻上第一份供物的時候，應該立即獻上一杯甘露與一盤可食用的食物。由於甘露代表般若，食物代表善巧方便，所以獻供的人應該交叉雙手，這樣金剛上師接過供物時才會是用正確的手接過。如前所述，金剛上師先接過甘露或是先接過食物，取決於金剛上師是男性或是女性。金剛上師領取供物的方式是：首先做蓮花手印，領取供物之後，金剛上師回答「阿啦啦吙」。

分配供物給別人的時候，要給每一個人相等的分量，不能一個人拿很多而另一個人卻只有一點點。但是如果有人分得少了，也不應該有隻字片語的怨言，像是說：「我只有一點點，你卻拿了這麼多！」或是「上個月我們拿到了很好的供物，這個月的供品不太好。」不應該有任何的爭吵或胡鬧。如果有人踩到你的腳，你不需要用難聽、無意義的話語辱罵他。要完全避免這種爭執；當然不用說，也要避免打鬥。也要避免愚蠢的玩笑戲謔。就只是單純地享受薈供物。

進食之後，有個機會可以進行特殊的金剛歌和金剛舞。這些並非必須要做，但我們應該知道這就是從事這些活動的時間。在這一節的最後，《廣品事業》裡面有這首金剛歌：

Ema Kiri Kiiri

欸瑪　奇日以　奇日以……

在這個時候，有提及我們可以大聲朗誦密續並確立其義理，以此作為解說。在進行《障礙遍除》竹千法會的時候，會在這裡加上短的《蓮花藏續》。你也可以將其加入《拿叟》的竹千之中，但是那裡似乎沒有時間可以插入這個。無論你是在修哪一個法會，在這個時點都可以插入密續並且對其做闡述。

現在，我們來到了餘食供養（lhagma）的部分。凡是盤子上留下的一切都應該收集回去，此時不應該保留任何東西。餘食供養則被帶到佛壇那邊做加持。

餘食有兩個層面：清淨的餘食和不清淨的餘食。清淨或乾淨的餘食是之前在薈供開始的時候，就已經被放在旁邊的部分；不乾淨的餘食是從修行者盤中收集起來的一切，現在被帶到了佛壇那裡。

先前的乾淨餘食被放在佛壇底下的一個三腳架上。現在，將收集起來的不淨餘食放在一個盤子上，擺在三腳架前的地上。用特殊的單尖金剛杵手印，將一塊清淨餘食放在不淨餘食的上面；接著，將部分的不淨餘食放在清淨餘食的上面；然後拿起所有的清淨餘食供物倒在不淨餘食上面，這時我們放一小塊度脫物在那上面；最後，拿一小塊佛壇上的「巴朵」食子放在餘食上面，這個食子稱作「吉祥尊的餘食」。

用這個特殊方式，對餘食進行了加持。如果你只把清淨的放在不淨的上面，這非常吉祥，但是事業不會獲得迅速成辦；如果你只是把不淨的放在清淨的上面，事業會迅速成辦，但會是不吉祥的成辦方式。這就是爲什們我們首先放清淨的在不淨的上面，然後不淨的放在清淨的上面，最終是全部加在一起。這創造出吉祥與迅速成辦事業。

餘食供養被帶到金剛上師處進行加持。被給予甘露的時候，一位具有高度證量的金剛上師會食用一些，觀想自己是偕同佛母的「吉祥嘿汝嘎」，接著將甘露吐在餘食供品上，作爲雙運的甘露。然而，如果不具有這種證量，則最好不這麼做。接著金剛上師做清淨虛空手印，事業金剛（卻本）將甘露透過這個手印而傾倒在餘食上面。以咒語「嗡　啊　吽　哈　吙　啥」加持餘食供，然後放回到佛壇前方的三腳架上面。

如果我們看看這裡對餘食供養的這四句話，似乎非常精簡，不過廣版具有更大量的細節。我們向「吉祥尊」——意即「吉祥嘿汝嘎」——的侍者和使者說話的時候，說：

巴千之使者僕眾，ꣿ　大吉祥尊的僕役、使者眾，ꣿ
享用此剩餘物質，ꣿ　接受這個餘食的享用，ꣿ
當如往昔所宣誓，ꣿ　按照你們過去的誓言，ꣿ
遣除障礙增順緣。ꣿ　去除一切障礙，增長順緣。ꣿ

「你們過去的誓言」是指嘿汝嘎解脫魯札的那個時候。接著我們說：

Ma Ma Hring Hring Balingta Khahi。

瑪　瑪　幸　幸　巴令塔　卡嘻。

「瑪　瑪　幸　幸」指的是「領受餘食者的種子字」，而「巴令塔」的意思是「食子」，「卡嘻」的意思是「請用」。用一種向東南方走七十二步的特殊行走方式，把餘供小心地拿到外面。如果可能的話，就應該這麼做。做這個供養的時候，不應該把盤子朝外傾斜、倒出內容物，而是應該朝你自己的方向傾斜盤子，讓內容物滑落出來。在這個時候，將盤子朝你自己傾斜是爲修行者增長福德富裕創造出吉祥緣起。

永遠不應該把內容物向外丟出去，因爲這會造成修行者之間彼此爭鬥增加的緣起。並且，不應該讓狗和乞丐食用餘食，因爲這會散布各種疫疾和傳染病。爲了確保不會發生這個情形，最好是將餘食妥善安置在屋頂上或是一個較高的壁架上，只有天上的鳥兒才能食用得到這些東西。

語加持

現在我要給予的是如何加持語並增長咒語能力的不共竅訣。這個非常簡短的竅訣是來自瓊波・拿久（Khyungpo Naljor），蔣貢・康楚也採用這個竅訣。這應該用於任何持誦的開始之時。

首先，我們觀想自己顯明地現作本尊形象，無論我們修持的是哪一位本尊，例如普巴金剛或蓮花生大士。我們觀想在自己舌頭中間有一個「啊」字，「啊」字放出明亮的白色光芒，刹那間轉化成一個月輪，上面立有另一個「啊」字，周圍環繞著三圈（同心的）咒鬘。

最內的咒鬘是由梵文的母音所構成，「阿　啊　噫　譯　吾　唔」等等。這圈白色字鬘是逆時針方向的排列。在這之外，一圈紅色的子音鬘是順時針方向排列。最外圈的咒語是「嗡　耶　達兒瑪」咒，意思是「緣起的精華」；這圈藍色咒鬘是逆時針方向排列。

這三圈咒鬘象徵身、語、意，它們放出不同顏色的光芒，迎請三根本、三寶等等的一切加持，加持以本尊、其咒語種子字、諸如金剛杵或蓮花等等的手幟爲形象收回，這些全部都融入你的舌頭。

再次地，三圈咒鬘與「啊」字放光，激勵所有的大成就者、印度與西藏的持明者、已經成就眞實語的仙人，祂們的加持力全部收攝回來，融入「啊」字，接著「啊」字融入你的舌頭。如此觀想，接著念誦母音咒、子音咒以及「嗡　耶　達兒瑪」咒各七遍。

從最外圈的咒鬘開始，每一圈咒鬘都逐漸收攝入月輪，月輪收攝入「啊」字，接著「啊」字變成一滴白色甘露融入你的舌頭。以此方式，我們觀想自己的舌頭獲得加持，於是獲得一切善逝勇猛辯才之語的根器或力量。無論我們說什麼，就算只是一個字，屆時也會具有莊嚴的威光，並且能利益一切有情眾生。

這是不共的竅訣，可在蔣貢．康楚稱作《座間佛法修持》（*Dharma Practice for the Breaks; Tüntsam Chöchö*）的一篇文章內找到。這是用於座間進行的修持，而不是在座上。這本小書包括關於如何做各種不同事情的教示，例如燃燒食物的供養（zur，餗供，一般爲下施）、煙供（sang，桑供，一般爲上供）以及食子❹。

觀想的要點

在一開始的時候，可能很難對每一個層面的所有細節都同時具有清楚的觀想。如果情況如此，這裡有一些建議。《本智通澈心中心》說我們可以按照自己的喜好，在每一座輪流進行不同的修持。例如：

在每一座，釘下心咒眞言的大釘。༔
在每一座，安住在本尊與你的心意一味之中，༔
這時本尊與你自己的心意是同等味道的。༔
在每一座，要使本尊的顯現極盡清楚。༔ ❺

意思是我們觀想蓮師和其他本尊具有詳盡細節的顯現。

在每一座，釘下心咒眞言的大釘。༔

首先釘下種子字在中央，接著是周圍環繞的咒鬘等等。

關於持誦，我們應該從事四種持誦意趣：首先，如同具有一圈星鬘的月亮；其次，有如旋轉的火炬；接著，如同國王的使者；最後，有如打開的蜂巢。這些相應於依誦、近依、成修與大修。

❹ 通常稱 zur 為「餗供」，一般作為下施；稱 sang 為「桑供」，一般作為上供。

❺《本智通澈心中心》此段原文為：「座座明現本尊到達量，座座釘下心咒之大釘，座座住本尊自心一味，座座修光芒散收幻戲。」

在某些修座，可以只是單純地安住在無擾的狀態中，我們確信自己的心性與本尊的心性乃是一味。

在其他座的時候，我們可以觀想光芒朝所有方向放射出，向諸佛菩薩、三根本本尊獻供，光芒收攝而帶回諸尊一切功德的加持，接著光芒照向一切有情眾生，去除它們的遮障、惡業及習氣，轉化每一位眾生都變成本尊、勇父、空行母。於是，我們見到、聽到、想到的一切，全都成爲本覺的戲現。

在每一座，一直保持與本尊無別的佛慢。

領受成就

現在我們來到閉關的第三十四天。通常在每一座持咒的最末，我們會念三次百字明，但是在第三十四天，也就是完成閉關的前一天（無論是和很多人一起做團體修持或是單獨修持都一樣），我們會在每一段的持誦結束時，念更多的百字明，作爲清除過失的一個方式。我們也會念誦〈遣除道障祈請頌〉等等。

在隔日早晨，也就是第三十五天的早晨，如果我們有時間，就可以修持較長版本的成就法。

如果沒有，我們可以使用它的某些部分。例如，《廣品事業》有一個領受成就的特殊部分。我們也可以就只是使用《事業心要》中的這四句：

吽啥！ꔍ
體性菩提心之壇城中，ꔍ
智慧幻化遊戲本尊眾，ꔍ
無有背離隨憶金剛誓，ꔍ
祈賜加持灌頂與成就。ꔍ

吽啥！ꔍ
在菩提心的體性壇城之中，ꔍ
聚集著遊戲於智慧幻化的本尊眾，ꔍ
毫不分離，請記得您的金剛三昧耶，ꔍ
賜予加持、灌頂與悉地！ꔍ

我們從壇城上的食子領受加持，應該將這個食子視作「三身本尊」以及十二化身、四勇父與空行等等。在開始閉關之前，這個食子應該經過加持，就像是加持佛像一樣，裡面有這所有本尊眾的咒語。

我們拿食子前面部分的一小塊起來吃掉，也取用一點甘露，將食子觸碰自己的三門，領受成就。我們應該在太陽從地平面升起的那一剎那做這些，就是第一道陽光在早晨天空產生壯觀景象、有著光輪等等的時候；我們應該精確地在此時刻領受成就。

之後，我們可以修持長版或短版的成就法，但凡合宜皆可，按照法本一直修到薈供的部分。這裡有說，如果能做之前講過的一百次薈供會很好，或者按照長軌《廣品事業》修持薈供，一直修到餘食的部分，這樣也很好。

弟子：我們應該在自己開始修持成就法之前，就應該領受悉地？

喇嘛：其實這看你自己的喜好，都可以。但是傳統是在領受成就之後再修一遍成就法，包括詳細的薈供等等，作爲感恩。這是在領受成就之後做的修持。

弟子：如果我們比較喜歡在修法期間內領受成就呢？

喇嘛：「領受成就」是在念誦的最末進行，應該在薈供之前做完。在念誦咒語、字母音、供養和禮讚、〈遣除道障祈請頌〉、百字明之後，就可以念誦領受成就的儀軌偈句。在這個時候，如果我們是修持短品儀軌，可以只是繼續修持薈供。按照《廣品事業》，如果我們是在進行廣詳的修持，包括行百次供養，則應該在領受成就之後，回到儀軌的一開始，從頭修持。

結束閉關

在整個閉關期間所貯存起來的餘食供品，現在首次拿到外面供出。

弟子：我們累積餘食三十五天？

喇嘛：薈供餘食的領受者不具有待在壇城裡的力量，他們必須待在周邊地區，這個原因可以上溯至嘿汝嘎降伏魯札的時候。在那個時候，有些侍者停留在外圍地區而不處於主要壇城之內。作為一種未來的承諾，即使他們無法參加主要的薈供，仍將會一直領受殘餘的食物。

這就像是邀請一位重要的大臣來參加一場盛宴，他來的時候會帶著很多侍從，這些侍從不會全都坐在主桌上。有些侍從會坐在外面，直到大臣結束他的盛宴之後，這些人才可以進食。同樣地，我們保留餘食直到成就結束之後，然後才分發餘食。

這個時候，如果我們並非在一般修座進行薈供，則直接進行收攝的階段。這是收攝壇城的時候。如果我們有一個用彩沙或彩粉製作的壇城，就應該念誦稱作「祈請離去」的四句頌文。如果我們的壇城是佛像或布繪，則念誦不同的四句偈頌，稱作「祈請常駐」。我們應該總是先念這些偈頌。

例如，在長期修持的最後，彩沙會被舀在一起、聚成一堆，帶到別處去。在這之前，必須先念誦這四句偈頌而讓本尊離去。如果有代表祂們的佛像或唐卡，則請祂們留下。

之後，就如同每一座結束時的相同做法，我們念「吽 吽 吽」，收攝壇城觀想。首先，壇城的細節部分融化成光，收攝到諸本尊之中；接著，外部的本尊，包括上面、下面以及周圍的，化光融入你自己。內部的本尊是由三薩埵所構成：誓言尊（三昧耶薩埵，samayasattva），這是蓮師的形象；智慧尊（嘉納薩埵，jnanasattva），這是心間的五股金剛杵；三摩地尊（三摩地薩埵，samadhisattva），這是金剛杵中心的種子字「啥」。這三者一個融入一個，相繼消融。

首先，蓮師形象的三昧耶尊收攝入智慧尊，智慧尊收攝入具有種子字和咒語的金剛杵；接著，金剛杵與周圍的種子字收攝入三摩地尊「啥」字；然後「啥」慢慢消融，直到心中完全無有任何執持爲止。在這個時候，沒有需要禪修的事物，沒有禪修者，沒有禪修的這個行爲，就只是全然離戲的空性。爲了根除斷見或常見等邊見，我們安住於這個狀態片刻。

如你們知道的，外道哲學不是依附「斷見」，就是依附「常見」。我們消融整個壇城是爲了滅除這兩種邪見中的一種邪見❻。這至關重要，必須這麼做。

念三次「吽」，觀想本尊的顯現輪融攝入光明虛空中。如同《廣品事業》所述，念三次「呸」，再次觀想自己是蓮師的形象。如同魚兒躍出水面一般，這發生在一剎那之間。我們其實已經對這個程序相當熟悉了，這完全不是什麼新的東西。我們談到自己認識的人時，只要一提到他們的名字，他們的相貌就會立刻出現在我們心裡，而非一個漸進式的過程。同樣地，魚兒躍出水面的時候，它不是逐漸顯現成爲魚的形象，完全不是以那樣的方式出現，你是立刻看到魚的全貌。這裡也是同樣的方式，我們瞬間視自己爲蓮師，具有一面二臂等等。在這個時候，即使是一位具有九頭十八臂的不同本尊，我們仍然僅是觀想這位本尊只有一面二臂的簡單形象。接著，我們應該在一天的所有情況當中，一直保持本尊慢。法本中說：

再次地，一切顯相，包括我自己的，都是具足壇城輪之身、語、意一切性相的智慧自性。[6]

「一切性相」的意思是「一切」，包括顯現的形象、聲音、氣味、滋味、觸感等等。這些全都包含在身、語、意、功德、事業一切層面的智慧壇城之中，完全沒有什麼是不清淨的。你應該以此方式〔再次〕生起，同時維持自爲本尊的佛慢。

這麼做的目標在於摧毀兩種邪見中的另一種邪見：斷見。爲了摧毀這種見，你再次顯現。進行這個階段還有另一個原因：爲我們從法身狀態中顯現色身以利益一切眾生，創造緣起。

❻應指「常見」。「斷見」約等於虛無主義，認為一切皆不存在；「常見」約等於恆常主義，認為一切實有恆常。

這個時候，我們也可以走到外面，拿下之前作爲四大天王所依的界標。就像我們在一開始的時候，曾念過一段請求祂們留下的簡短念誦，現在我們則念一段請祂們離去的簡短念誦。如果我們是在閉關，就不需要把四大天王〔的界牌〕留在那裡；但是如果是在寺院，則可以保留以佛像、繪畫等等作爲代表的四大天王。在這個時點，我們做一個簡短的四句供讚。以「班匝 木」請祂們離去。一旦界牌被拿下，人們就可以進來，我們也可以出去。

三善

現在，我們來到迴向福德和發願的時候，這是三善的第三個層面。三善是：初善的菩提心前行；中善的無分別念正行；後善的迴向結行。

不管你是做什麼修持，一切修持都要以此三善爲旨，即使是念一百遍的「嗡 瑪尼 貝瑪 吽」也一樣。在這個例子中，初善是不只利益自己、還要利益所有其他有情眾生的發心，方法是通過念一百遍的瑪尼咒；第二個善是對觀自在菩薩進行無分別念的觀修，以種子字和周圍環繞的咒鬘放光來利益一切眾生；第三個善是希望能與所有其他眾生分享藉此而產生的利益，這是善的結行。

在佛陀住世的時候，有一位偉大的大師。起初他是一個外道，後來釋迦牟尼佛將他轉化為佛教徒。這位大師寫了一些讚頌，在其中一篇讚頌中，他說：「唯有在您的教法中，一個人才會迴向善根於利益其他眾生。非佛教徒的外道教法永遠不會如此主張。這是您的殊勝功德。」

這裡的文字非常深奧：

吙。 　吙。

成修持明上師壇城力，。 　藉由成修持明上師壇城的力量，。

我與無邊有情盡無餘，。 　願我及一切無量有情眾生皆無餘，。

四種事業任運得成就，。 　任運成就四種事業，。

願解脫入光明法身界。。 　並且解脫入法身的光明界中！。

在迴向和發願的偈頌之後，我們以四句吉祥語作結束。在這個時點，觀想一切諸佛、菩薩、本尊等等，全都聚集在自己前方的虛空中，祂們宣說真實語的言詞，拋灑如雨的曼陀羅花。當這些花朵如雨降下的時候，我們念誦這四句偈頌：

願根傳上師加持入心，ꣻ
本尊空行如影隨行伴，ꣻ
護法眾神遍除障礙已，ꣻ
獲得勝共成就願吉祥。ꣻ

願根本與傳承上師的加持進入我的心中！ꣻ
願本尊與空行母伴隨我，猶如影子跟在身體後面一般！ꣻ
願護法與佛法守衛者驅除一切的障礙！ꣻ
願具有獲得殊勝和共通悉地的吉祥！ꣻ

以此表示完成了修持。

關於三十五日閉關的更多問題

弟子：我有丈夫和一個孩子，而且我還要工作，所以很難做一次三十五日的閉關。我能怎麼做呢？

喇嘛：那沒關係，不必一定要是三十五日的長度。這只是對想要閉關進行這個修持的人所建議的時長。然而，你仍然應該使用相同的比例，延展成更長的一段期間，像是三個月或四個月。你仍然應該按照相同的比例，把修持作劃分，多少天修持前行，多少天持誦各個不同的咒語，只不過是把整個時長拉長開來。

弟子：如果我想要在自己家裡用這個修持作為閉關，我必須完成特定數目的座數。然而，在晚上，我必須和自己的孩子和丈夫交流互動，因為他們需要我。有可能這麼做嗎？還是不可能呢？

喇嘛：是的，那是可以的。在每一座的時候，你都應該進行最佳品質的修持，不應該讓平常的交談中斷座上的修持。相較於念一千遍咒而當中被交談打斷，只念一百遍咒，卻在開始的時候發菩提心，期間避免凡俗言語，最後以母子音咒做結束，後面這一百遍遠遠勝過前面的一千遍，因為這是眞實清淨的修持，有如鑽石一般。就算座修時間非常短，但是至少你用那一小段時間獲得了一顆鑽石。當你進行另一座上等品質的修持時，你又收集到另一顆鑽石。最終你會積聚大量的鑽石，這遠遠勝過你做很多不是最上等品質的修持，那麼做你得到的就是滿滿一捧不是鑽石的東西。最重要的部分在於一個人的修行品質。

弟子：在開始閉關的時候，仍要在四個方向樹立四大天王的守護界牌等等嗎？

喇嘛：那不是必要的。最重要的是心。在閉關期間，是心在進行修持，所以心是最重要的。閉關並非就只是把門關上、設立結界等等。專注在你的修持上，比設立精巧的結界卻坐著心想美國等等地方更有價值。後者對你不會有很大的幫助。身體上的閉關主要是給初學者做的，因為初學者的心很容易被自己的所見所聞給拐走，因此有必要前往一處你不會見到別人、不會聽到別人交談、不會看到或嗅到能引起你很多念頭的地方，然而資深修行人可以住在城鎮的中心，卻仍然處於閉關之中，因為環境不會對他們造成影響，感官印象對他們完全沒有妨害，這才是閉關的意義所在。

結語

我們接受口傳的時候，就只是經由單純聽聞聲音而獲得，即使完全不了解文字或其意思也可以。然而，接受教文中的引導，卻要按部就班地獲得對其中字字句句之意的教導，而這不必講得太快。

關於這篇由蔣揚·欽哲編排，稱作《三十五日修法》的教文，如果我們佛法修行者能夠做一次三十五日的閉關，當然會很好。但是從另一方面而言，我們也不應該認為閉關是進行這個修法的唯一途徑。如果我們那麼想，就可能永遠無法進行這個修持。即使我們沒有時間做一次閉關，但是我們現在就可以著手進行這個修法。

我們有一個方法，可以用日修的方式進行這個修持。初學者可以按照一種非常簡短的方式進行，只需要修依誦的部分就足夠了。《日常觀修瑜伽》（*The Concise Daily Practice Manual; Naljor Gyüngyi Köljang*）是一部非常短的法本，只有兩頁的長度。它含有簡短的皈依和菩提心，從三摩地開始的觀想，只有一個咒語，就是蓮師心咒。只要念這個咒一百遍，好好地念完後，接著念母子音咒、緣起咒、百字明各三遍，以迴向與發願做結束。若你能夠努力如此修持，是可以的，因爲它實際是以非常精簡的方式來涵蓋長版儀軌和短版《事業心要》的完整意義。所以是完全可以的，因爲這些教法應當是用來即刻付諸實修，而不是記在心裡，當作一個未來某天要去執行的計畫。我們大家都會犯這樣的錯誤，老以爲自己以後會有時間進行修持。

實義明點

《意修》精簡修持儀軌的觀想次第

噶美堪布仁謙．達傑

Namo Guru Maha Nidhiye

南摩　咕汝　瑪哈　尼諦耶

關於實修《障礙遍除．上師意修》的日常觀修，首先按照《事業心要》修持皈依和菩提心，同時憶念三寶的功德。

接著，藉由說「吽」，將自心安住於無有能知、所知的眞如之中。

「空性的虛空」是指大空性的眞如三摩地，向下清淨死亡的狀態，向上圓滿法身的功德，在中際成熟一個人，讓人得以觀修空性之道。

「遍照智慧」指的是如幻大悲的遍照三摩地，向下清淨中陰的狀態，向上圓滿報身的功德，在中間成熟一個人，讓人得以修持如幻大悲的這條法道。

「種子三摩地『啥』放光」是指種子三摩地的細微種子字，它向下清淨出生，向上圓滿佛果的化身功德，於此之間成熟個人，讓人得以修持生起次第道。這些就是正行的三三摩地。

「一切顯現與存有都是蓮花網剎土」，意思是在蓮花網這個無上密嚴剎土的中央，於一只四方形的白色水晶上，有一塊八角形的珍寶。這塊珍寶的中心上面有一個珍寶座和日、月，其上有一朵四瓣蓮花。在這上面，種子三摩地的「啥」字剎那間轉化。

「瑪哈咕汝」一字中，「瑪哈」的意思是「偉大的」，「咕汝」的意思是是「上師」。在「鄔金・拓稱・匝」這個名號中，「鄔金」是指一個聖地，而「拓稱・匝」是蓮師的密名。其身形的莊嚴威光，榮耀地降伏顯有。身色白紅，具有半寂靜、半忿怒的表情。

他的右手在心間的高度，揚舉一隻五股金剛杵或是將杵尖指向天空。他的左手結等持印，拿著一只顱器（嘎巴拉），這是持具大樂之物，以無死長壽寶瓶作為嚴飾。

左邊擁抱著自己殊勝、祕密的明妃，明妃以一根三叉戟天杖的隱祕形象出現。天杖具有三顆疊在一起的頭顱、一只寶瓶、一支十字金剛杵、絲質飄帶，以及鼓和鈴的環飾。

在他的頭上，他戴著見即解脫的蓮冠。他身著白色密衣、深藍色長袍、紅色與黃色的法衣，以及一件紅褐色的錦緞披風。

他的右腿彎曲，左腿前伸，不過就算兩者對調也無妨。所以，他是以右或左的國王遊戲姿莊嚴端坐著，坐在一個五彩虹光的光團內。

從鄔金仁波切身相後面的蓮花莖幹長出的分支上，有兩朵花綻放在他的頭上。較低的那一朵上面是自在報身尊主觀自在菩薩，身色瑩白，一面四臂，手持寶珠、水晶念珠與一朵白色蓮花。在較高的花朵上面端坐著部主無量壽怙主，明亮紅色，手持一只長壽寶瓶。祂們二尊都是身著報身裝束，雙腿金剛跏趺坐。

上方是六傳承的上師眾；之間是本尊眾——續部的天尊；下方是如海的具誓護法眾。十二化身在四個主要方位和八個次要方位。在所有方向中，三根本及護法如雲海般地聚集，充滿各處而毫無間隙。

最爲重要的是觀想主要的三身；對於眷屬，僅僅想像祂們有出現就已經足夠。不過，以下是對祂們身色和幟相的簡短描述：

東方是白色的「勝者法嗣」，穿戴著乾顱頭冠、骨飾及虎裙，右手持劍，左手持鉤，半忿怒的微笑相，半金剛跏趺坐姿。

南方是白色的「語獅子」，穿著僧袍和一頂紅色①的班智達帽，祂的雙手結說法印，上方與下方的蓮花托著書本，雙腿盤坐。

西方是黃色的「聖者善顯」，穿著僧袍及一頂紅色的班智達帽，右手持金剛杵，左手持寶篋，雙腿盤坐。

北方是淺棕色的「大誅魔者」，穿戴著深藍色和橘色的蓮冠及大氅，右手持著念修用的橛靠在自己腰際，左手用事業橛刺入魔障。祂以邁步立姿，右腿彎曲，左腿伸展。

祂們的外面，在八角形的珍寶上，東方是暗藍色的「瞻部洲妙莊嚴」，穿著顱冠等屍林八飾，以及一件雙層的大氅。祂的右手和左手之間轉動著由衣帶支撐的持誦橛。忿怒且令人生畏，邁步立姿，右腿彎曲，左腿伸展。

南方是藍色的貝瑪炯內，雙手交叉持金剛杵與鈴。祂的明妃白色佛母則手持刀與顱。兩者都有絲綢、珍寶、骨飾作莊嚴，雙腿是金剛跏趺與蓮花跏趺。

西方是瑩白色的「最極聖者持明」，戴著一頂藍色的蓮冠，穿著大氅與紅色法衣。祂的右手持金剛杵，指引法道與次第的手勢；左手用一根三叉戟作爲權杖。祂腳上穿著靴子，以行走姿勢站立著。

北方是栗紅色的「神通力士」，穿著僧袍、頭鬘、骨飾，右手持金剛杵，左手持橛。兇猛地齜牙，站在一朵蓮花、日輪、虎座上，鎮壓著一男一女的魯札。

東南方是暗紅色的「持明金剛威猛力」，穿著屍林裝束，右手持金剛杵，左手持鐵蠍，與持著

①秋吉．林巴說是黃色的班智達帽。

刀、顱的暗藍色亥母和合。祂的雙腿是邁步站立姿，踩踏男性的王魔（嘉波）和女魔（森姆）。

西南方是暗藍色的「有緣導師」，穿著八種屍林裝束與十種榮耀嚴飾。祂持著金剛杵與盛有鮮血的顱器，兩者相疊。祂與自己的明妃和合；明妃是淺藍色的「天面母」，持著刀與顱器。祂的右腿彎曲，左腿伸直，將一男一女的「折巴」傲慢靈踩在腳下。

西北方是深栗紅色的「羅刹顱鬘」，祂穿著屍林裝束，持金剛杵與盛血的顱器，擁抱手持刀與顱器的「青藍焰光母」。祂的右腿彎曲，左腿伸直，踩踏一男一女的「黨西」誓魔在腳下。

東北方是亮紅色的「大樂王」，祂穿戴珍寶骨飾，手臂交叉，持著金剛鈴杵，與手持達瑪如鼓與顱器的紅色佛母和合。祂的雙腿是邁步站姿。

在四門是四部的勇父——白、黃、紅、綠——穿著虎裙、骨飾、枯顱頭冠及絲帶，手持顱器與以金剛杵、珍寶、蓮花、十字金剛杵爲手柄的刀。皆爲一腿彎曲、一腿伸直的舞蹈立姿。

祂們全都是本初且任運的顯現，爲誓言尊與智慧尊無別的自性。

在這之後是持誦的觀想：在部主無量壽的心間，「啥」字及咒鬘安住在月輪上，放出以紅色爲主的五彩光芒。

「聚集輪迴與涅槃的一切壽命甘露，光芒融入我。」如此念誦，將你之前被斬斷、污損、散失的所有生命力與壽命能量聚集回返。外在而言，這個壽命甘露是器世間四大元素的精華；內的層面上，這是三界眾生的生命能量、福德、力量、財富；密的層面上，這包含了諸佛菩薩的智慧、悲心、力量。它召喚一切外、內、密的精華，以五彩甘露爲形象。在《日常觀修》之中，你只是讓其融攝入自己，有如雨霖一般，不需要像在中軌和廣軌之內一樣，讓甘露從寶瓶流下等等。

關於「大悲尊」，在神聖至上的「大悲調御者」心間，「啥」字站立在六瓣蓮花的中心，六瓣上排列著六字大明咒的六字。它們都是面朝內，從前方開始，順時針環繞。藉由身脈與明點的幻化，從這六個字母放出白色等等的個別光芒，清淨六種有情眾生的苦及苦因，方式如下：

從「吽」字放出大圓鏡智的藍色光芒清淨地獄的眾生。從「美」字放出平等性智的黃色光芒清淨餓鬼。從「貝」字放出法界智的白色光芒清淨畜生。從「尼」字放出妙觀察智的紅色光芒清淨人類。從「瑪」字放出成所作智的綠光芒清淨阿修羅。從「嗡」字放出大光明智的白色光芒清淨天眾。從「啥」字放出五彩光芒遍滿整個天空，清淨等虛空數量眾生之苦。

這個觀想及其他細節，是爲了空盡六道六種眾生的詳盡做法。然而，就此日修來說，精簡的方式就足夠了。

對於根本持誦的實際觀想如下：我身爲蓮花生大士，總集一切部族之形象的上師。在我的心間有一個五股金剛杵站立在圓滿的月輪之上。在月輪上，中心凹陷之處，是心命的白色「啥」

字，周圍環繞著咒鬘。咒鬘是白色且明亮的，面朝外，逆時針方向排列，但是順時針方向旋轉。咒鬘放光向一切聖眾獻供，並且成就對眾生的利益。

外器世間是遍攝清淨的密嚴剎土，內情眾生是「作為顯基的顯有本尊」之身相大手印。以此方式，一切感知都是本尊，一切作響的聲音都是咒語的美妙語音，一切念頭都任運清淨成為無二的光明心意。以此自然成辦息、增、懷、誅四種共通事業，以及遍入一切的事業。

經由任運成就殊勝不變大樂的身、語、意，即「無死持明位」，我們將會在此生證得三身的相融無別。

如此念誦之後，平等安住於空明無別的相續之中。盡可能地多做根本念誦「嗡 啊 吽 班匝 咕汝 貝瑪 悉地 吽」。

關於咒語的意義，精簡儀軌中說：「三字母是無別的三身」。外在層面上，「嗡」是身，「啊」是語，「吽」是意。內的層面上，「嗡」是脈，「啊」是氣，「吽」是明點。祕密層面上，「吽」是法身，「啊」是報身，「嗡」是化身。按照眞如的極密，「吽」是空的體性，「啊」是光明自性，「嗡」是種種大悲心的自性力用。

「『班匝 咕汝』指的是部主。」外是金剛威猛力上師，內是金剛薩埵上師，密是無上本覺，極密是不變的本淨。

「『貝瑪』是指作爲壇城輪的顯現。」外是蓮花網剎土中的持明上師與眷屬；內是菩提心的明點壇城；密是作爲方便的上師及其處於佛母虛空之中的大樂眷屬；按照眞如的極密說法，是空明無別的雙運壇城。

「『悉地 吽』迎請悉地。」這些悉地是外的四種事業成就，內的八種悉地成就，密的殊勝悉地成就。外在層面上，是對生起次第獲得自在的成就；內的層面上，是脈氣輕安的成就；密的層面上，是自心生起不共證量的成就。按照眞如的極密說法，是離於能證、所證二者，既無所證的悉地，亦無能證者。

「這個金剛咒語將依、修、事業濃縮於一，成辦所有的事業。」這十二個金剛字將依、修、事業濃縮爲一，成辦一切尚未成辦的事業。對於已成辦的事業，亦使其不致浪費，將一切事業引至圓滿。

「在修座的最終，向上師祈請，他是一切部族的總集，將你的心意與他的心意合在一起。接著以迴向所積聚的善德與發願作封印。」如果你完全依賴此處的教言，就以〈杜松桑傑〉等等的祈請文作祈請，並安住於自性。最終，爲了清除常見，以「吽」收攝本尊的生起。爲了清除斷見，以「呸」再次生起雙運的形象。如同在《事業心要》裡一般，迴向所積聚的善德，並且以清淨的發願作爲封緘。

持有袞千．波東巴口授傳承的主要弟子，熱千．巴究．桑波轉世傳承的袞千．貝瑪．噶爾旺之法座雅爾卓．甘丹，來自此處的洛桑．尼瑪這位精進修行者表達需要《障礙遍除意修之日常觀修瑜伽》的觀想次第而做出請求。按照這個請求，在火牛年猴月初十，大伏藏師的弟子噶瑪．惹納．旺秋堪布在拉薩的惹薩．楚囊，因該處上下位階人士之有趣戲碼而至爲散亂時，將此付諸書錄。願此帶來二次第之增盛。

長壽母五姊妹

資料來源

秋林新伏藏（Chokling Tersar）

KA 函：

此函介紹秋吉・林巴所取出，名為《障礙遍除・上師意修》法類的各篇教文，以及相關的成就法、傳承祈請文等等，也含有該傳承其他大師所著的釋論與解說。

KA 3.《精要口授》（*The Essence Manual of Oral Instructions; zhal gdams snying byang*）。《障礙遍除・上師意修》的伏藏根本文，具有歷史背景的篇章、三身上師的成就法，以及十二化身的各尊成就法等等，還有對未來的授記。其中包含了一篇稱作《本智通澈心中心》的篇章。

GA 函：

GA 2.《賜予成就吉祥》（*Bestowing the Splendor of Accomplishment; dngos grub dpal ster*）。《障礙遍除・上師意修》的傳承祈請文。第 1–4 頁。*①

GA 9.《依修持誦修法指南》（*The Recitation Manual for Approach and Accomplishment; bsnyen sgrub dza pra kyi bkol byang*）。《廣品事業》（*phrin las rgyas pa*）持誦部分的伏藏文。第 77–96 頁。*

GA 17.《事業心要之瑜伽》（*Trinley Nyingpo, The Yoga of Essential Activity; phrin las snying po'i rnal* 'byor）。依據《障礙遍除・上師意修》的上師成就法短軌。第 169–178 頁。*

GA 18.《日常觀修瑜伽》（*The Concise Manual for Daily Practice; rgyun gyi rnal 'byor bkol byang*）。依據《障礙遍除・上師意修》的上師成就法之精簡日修儀軌。第 179–182 頁。*

GA 28.《大娑羅樹種子》（*The Seed of the Great Sal Tree; sa la chen po'i sa bon*）。關於《事業心要》持誦修行的簡短註解，蔣貢・康楚撰。第 395–408 頁。

GA 29.《關於事業心要的簡短註解》（*Short Notes on Trinley Nyingpo; bsnyen sgrub las gsum bya ba'i yig chung*）。秋吉・林巴對《事業心要》成就法的解釋。第 409–420 頁。

GA 30.《三十五日修持》（*The Thirty-Five-Day Practice; zla gcig zhag lnga tsam mdzad pa'i zin tho*）。對於如何以三十五日閉關的形式修持《事業心要》的解說，蔣揚・欽哲・旺波撰。第 421–430 頁。*

*《純金明點》（*Sphere of Refined Gold; bla ma'i thugs sgrub bar chad kun sel las, rig 'dzin padma 'byung gnas kyi rdzogs rim 'od gsal rdzogs pa chen po'i khrid yig thig le gser zhun ces bya ba bzhugs so*）。依據《障礙遍除・上師意修》，持明貝瑪炯內之光明大圓滿引導文（The Guidance Text in the Luminous Great Perfection of Rigdzin Pema Jungney），蔣貢・康楚撰。*

---

①*號標註者收錄在「自生智翻譯」（Ranjung Yeshe Translation）的一本小冊子中。見 www.rangjung.com。

其他藏文教文

秋林新伏藏

GA 函：

GA 3.《五加持》（*The Fivefold Consecration; byin rlabs rnam lnga*）。開始修持成就法之前，對法會物品的加持。*

GA 5.《前行七支，正行七支，結行七支》（*The Seven Preliminary Points, the Seven Points of the Main Part, and the Seven Concluding Points*）。《廣品事業》（*The Extensive Practice; phrin las rgyas pa*）。依據《障礙遍除・上師意修》的廣品上師成就法。*

GA 10.《開啓持誦宮》（*Opening of the Mansion of Recitation; dza pra khang dbye ba*）。也稱作《基讚》（Gzhi Bstod）。關於如何安排《廣品事業》持誦部分的儀軌。*

GA 12.〈玉面版酬補文〉（The Turquoise Room; g.yu zhal ma）。《障礙遍除・上師意修》的簡短酬補文。*

GA 15.《障礙遍除・上師意修之中品事業》（*The Medium Practice of Lamey Tukdrub Barchey Künsel; phrin las 'bring po*）。按照《障礙遍除・上師意修》的中品上師成就法。*

GA 16.《事業心要之輔助部分》（*Appendix for the Essence Practice; phrin snying zur 'debs*）。GA 17 的附言。*

GA 19.《部主金剛薩埵聞即解脫之密咒》（*The Secret Mantra That Liberates through Hearing of the Family Lord Vajrasattva; rigs bdag rdo rje sems dpa"i gsang sngags thos pas grol ba*），加上《蓮花藏續念誦法》（*Lotus Essence Tantra together with the Reading Method*：*pad ma snying po'i rgyud bklags thabs dang bcas pa*）。*

GA 20.《長壽五姊妹教傳護法修法》（*The Teaching Protector Sadhana for the Five Sisters of Long Life; bka' srung tshe ring mched lnga'i sgrub thabs*）。《障礙遍除．上師意修》的護法，長壽母及其四姊妹的修法儀軌。*

NGA 函：

NGA 6.《魯札哀懺》（*The Lamentation of Rudra; smre bshags*）。懺悔文。

NGA 7.《甘露雲叢》（*The Cloud Banks of Nectar; bdud rtsi'i sprin phung*）。護法供養，秋吉．林巴撰。

NGA 9.《加持雲叢》（*The Cloud Bank of Blessings; byin rlabs sprin phung*）。向如海三根本及護法眾

祈請的祈請文，蔣揚·欽哲·旺波撰。

NGA 15.〈遣除道障祈請頌〉（Clearing the Obstacles of the Path Supplication; gsol'debs bar chad lam sel）。《障礙遍除·上師意修》的根本祈請文。*

NGA 16.《殊勝菩提種子》（*The Seed of Supreme Enlightenment; byang chub mchog gi sa bon*）。前行修持的原始儀軌，蔣揚·欽哲·旺波撰。

NGA 17.《殊勝菩提種子》（*The Seed of Supreme Enlightenment; byang chub mchog gi sa bon*）。《障礙遍除·上師意修》前行修持的擴充儀軌。*

NGA 19.《意義心要》（*The Essential Meaning* ·· *don gyi snying po*）。對《蓮花藏續》的簡短釋論。

NGA 21.《前行廣詳修法》（*The Way to Perform the Extensive Preliminary Practices; sngon 'gro rgyas pa btang tshul*）。*

NGA 22.《無上菩提成就大門》（*The Great Gate for Accomplishing Unexcelled Enlightenment; bla med byang chub sgrub pa'i sgo chen*）。關於如何修持《障礙遍除·上師意修》前行修法的詳盡釋論，二世秋吉·林巴撰。**②

CA 函：

CA 6.《智慧綻放》（*The Blooming of Intelligence; blo gros kha 'byed*）。語獅子的成就法、灌頂儀軌與事業修法，蔣貢・康楚撰。

《令湖生上師歡喜之口授教法：涵蓋障礙遍除・上師意修之完整二次第的簡明引導文》（*The Oral Teachings That Gladden the Lake-Born Master—A Concise and Clear Guidance Manual Covering the Complete Two Stages of Lamey Tukdrub Barchey Künsel, The Guru's Heart Practice of Dispelling All Obstacles*），怙主頂果・欽哲仁波切撰。

②＊＊可於自生智出版社（Rangjung Yeshe Publications）取得：見 www.rangjung.com。

其他英文教文

《大圓滿精要：清除迷亂之道》（*Dzogchen Essentials, The Path That Clarifies Confusion*），自生智出版社（Rangjung Yeshe Publications），香港，2004。

《蓮花生大士的一個修法》（*A Practice of Padmasambhava*），雪獅出版社（Snow Lion Publications），紐約：旖色佳，2011。

《智慧之光》（*The Light of Wisdom*）第二冊，自生智出版社（Rangjung Yeshe Publications），香港，1998。中文版：橡樹林出版社。

《藏傳佛教之金剛智慧本尊修法》（*Vajra Wisdom Deity Practice in Tibetan Buddhism*），雪獅出版社（Snow Lion Publications），紐約：旖色佳，2011。

《事業心要之解說》（*Trinley Nyingpo Commentaries*），祖古．烏金仁波切，1984，1989，1995。確吉．尼瑪仁波切（Chokyi Nyima Rinpoche），1990。

《三十五日修法之詳盡解說》（*Extensive Commentary on the Thirty-Five-Day Practice*），普茲．貝瑪．札西喇嘛（Lama Putsi Pema Tashi）。

《甘露海：金剛乘之酬補清淨修法》（*The Ocean of Amrita, A Vajrayana Mending and Purification Practice*）。**

《覺醒之珍貴歌曲：日修、薈供與竹千的唱誦》（*Precious Songs of Awakening, Chants for Daily Practice, Feast & Drubchen*）。

《障礙遍除意修之竹千法本》（*Tukdrub Barchey Künsel Drubchen Texts*）。**

《蓮花藏續：佛教密續的基礎原則》（*The Lotus Essence Tantra, Fundamental Principles of Buddhist Tantra*）。自生智出版社（Rangjung Yeshe Publications）即將出版。

《大圓滿精髓：迷妄生起為智慧》（*Quintessential Dzogchen, Confusion Arising as Wisdom*），自生智出版社（Rangjung Yeshe Publications），香港，2006。

MP3/ MP4 檔案、錄影及照片

《純金旋律》（*Melodies of Pure Gold*）。

《事業心要之瑜伽》（*Trinley Nyingpo, The Yoga of Essential Activity*），錄音與錄影。

《岡波巴四法之精萃》（*The Best of the Four Dharmas of Gampopa*），祖古．烏金仁波切。錄影。對於金剛乘完整法道的教學。

《意修》法類的唐卡與唐卡細節圖片。

所有修持手冊與照片以及錄音、錄影檔案都可以從自生智出版社的網站連接取得：www.lotustreasure.com。

若想取得可用作音樂的其中某些吟唱旋律版本，請電郵聯絡艾瑞克（rangjung@gmail.com）或瑪西亞（marcia@rangjung.com）。

喀惹金翅母

附錄

【附錄二】

《賜予成就吉祥》傳承祈請文

《障礙遍除意修》的傳承祈請文
名為《賜予成就吉祥》

蔣貢・康楚

極樂剎土法身周遍主，
光相熾燃無死天中天，
至誠祈請消除外內障，
祈賦加持賜勝共成就。

大樂剎土的守護者，周遍法身的尊主，
千種燦爛相好放光，天神之中的無死天神，
我向您祈請，請消除外與內的障礙！
加持我，賜予殊勝與共通的悉地！

普陀之主遍照圓滿身，
大悲自在眾怙執白蓮，
至誠祈請消除外內障，
祈賦加持賜勝共成就。

普陀山的尊主，報身毘盧遮那，
自在的大悲尊，眾生的守護者，持白蓮花者，
我向您祈請，請消除外與內的障礙！
加持我，賜予殊勝與共通的悉地！

吉祥蓮花所生應化身，
調伏顯有勝王顱鬘力，
至誠祈請消除外內障，
祈賦加持賜勝共成就。

智慧虛空所行眾之尊，
祕密主界自在措嘉母，
至誠祈請消除外內障，
祈賦加持賜勝共成就。

世間之眼補處毗盧尊，
文殊金剛赤松王父子，
至誠祈請消除外內障，
祈賦加持賜勝共成就。

黨津化身百伏藏處主，

吉祥化身，蓮花生大士，
一切顯現和存有的光耀降伏者，拓稱匝，勝眾之王，
我向您祈請，請消除外與內的障礙！
加持我，賜予殊勝與共通的悉地！

智慧之王母，空行會集眾，
祕密母，界自在措嘉母，
我向您祈請，請消除外與內的障礙！
加持我，賜予殊勝與共通的悉地！

攝政毘盧遮那，世間的唯一眼睛，
曼殊師利金剛·赤松，父與子，
我向您祈請，請消除外與內的障礙！
加持我，賜予殊勝與共通的悉地！

黨津的化身，一百個伏藏與處所之主，

濁世化眾秋吉大樂洲，
至誠祈請消除外內障，
祈賦加持賜勝共成就。

遍入蔣揚欽哲旺波主，
壇城自在洛卓泰耶尊，
至誠祈請消除外內障，
祈賦加持賜勝共成就。

具福業願持甚深密教，
授記法主傳承上師眾，
至誠祈請消除外內障，
祈賦加持賜勝共成就。

本尊空行具誓護寶藏，

暗世眾生的調伏者，秋吉・德千・林巴，
我向您祈請，請消除外與內的障礙！
加持我，賜予殊勝與共通的悉地！

周遍一切的尊主蔣揚・欽哲・旺波，
壇城的自在君主，洛卓・泰耶，
我向您祈請，請消除外與內的障礙！
加持我，賜予殊勝與共通的悉地！

深奧祕密教法的法嗣，有福具業的發願，
獲得授記的正法執持者，傳承上師眾，
我向您祈請，請消除外與內的障礙！
加持我，賜予殊勝與共通的悉地！

本尊、空行母、具誓者、伏藏與地處的守護者，

雙運智慧遊戲幻化輪，
至誠祈請消除外內障，
祈賦加持賜勝共成就。

在雙運智慧中遊戲的幻化輪，
我向您祈請，請消除外與內的障礙！
加持我，賜予殊勝與共通的悉地！

三根勝尊攝受至菩提，
平息八怖四魔與五毒，
以及外內祕密諸障礙，
三身上師果位願速證。

三根本的殊勝天尊，請攝受我直到證悟為止，
平息八種怖畏、四魔、五毒，
以及外、內、密的障礙，
讓我迅速證得三身上師的境界。

這是由貝瑪的歡喜僕役，貝瑪．噶爾旺．聽列．卓度．匝，於二月上旬時期的一吉祥日，在八蚌的上部閉關處，屬於德威果諦的參札寶岩所撰。書錄者為具福業願的噶瑪．久美。願善妙增長。

【附錄二】

依據《障礙遍除・上師意修》之日常觀修瑜伽

蓮花生大士

勝義離戲瑜伽士，༔
日常瑜伽之心要，༔
靜處容為禪定器，༔
一切支分全匯集，༔
爾後心持於一境，༔
入本尊咒智慧義。༔

南無༔
我與等空眾生盡無餘，༔
趨入皈依殊勝皈依處，༔
由是發起願行菩提心，༔

眞實單純的瑜伽士，༔
修持這部精要日常瑜伽的時候，༔
應該幽靜獨處，聚集一切所需物資，༔
以成爲合適禪修的法器。༔
接著應該以專心一意的定力，༔
進入本尊、咒語、智慧的義理之中。༔

南摩༔
我與等虛空的一切眾生，༔
向那些殊勝的皈依對象進行皈依。༔
我生起願菩提心與行菩提心，༔

當得成就三身上師位。༔

吽༔

空性界處智慧遍照中，༔
種子三摩地啥字放光，༔
顯有悉皆蓮花網剎土。༔
神妙莊嚴越量壇城中，༔

珍寶獅座蓮花日月上，༔
啥字轉化剎那自身為，༔
偉大上師鄔金顱鬘力，༔
調伏顯有白紅寂忿姿，༔
右手揚五股金剛朝天，༔
左持定印顱器長壽瓶，༔
左臂彎挾隱祕妃天杖，༔

將成就三身上師的果位。༔

吽༔

從空性的虛空、遍照智慧之中，༔
種子三摩地「啥」放光，༔
一切顯現與存有都是蓮花網剎土。༔
在這個神妙莊嚴、不可思議的壇城之中，༔

在一珍寶座、蓮花、日、月之上，༔
「啥」字轉化，我剎那間變成
瑪哈咕汝．鄔金．拓稱．匝，༔
光榮調伏顯有者，白紅色，具寂忿姿態。༔
我的右手揚舉一個五股金剛杵，指向天空；༔
我的左手等持印，持顱器與長壽瓶；༔
在我的左臂彎處，我擁抱著以一根天杖形象隱密出現的祕密明妃；༔

著蓮冠密袍法衣錦氅，
雙足遊戲姿踞虹光中。

我穿戴著蓮冠、密衣、長袍、法衣，以及錦緞大氅；
兩腳是遊戲國王姿勢，莊嚴端坐在一個彩虹光團之中。

頂門之上報身觀自在，
以及部主無量壽安坐，
十二化身上下各方隅，
三根護法海眾如雲聚，
誓智無別本然任運成。

在我的頭上坐著自在的報身觀自在，
以及部主無量壽，
十二化身在上方、下方以及一切方位，
三根本及護法海眾如雲叢般聚集，
這是誓言尊與智慧尊任運現前的本初無別。

部主心間啥字放光芒，
匯聚有寂壽元融自身，
至聖調御大悲神變現，
淨除六趣諸苦及苦因。

從部主心間的「啥」放射出光芒，
聚集輪迴與涅槃的一切壽命甘露，光芒融入我。
調伏眾生聖尊，經由祂的大悲神變顯現，
清淨六種眾生的苦及苦因。

自為部集上師之心間，

在我身爲「總集一切部族上師」的心間，

黃金金剛杵心啥周圍，༔　是一個黃金金剛杵，具有「啥」字在其中心，༔

咒鬘環繞放射出光芒，༔　周圍環繞咒鬘，由其放射出光芒，༔

供養聖眾普行眾生利。༔　向聖眾獻供並成就眾生的利益。༔

外器清淨無邊奧明剎，༔　外器是遍攝清淨的密嚴剎土，༔

內情萬有顯基手印尊，༔　內情是作為顯基的顯有之手印本尊，༔

聲音咒語念想光明界，༔　作響的聲音是咒語，念頭是光明的虛空，༔

共通四種事業任運成。༔　四種共業的事業獲得自然成辦。༔

殊勝不變大樂金剛中，༔　在不變大樂的金剛相續之中，༔

證得無死三身之果位。༔　證得無死三身的殊勝位階。༔

Om Ah Hung Vajra Guru Padma Siddhi Hung ༔

嗡　啊　吽　班匝　咕汝　貝瑪　悉地　吽 ༔

三字三身無分別，༔　三字母是無別的三身，༔

班匝咕汝部族主，༔　「班匝　咕汝」是部主，༔

貝瑪壇城輪顯現，༔
悉地吽祈請成就。༔

依修業三合於一，༔
此金剛咒辦諸業。༔
座終向部集上師，༔
祈請並心意合一。༔
迴向善聚發願緘。༔

吙。༔
成修持明上師壇城力，༔
我與無邊有情盡無餘，༔
四種事業任運得成就，༔
願解脫入光明法身界。༔

「貝瑪」是作爲壇城輪的顯現，༔
「悉地　吽」迎請悉地。༔

這個金剛咒語將依、修、事業濃縮於一，༔
成辦所有的事業。༔
在修座的最終，向上師祈請，༔
他是一切部族的總集，將你的心意與他的心意合在一起。༔
接著是以迴向所積聚的善德與發願作封印。༔

吙。༔
藉由成修持明上師壇城的力量，༔
願我及一切無量有情眾生皆無餘，༔
任運成就四種事業，༔
並且解脫入法身的光明界中！༔

願根傳上師加持入心，༔
本尊空行如影隨行伴，༔
護法眾神遍除障礙已，༔
獲得勝共成就願吉祥。༔

願根本與傳承上師的加持進入我的心中！༔
願本尊與空行母伴隨我，猶如影子跟在身體後面一般！༔
願護法與佛法守衛者驅除一切的障礙！༔
願具有獲得殊勝和共通悉地的吉祥！༔

於根本師恆時虔祈請，༔
其與大蓮花尊無二別，༔
一切障礙遍除獲成就。༔
三昧耶，印，印，印。༔

恆常不斷地虔心向根本上師祈請，༔
他與偉大上師貝瑪無有分別，༔
因而能夠清除一切障礙並且獲得成就。༔
薩瑪雅，印，印，印。༔

這是化身大伏藏師秋吉·德千·林巴之深奧佛法寶藏的圓滿精華。

【附錄三】

《純金明點》簡短節錄

依據《障礙遍除．上師意修》
持明貝瑪炯內之光明大圓滿引導文

蔣貢．康楚

頂禮貝瑪卡惹上師！

普賢貝瑪足頂禮，　　我在普賢貝瑪的足前頂禮，
法性任運音宣說，　　他在法性的任運音調中宣講
無勤了義大法乘，　　這個無有勤作而關於了義的偉大法乘，
具六解脫金剛續。　　是具有六種解脫的金剛續。

當釋其基本意趣，　　在此，我應當解釋屬於
引導教示海精華，　　引導教示大海精華的基本意趣，

即生經由現證道，　　這些教示能夠經由直接體驗之道，
臻至本初解脫界。　　引領行者在一生之中達至本初解脫的境界。

光明大圓滿是九乘之頂峰，一切覺醒者所行經的唯一崇高法道。在給予相關引導教示之時，傳法上師應該具有灌頂與清淨的三昧耶，以及對「立斷」與「頓超」的證量。接受解說的弟子則應該具有信心，精進聰慧，切斷此生的束縛，如此實踐上師的教言。處所應該具有善德，僻靜，離於禪修障礙。時間單純是上師與弟子吉祥緣結之際，或是寒熱調和而智慧容易展現之時。友伴是具有清淨三昧耶、淨觀、心態慈愛者。《大自生明覺續》（*Tantra of the Great Self-Arising Awareness*）有指示，在此等順緣與諸大種會聚之時，如何進行傳法、聞法與修持。

即將傳授的教示，深奧導引的實際解說，分成三部分：宣說當修持之了證，解說如何修持的實際引導，敘述以此方式修持之後的解脫。

宣說當修持之了證

金剛語之根本文宣說：

勝義勝圓滿次第，༔
基空無緣本清淨，༔
任成基顯生為道，༔
無別了證異熟果，༔
此光明大圓滿意。༔

關於究竟的殊勝圓滿次第，༔
基空是無緣的本初清淨，༔
任成的基顯生起爲道，༔
對其相融無別之了證，成熟爲果。༔
這是光明大圓滿的意趣。༔

由體性無緣本淨的普基之中，輪迴與涅槃的一切都生起爲明覺的本自戲現，其自性是基的顯現，以任運八門的形式出現。於是，隨著力用所觸發，輪迴與涅槃之道以無數方式出現。

上述皆爲自己的自性妙力，而對此是否了悟，便分別生起了解脫與迷亂。然而，由於上師加持與深奧指示之境緣，從而證得本淨基與任成基之顯現無別，此時迷亂退轉，廣如虛空的顯現泯滅於法性之中，明覺成熟爲具有初始解脫的二淨之果。此乃光明大圓滿六千四百萬部密續濃縮成單一要點的意趣所在。

解說如何修持的實際引導

這有兩部分：清淨自己相續的前行，以及實際修法的正行。

清淨自己相續的前行

前行有兩種：共通的與特殊的。

共通的前行

《遺教》說：

應當修持無常、大悲心與菩提心。

對此作解釋，大乘之道的根本是二種珍貴的菩提心。為了讓其在自己的相續中生起，首先必須訓練自心了知外器世間、內情眾生、自己身體的無常，這些全都很快就會消亡。思惟自己的所依，即暇滿人身，非常難得。思惟因果無誤，並且在死亡之後，將會經歷輪迴劇烈漫長的痛苦，以及存有的邪惡狀態。對於膚淺徒勞的歡愉感到強烈的由衷厭惡，對於輪迴存有的壯觀華麗生起出離心，以這樣的心態進行皈依，從今天起直至獲得證悟為止，將自己的計畫與目標完全交付予三寶與三根本。

應當生起世俗菩提心，其自性是作為因的願菩提心與行菩提心，並且訓練自心於作為果的勝義菩提心。

爲了清淨令覺證生起違緣的罪障，應當具足四力，精進地對金剛薩埵進行觀修與持誦。

爲了同時增長二資糧，創造順緣，應當獻上外、內、密的曼達。

爲了直接獲得加持，應當特別著重於上師瑜伽的賢善修持，包括以真誠虔敬的強烈情感作祈請，這是不可缺少的。

如果你希望以符合無上瑜伽共通傳統的方式開始修持生起次第，就不需要用詳盡的細節分散自己的注意力。持有「個人瑜伽」的時候，使用《六妙法》作爲背景支持，或者閱讀其精華《蓮花藏續》。遍知上師多傑．嗣吉．匝（Dorje Ziji Tsal）的著作有闡明如何進行此修持。①

在一開始的時候，或是在這個時點，你必須接受獨有的生圓二次第成熟灌頂。這個灌頂賜予身、語、意的加持，以及二十種現前圓滿；依據結合竅訣與口傳之證量，以廣詳、非廣詳、簡潔、極簡的方式授予。應當守護共與不共的三昧耶，如同是自己的生命一般。

日修

等同四時之佛果。

大圓滿的修行人應該精進地修持無滅法性的續流，方法是對於四時平等佛果的口授教示持有關鍵要點。

爲了能夠在禪定與後得位的期間都不喪失自然穩固的明覺，以此封印白日的顯相，就應當抉擇自己覺受中所生起的一切都是覺證的偉大無礙境界，是無二雙運且本自解脫的。無法做到的時候，就修習視一切現象皆如幻相，不讓自心狂逸，引導自己的感知通往本淨空。

爲了在黃昏時自然地聚集諸根，應當採行化身姿勢。將自己的注意力集中在自身中脈內臍間的一朵四瓣紅蓮之上，中脈是亮紅色、光明、筆直。在你的臍間位置有一個「短阿」（音譯「阿通」atung，拙火修持的小火焰），自性爲暖熱；頭頂有白色「杭」，自性爲大樂。排除濁氣，持寶瓶氣；如果做不到，就持中等長度的氣息。如此，將自己的注意力集中在熾燃與流滴所產生的大樂暖熱智慧。

爲了讓自己的心識在午夜時分進入寶瓶，保持如前一般的姿勢。將注意力集中在中脈心間一朵四瓣紅色蓮花當中的瑩白色「阿」，如同之前的觀想。隨後，觀想另一個白色「阿」在你的頭頂。接著，在這兩者之間，觀想二十一個非常細微的白色「阿」字，有如一條繩子一般。可持寶瓶氣，或持

① 《六妙法》（*Six Wondrous Teachings*），持明蓮花生大士所著，可見於《秋林新伏藏》CHA 函第 277-361 頁，其中有各種版本的成就法與實修方式。蔣揚．欽哲．旺波編排的《蓮花藏續念誦法》（The Reading Method for the Lotus Essence Tantra）可見於《秋林新伏藏》GA 函第 183-196 頁，也收錄於自生智出版社的一本實修手冊中。

柔和氣。在即將睡著的時候，觀想所有的「阿」字都逐漸融入心間的「阿」。觀想這個「阿」是在合起的蓮花花苞之內，明亮燦然，有如瓶內的一盞酥油燈火焰一般。在入睡之時，應當如此修持，同時企圖認出自己的夢。

爲了在黎明時分自然地令明覺變得清明，一睡醒的時候，就要立刻採取法身姿勢，將雙眼看向空中，以「哈」音吐氣三次。因此，心間的蓮花因而綻開，白色「阿」經由梵穴射出，鮮明地停留在空中，約在自己上方一肘的高度。將注意力集中在「阿」上，保持氣息略微呼出。如果你的心開始掉舉，就讓「阿」下降回來，停留在心中，並將心意專注其上，同時調低視線。如果感到昏沉，則如前所述而修，乃因其適合你個人素質。

【附錄四】

《簡明精華》灌頂教學

《障礙遍除・上師意修》之簡要灌頂

飾以附加註釋

原著：德喜祖古

改編：祖古・烏金仁波切

德喜祖古

Namo Guru Padmakaraye

頂禮貝瑪喀惹上師

諸佛事業總集蓮花生，ཿ

自生明覺體性常安住，ཿ

加持攝受具福徒眾故，ཿ

於此揭露粹聚精華灌。ཿ

蓮花生大士，一切勝眾的事業總集於一，ཿ

永遠安住為自生明覺的體性，ཿ

為了加持與攝受有福的徒眾，ཿ

我應當在此揭露濃縮成為關鍵內容的精華灌頂。ཿ

這有三部分：前行，正行，結行。

前行

如果你是按照中等長度或精簡版本的成就法進行一般的供養和薈供，尤其如果你是在進行「盛大上師食子」或是寶瓶灌頂等等，那麼就在布繪或穀物堆聚的壇城上面放一個「曼集」（manji）台架，上面放一個內盛甘露的勝利寶瓶、一個蓮師像，以及身、語、意和長壽結合灌頂等四灌所需的物品。

無論你是用哪一個版本的成就法，從祈請開始，接著一直修到持誦的部分。然後於成就法物品之處，開啓對生觀想的持誦宮，並且完成持誦。

加持寶瓶的時候，專注於勝利寶瓶，說：

瓶中布入母字越量宮，༔
從瓶中的「布入母」字出現越量宮，༔

圓滿性相之中央，༔
一切性相圓滿，༔

持明師聖眾明現，༔
在其中央，持明上師聖眾清楚出現，༔

可見空如水中月。༔
可見卻是空性的，有如水中月亮。༔

心間種子字咒鬘，༔
從我心間的種子字與咒鬘，༔

耀射供品光芒故，༔
照耀出供品形象的光芒，༔

和合菩提心甘露，ﾟﾟ　藉此，和合的菩提心甘露，ﾟﾟ

完全盈滿寶瓶中。ﾟﾟ　完全盈滿寶瓶。ﾟﾟ

如此念誦之後，思惟義理，拿起陀羅尼繩。盡己所能，多次重複以上念誦。接著說：

在事業寶瓶中，剎那出現忿怒的紅色馬頭明王，右手執蓮杖，左手持火焰套索。從祂的身體流出甘露微質，盈滿寶瓶。

Om Hayagriva Hung Phat ﾟﾟ

嗡　哈呀格昃伐　吽　呸 ﾟﾟ

重複作此念誦之後，念母子音咒以及緣起咒各三遍。

如果你將此與長壽灌頂做結合，則以此方式觀想：

包括自生觀想與對生觀想的全體天眾，其五處剎那間明顯出現五部無量壽佛。從其身體放出「久瑪」天女眾，如一束陽光中的塵埃。她們帶回輪迴、涅槃以及法道的一切精華與善德，以無死甘露爲形象。這個甘露融攝入自己與成就法之物品，授予無死壽命成就，並令你具有其力量。

如此觀想，揮動長壽箭，歌唱：

吽啥！。

毘盧父母心誓法界現，。

帶來久瑪使者眾力量，。

諸佛菩薩仙人持明眾，。

具德凡夫命力福瑞聚。。

聚十方邪靈掠奪命力，。

聚空粹佛部殊勝命力，。

匯流入吉祥長壽寶瓶，。

穩固我等壽力事業行，。

賜佛部無變長壽成就！。

Om Amarani Jivantiye Svaha。

嗡　阿瑪咼尼　茲溫底耶　梭哈。

吽啥！。

毘盧遮那與佛母，我自法界迎請諸尊的心誓！。

帶來久瑪使者眾的力量！。

收集諸佛、菩薩、仙人與持明眾。

以及具德凡夫之命力、福德、吉祥威光！。

收集上下各方邪靈掠奪而去的命力！。

收集虛空的精華，以及佛部的一切殊勝命力！。

讓其匯流進入吉祥的長壽寶瓶中！。

施展穩固我等命力與壽元的事業！。

賜予善逝種姓的不變長壽成就！。

Om Buddha Ayur Gyana Tshe Bhrum Om ༔

嗡　布達　阿佑兒　嘉納　冊以　布入母　嗡母 ༔

吽啥！༔

吽啥！༔

彌陀父母法界心誓現，༔

阿彌陀佛與佛母，我自法界迎請諸尊的心誓！༔

帶來久瑪使者眾力量，༔

帶來久瑪使者眾的力量！༔

諸佛菩薩仙人持明眾，༔

收集諸佛、菩薩、仙人與持明眾 ༔

具德凡夫命力福瑞聚。༔

以及具德凡夫之命力、福德、吉祥威光！༔

聚西方龍王掠奪命力，༔

收回西方龍王掠奪而去的命力與壽元！༔

聚火粹蓮部殊勝命力，༔

收集火的精華，以及蓮花部的一切殊勝命力！༔

匯流入吉祥長壽寶瓶，༔

讓其匯流進入吉祥的長壽寶瓶中！༔

穩固我等壽力事業行，༔

施展穩固我等命力與壽元的事業！༔

賜蓮部無滅長壽成就！༔

賜予蓮花種姓的不滅長壽成就！༔

Om Amarani Jivantiye Svaha ༔

嗡　阿瑪局尼　茲溫底耶　梭哈 ༔

Om Padma Ayur Gyana Tshe Bhrum Hrih。

嗡　貝瑪　阿佑兒　嘉納　冊以　布入母　啥。

吽啥！。

吽啥！。

不動父母法界心誓現，。

不動佛與佛母，我自法界迎請諸尊的心誓！。

帶來久瑪使者眾力量，。

帶來久瑪使者眾的力量！。

諸佛菩薩仙人持明眾，。

收集諸佛、菩薩、仙人與持明眾。

具德凡夫命力福瑞聚。。

以及具德凡夫之命力、福德、吉祥威光！。

聚東乾闥婆掠奪命力，。

收回東方乾闥婆掠奪而去的命力與壽元！。

聚水粹金剛部勝命力，。

收集水的精華，以及金剛部的一切殊勝命力！。

匯流入吉祥長壽寶瓶，。

讓其匯流進入吉祥的長壽寶瓶中！。

穩固我等壽力事業行，。

施展穩固我等命力與壽元的事業！。

賜金剛部不動壽成就！。

賜予金剛種姓的無遷轉長壽成就！。

Om Amarani Jivantiye Svaha。

嗡　阿瑪局尼　茲溫底耶　梭哈。

Om Vajra Ayur Gyana Tshe Bhrum Hung。

嗡　班匝　阿佑兒　嘉納　冊以　布入母　吽。

吽啥！༔
寶生父母法界心誓現，༔
帶來久瑪使者眾力量，༔
諸佛菩薩仙人持明眾，༔
具德凡夫命力福瑞聚。༔
聚南方閻魔掠奪命力，༔
聚地粹寶部殊勝命力，༔
匯流入吉祥長壽寶瓶，༔
穩固我等壽力事業行，༔
賜予寶部無勤壽成就！༔
Om Amarani Jivantiye Svaha ༔
嗡 阿瑪咼尼 茲溫底耶 梭哈 ༔
Om Ratna Ayur Gyana Tshe Bhrum Tram ༔
嗡 咼特納 阿佑兒 嘉納 冊以 布入母 帳母 ༔

吽啥！༔
寶生佛與佛母，我自法界迎請諸尊的心誓！༔
帶來久瑪使者眾的力量！༔
收集諸佛、菩薩、仙人與持明眾 ༔
以及具德凡夫之命力、福德、吉祥威光！༔
收回南方閻魔掠奪而去的命力與壽元！༔
收集大地的精華，以及寶部的一切殊勝命力！༔
讓其匯流進入吉祥的長壽寶瓶中！༔
施展穩固我等命力與壽元的事業！༔
賜予寶部的無勤長壽成就！༔

吽啥！༔
不空父母法界心誓現，༔
帶來久瑪使者眾力量，༔
諸佛菩薩仙人持明眾，༔
具德凡夫命力福瑞聚。༔
聚北方夜叉掠奪命力，༔
聚風粹業部殊勝命力，༔
匯流入吉祥長壽寶瓶，༔
穩固我等壽力事業行，༔
賜羯摩部無礙壽成就！༔

Om Amarani Jivantiye Svaha ༔

嗡 阿瑪局尼 茲溫底耶 梭哈 ༔

Om Karma Ayur Gyana Tshe Bhrum Ah ༔

嗡 噶兒瑪 阿佑兒 嘉納 冊以 布入母 啊 ༔

吽啥！༔
不空成就佛與佛母，我自法界迎請諸尊的心誓！༔
帶來久瑪使者眾的力量！༔
收集諸佛、菩薩、仙人與持明眾 ༔
以及具德凡夫之命力、福德、吉祥威光！༔
收回北方夜叉掠奪而去的命力與壽元！༔
收集風的精華，以及羯摩部的一切殊勝命力！༔
讓其匯流進入吉祥的長壽寶瓶中！༔
施展穩固我等命力與壽元的事業！༔
賜予羯摩種姓的無礙長壽成就！༔

進行這個長壽召請之後，再次念誦供養與禮讚、祈請、懺罪。最末，念：

Om Ah Hung。

嗡 啊 吽。

由於供養妙欲的緣起，瓶中本尊融入樂空精華，與瓶中水變得無有分別。如是觀想。拋擲明覺花朵，為自己灌頂。讓誓言尊與智慧尊變得相融無別，於是獲得開許。之後，向共與不共的護法供養食子，並且持續修持薈供至度脫的部分。

正行

念誦以「吉大當巴」(Jitar Tampa) 開始的偈頌，清淨弟子。聖化與淨化魔障食子，接著繼續進行召喚、分發、驅逐。然後按照成就法文本觀想保護輪。之後，說：

藉由如是念誦，觀想具有金剛地基、圍牆、網絡、穹頂的保護輪熾放智慧火焰，巨大寬廣，堅實穩固。

傳達象徵意義。給予和收回花朵，接著說：

現在諦聽！生起目標是要獲得殊勝證悟的菩提心，思惟：「為了利益等虛空的一切如母有情眾生，我將證得珍貴的無上眞實圓滿佛果。爲此，我當領受深奧的成熟灌頂，並且將其義理正確付諸實修！」聽好，並且同時謹愼地在心中憶持接受法教時所應有的正確行止。

這是關於你即將領受的教法：

眞實圓滿的覺者，具有善巧方便與無量悲心的勝者，祂依據所化眾生的習性，教導了不可思議數量、如甘露一般的深廣教法。這些教法可以被濃縮成因乘與果乘，如同《昆傑．噶波續》（*Kunje Gyalpo Tantra*）所言：

法乘有二種：

義理之因乘，

果之金剛乘。

現在要呈現的這個教法屬於果的密咒金剛乘，在眾多方面都勝於因乘教法。

在聖域印度沒有舊派或新派這些詞彙，然而在雪域這裡，眾所周知地，金剛乘被分作舊譯寧瑪派與新譯薩瑪派，反映出不同的翻譯時期。

在這兩派之間，早期金剛乘的舊譯派是由三種傳承所構成：教傳、伏藏、淨相。現在這個教法屬於短傳承的伏藏。

迄今已經出現了無量數目的伏藏傳承，像是早期的伏藏與後期的伏藏，而現在這個伏藏如下：赤松德贊王是文殊本人，他有三個兒子，次子牟如．贊普．耶喜．若巴．匝王子是一位十地的上師。他的轉世，經由三種量理方式所證實並且受到所有聖眾的一致頌揚，即是完全無可爭議的大伏藏師及法王：鄔金．秋吉．德千．林巴，他取出了如海數目的深奧伏藏。他的伏藏具有與密續經典的連結，以實際邏輯確立，有竅訣覺受作爲莊嚴，並且具有神妙加持的殊勝暖熱。

秋吉．林巴是在公土猴年九月上旬的初十取出了這部伏藏，當時他二十歲。他從證悟身的功德聖處——達寧．喀喇．榮溝，此地的大吉祥尊金剛足下，毫無障礙地取出這部伏藏。

他將其完全保密八年，用於自己的實修。之後，在圓滿時間與處所的瑞緣中，吉祥鄔金法王與佛母的智慧身賜予他灌頂、口授教示、特殊授記與確認。從那時起，他就逐步弘揚《障礙遍除．上師意修》這部伏藏。

這個伏藏法類是遍知三時之貝瑪卡惹的心要精華，是埋藏在西藏地下獨一無二的寶藏。有如轉輪聖王的大寶庫，完整無誤地滿載成就勝共悉地的一切方便法門。

就密續的分部而言，這條深道是以大密續王《持明上師幻化網寂忿顯現》爲基礎——這部密續是加持的根本，屬於「幻化網八部」的類別。由於口授教法的確然無誤，無有違和地，亦屬於「修部八教」之《蓮花語》類別。①

簡言之，它就像是從一切生圓次第以及續部與修部之事業修法所萃取出的精華意涵。其根本就像是盛有甘露的寶瓶，其詳細闡述有如瓶蓋的美妙嚴飾，其附加的成就法與背景教法有如飾有珍寶的裝飾，其不共特性則有如富麗堂皇的格紋；如是，乃由四大法類所組成的教法。

在這些法類當中，這是來自有如盛載甘露之寶瓶的根本法類，從開展成熟灌頂的深奧步驟作爲開始。在這些當中，有廣、中、簡的版本。這篇逐步進行的《簡明精華灌頂》是四灌合一，以食子爲基礎，連同一個吉祥長壽灌頂合併在一起授予，上師對此的職責已經完成。

各位該做的是：首先觀想上師無別於吉祥顯有調伏者三身蓮花生大士。持有這樣的虔心，獻上曼達供養，作爲領受加持灌頂深奧次第的酬禮。

如此獻上曼達之後，合掌持花，以最深摯、不可動搖的虔心，念誦以下祈請文三遍：

欸瑪吙！༔
祈請法身無量光，༔
祈請報身大悲尊，༔
祈請化身蓮花生，༔
賜予加持授灌頂。༔

欸瑪吙！༔
法身阿彌陀佛，我向您祈請！༔
報身大悲者，我向您祈請！༔
化身貝瑪卡蕊，我向您祈請！༔
賜予您的加持，授予我灌頂！༔

做此祈請的時候，如同上師是鄔金大寶上師一般做聽聞，他開啓智慧悲心之門，並且以這些話語賜下他的開許：

我師稀有妙化身，༔
降生印度作聞思，༔
親至西藏降諸魔，༔
身住鄔金利眾生。༔

我的上師，神妙的化身，༔
您出生在印度這個國家，在那裡進行聞思，༔
您親自前往西藏，調伏魔眾，༔
您駐錫於鄔金國，成就眾生的利益。༔

---

①修部的八大法行（sgrub sde bka' brgyad）。

蓮花顱鬘無別三身之　貝瑪．拓稱，無別三身的
殊勝灌頂現今授予汝。　這個殊勝的灌頂，現在我將要給予你。

接下來，爲了積聚資糧，所以觀想前方虛空中，與無死蓮花顱鬘無別的上師放射出如海的三身雲聚。無量數目的三根本與護法眾，明燦清晰地出現，環繞在上師周圍。在他的面前，如此作想：「我行皈依與發菩提心。我將以七支爲方便，積聚二資糧！」接著念誦下文三遍：

南無 ༔　南摩 ༔
我與等空眾生盡無餘，༔　我與等虛空的一切眾生，༔
趨入皈依殊勝皈依處，༔　向那些殊勝的皈依對象進行皈依。༔
由是發起願行菩提心，༔　我生起願菩提心與行菩提心，༔
當得成就三身上師位。༔　將成就三身上師的果位。༔

如是，念誦皈依與菩提心三遍。

嗡 啊 吽 啥 ༔　嗡 啊 吽 舍 ༔
持明蓮花生等眾尊之，༔　我向持明貝瑪卡惹頂禮，༔

十方皈依境前我頂禮。༔
實物資具以及意變化，༔
遍空普賢供雲以獻供。༔
別解脫及菩薩諸學處，༔
持明密咒誓言違犯懺。༔
眾聖者及異生諸凡夫，༔
所作佛子行持皆隨喜。༔
能度無邊眾生之苦厄，༔
如是利益隨類轉法輪。༔
千萬億劫不思議所有，༔
為利眾生不入滅而住。༔
以我三時累積諸善根，༔
迴向眾生得證菩提藏。༔
如是念誦七支。

以及向十方一切皈依處頂禮。༔
我向各位獻上遍滿天空的普賢供養雲，༔
這是以實物和心意所生起的供養。༔
我懺悔對三戒的違犯，包括別解脫戒，༔
菩薩學處，以及持明的續部三昧耶。༔
我隨喜一切的聖眾及凡夫༔
他們所從事的勝者子嗣之行。༔
請轉動合適的法輪，༔
以解脫無量有情眾生的苦難。༔
請不要逝去，為了眾生的利益，應該安住༔
無數百萬劫的時間。༔
我迴向三時所積聚的一切善德，༔
願一切眾生都能證得殊勝的證悟。༔

以此方式讓自己具足內心的要點之後，安置自身於跏趺坐姿，背脊挺直，以便智慧尊降臨，奠定灌頂的基礎。語的關鍵要點是：以和合約束風息的移動。意的關鍵要點是，勿讓自己的注意力散逸他處，而是保持如下的觀想：

Om Hayagriva Hung Phat ༔

嗡　哈呀格昃伐　吽　呸 ༔

Om Svabhava Shuddha Sarva Dharma Svabhava Shuddhoh Ham ༔

嗡　梭巴哇　修達　薩兒哇　達兒瑪　梭巴哇　修多　杭母 ༔

空性中無凡俗覺，༔　從空性狀態中，沒有凡俗的覺知，༔

大自在紅馬頭王，༔　你是大自在馬頭明王，身紅色，༔

持鉞刀顱器舞動，༔　持刀與顱，舞動著，༔

心間萬字左旋轉，༔　在你的心間，一個萬字符號逆時針旋轉，༔

其上亥母作舞蹈。༔　上有亥母舞蹈著。༔

行此觀想生虔心，༔　做此觀想並生起虔心，༔

上師即為顱鬘力。༔　思惟上師即是拓稱匝本人。༔

由此深切渴望力，༔　經由如此深切渴望的力量，༔

心間吽放紅光芒，༔
從你心間的「吽」放出紅色光芒，༔

照向十方佛剎土，༔
照向十方的佛土，༔

尤其拂洲吉祥山，༔
尤其是觸碰鄔迪亞納上師的心間，༔

觸鄔金上師心間，༔
祂處於妙拂洲的吉祥山上。༔

迎請彼眾之心誓，༔
迎請諸尊的心誓，༔

身語意種種手印，༔
身、語、意的手印 ༔

雨降自他徒眾中，༔
如雨般降下，進入自己以及其他弟子之中，༔

毛孔進入盈全身，༔
從毛孔進入，充滿你的身體，༔

悉融心間亥母中，༔
完全融入心間的亥母，༔

智慧啟明大樂熾。༔
啓發智慧，難以承受的大樂熾放。༔

如是念誦觀想，接著伴隨燃香與音樂，以悅耳曲調的聲音吟唱：

吽啥 ༔
吽啥 ༔

西南國土名為妙拂洲，༔
從西南方的妙拂洲，༔

化身聖剎蓮花網境處，༔
化身的殊勝剎土「蓮花網」，༔

三身上師鄔金顱鬘力，
三身上師，鄔金拓稱匝，

無量三根海會眷屬眾，
偕同您的無量三根本本尊之如海會眾，

此虔敬處悲切作迎請，
當我熱切渴望地邀請您前來此虔信之處的時候，

大悲願力促使降臨已，
請您出於大悲誓願的力量，

遍除障礙賜勝共成就。
驅除一切障礙並賜予殊勝與共通的悉地！

Om Ah Hung Vajra Guru Padma Totreng Tsal Vajra Samaya Jah Siddhi Phala Hung Ah

嗡　啊　吽　班匝　咕汝　貝瑪　拓稱匝　班匝　薩瑪雅　匝　悉地　帕拉　吽　啊

Gyana Ahbheshaya Ah Ah

嘉納　阿貝夏呀　啊　啊

對此反覆念誦以雨降加持威光。接著爲了聚集加持，說：

Hung Hung Hung

吽　吽　吽

使無別融入，說：

Jah Hung Bam Hoh

匝　吽　棒母　吙

置金剛杵於頭頂或擲花，說：

Tishtha Vajra

帝虛塔　班匝

如此念誦之後，相信已獲穩固！

降下並穩固智慧尊之後，開始授予加持食子灌頂的正行。

一般而言，我們視食子爲依修持誦時候的壇城、供養時刻的妙欲物、灌頂時候的本尊，以及結行時候的成就。在此，應該視食子爲這個灌頂時候的本尊。進行下述的觀想：

從外面看來，這個「光燄珍寶」食子是一個廣大明亮的越量宮，具有至爲圓滿的比例和性相。從內看來，食子中心安住著三身，一尊於一尊之上，並且有聚集如雲的三根本本尊眾與護法神眾施展事業。如是，其顯現爲全然圓滿的廣大「持明幻化網」之本尊眾與宮殿壇城。

邀請祂們安住在自己頭頂上，賜予加持。

從主尊及其全體眷屬四處所標示的「嗡 啊 吽 吙」字放射出白、紅、藍、彩色的無量光芒。光明融攝入自己的四處，就在這個座位上，你獲得了外、內、密、眞如的四灌頂。你因爲身、語、意的個別與共同行爲所積聚的違緣、惡業、遮障、障礙，經由這四個灌頂而完全獲得平息。信解如今你獲得授權修持四灌之道。究竟上，你成爲能夠成就四身果位的具福者。

如此傳達之後，用悅耳音韻的聲音唱誦下文，以激勵心誓：

吽啥！
諸佛化身貝瑪桑巴哇，
慈心顧念西藏諸百姓，
授記身語所依之伏藏，
交付證量予具緣弟子。
授救護苦難上師灌頂，
賜加持給一切有福者！
願上師大悲心加持汝，
願上師憫念而引導汝，
願上師之密意賜成就，
願上師大力除汝障礙，
外之四大障礙於外除，
內之脈氣障礙於內除，

吽啥！
貝瑪桑巴哇，勝眾的化身，
慈心顧念西藏的一切人民，
授記了他所隱藏起來的寶藏——其身與語的代表，
並且交付其心意證量予具緣的弟子。
授予救護苦難的上師灌頂之時，
賜予您的加持給一切有福者！
願上師的悲心賜予你加持！
願上師的關愛在法道上引導你！
願上師的證量賜予你悉地！
願上師的力量驅除你的障礙！
外的四種元素障礙消除於外！
內的脈氣障礙消除於內！

密之二取障礙法界除，　密的二元執取障礙消除於法界！
施護佑予具福弟子眾，　賜予您的護佑給具福弟子！
當下賜加持灌頂成就！　現在就賜予您的加持、灌頂與悉地！

Om Ah Hung Benza Guru Pema Totreng Tsal Benza Samaya Dzah Siddhi Phala Hung Ah
嗡　啊　吽　班匝　咕汝　貝瑪　拓稱　匝　班匝　薩瑪雅　匝　悉地　帕拉　吽　啊
Kaya Vaka Chitta Sarva Siddhi Abhikhentsa Om Ah Hung Hrih
噶呀　哇卡　七塔　薩兒瓦　悉地　阿畢堪匝　嗡　啊　吽　啥

念誦此文，將食子置於自己的三處，然後說：

爲了認識到食子即結行時的成就，信解因透過品嚐此具有威力的清淨甘露——食子本尊已然融入其中的食子食物——成就的自性遍布你的脈與明點，令你的相續充滿無緣大樂，並且賜予你無餘的一切勝共悉地。

現在，爲了領受堅固的吉祥長壽灌頂以調伏眾生，念誦這個祈請文三遍：

眾生怙主蓮花無量壽，༔　眾生的守護者，貝瑪無量壽，༔

三時諸佛長壽主父母，ꔰ　　三時諸佛，長壽尊主與您的佛母，ꔰ
祈請驅除長壽諸障礙，ꔰ　　我向您祈請，請驅除長壽的障礙！ꔰ
賜予無死金剛壽灌頂！ꔰ　　賜予無死金剛壽命的灌頂！ꔰ

做此念誦之後，召喚命力並收集精華回來：觀想在自己心間，一個十字金剛杵的中心內有一個日月明點，其中是長壽所依「吽」字，凹槽處是以「阿」（A）字作標識的「尼旵」（Nri）字。

你對上師的虔心激勵其心間放出光芒，召請一切壇城本尊的心意。從五部無量壽佛及其佛母的心間，觀想祂們的五處放射出鉤子形狀的紅色光束，以及數量多如日光中之浮塵的久瑪天女眾。她們聚集回你所失去的一切命力與壽命能量，以及長壽精華、福德、宏偉、富足、智慧、世間諸功德與輪涅的內容，完全無餘地被收集回來。這些光芒完全融攝於你，賦予你無死壽命成就；融入前方的長壽物，灌注無死甘露精華於這些物品中。

如此傳達之後，揮動具有飄帶的箭。接著說：

吽啥！ꔰ

毘盧遮那與佛母，我自法界迎請諸尊的心誓……ꔰ❶

如上，吟唱廣詳的長壽召喚；如果無法做到，則誦此迎請文：

吽啥！༔
五部聖眾法界心誓現，༔
帶來久瑪使者眾力量，༔
諸佛菩薩仙人持明眾，༔
具德凡夫命力福瑞聚。༔
聚十方護法掠奪命力，༔
聚五大粹五部勝命力，༔
匯流入吉祥長壽寶瓶，༔
穩固我等壽力事業行，༔
賜金剛無死長壽成就！༔

吽啥！༔
五殊勝部族，我自法界迎請諸尊的心誓！༔
帶來久瑪使者眾的力量！༔
收集諸佛、菩薩、仙人與持明眾。༔
以及具德凡夫之命力、福德、吉祥威光！༔
收集十方守衛者掠奪而去的命力！༔
收集五大的精華，以及五部的一切殊勝命力！༔
讓其匯流進入吉祥的長壽寶瓶中！༔
施展穩固我等命力與壽元的事業！༔
賜予不壞無死的長壽成就！༔

Om Amarani Jivantiye Svaha ༔
嗡　阿瑪局尼　茲溫底耶　梭哈 ༔
Om Buddha Ayur Gyana Tshe Bhrum Om ༔

❶參見本篇前行中的長壽箭部分。

嗡 布達 阿佑兒 嘉納 冊以 布入母 嗡。

Om Padma Ayur Gyana Tshe Bhrum Hrih。

嗡 貝瑪 阿佑兒 嘉納 冊以 布入母 啥。

Om Vajra Ayur Gyana Tshe Bhrum Hung。

嗡 班匝 阿佑兒 嘉納 冊以 布入母 吽。

Om Ratna Ayur Gyana Tshe Bhrum Tram。

嗡 昷納 阿佑兒 嘉納 冊以 布入母 帳母。

Om Karma Ayur Gyana Tshe Bhrum Ah。

嗡 噶瑪 阿佑兒 嘉納 冊以 布入母 啊。

在此迎請之後，說：

現在是主要的灌頂，觀想這個長壽寶瓶是三根本的長壽本尊眾，以無量壽尊主的形象一尊端坐在一尊的上面。祂們心間放射出光芒，收回你被斬斷、毀損、衰退的一切長壽能量與命力，以及輪涅的長壽精華。這些全都進入祂們手中的寶瓶，沸騰溢流，於是這明燦的無死長壽甘露流下，經過你的頭頂，盈滿你的身體。信解此完全清淨了非時死的恐懼及其習氣，你獲得一切無死壽命與智慧的無餘成就。

將長壽寶瓶置於你的頭頂上，說：

吽 吽 吽！༔
吽 吽 吽！༔

無量壽主生死皆斷除，༔
無量壽尊主，生與死都已經斷除，༔

長壽五主偕同其佛母，༔
長壽五主與您的佛母，༔

旃陀離智慧虛空天女，༔
旃陀離（Chandali），智慧虛空之天女，༔

證無死身持明蓮花生，༔
持明貝瑪卡蔥，已經證得無死之身，༔

無變壽命上師無垢友，༔
無垢友，無變壽命的大師，༔

長壽道成修印曼達母，༔②
曼達拉娃，成就長壽之道的手印，༔

獲大樂智灌措嘉佛母，༔
措嘉，獲得大樂智慧灌頂的明妃，༔

長壽傳承拉瑟若巴匝，༔
拉瑟．若巴．匝（Lhasey Rölpa Tsal），長壽傳承的領受者，༔

三皈依總集根本上師，༔
根本上師，所有三皈依的總集，༔

長壽持明位根傳上師，༔
長壽持明位的根本與傳承上師，༔

②下面三句是由化身大伏藏師所造。

無形剎慈心眷顧此處，。　從您的無形剎土，慈心眷顧這個地方，。

賜予無死壽命智成就！。　並且賜予無死壽命與智慧的成就！。

Om Amarani Jivantiye Svaha 。

嗡　阿瑪局尼　茲溫底耶　梭哈。

Vajra Gyana Ayukhe Hung Bhrum Nri Jah Sarva Siddhi Phala Hung 。

班匝　嘉納　阿佑劾　吽　布入母　尼昃　匝　薩兒瓦　悉地　帕拉　吽。

以右手取用方便物之長壽丸，信解自己獲得方便之金剛壽命成就，此爲至上之無變大樂。

啥。　啥。

所聚集不變精華甘露，。　經由此智慧享用無死壽命，。

無死壽命以智慧享用，。　所聚集之一切不變精華甘露，。

願無緣大樂增盛心中，。　願無緣大樂在你的心意當中增長，。

願常享長壽吉祥威光！。　願你永遠享用長壽之吉祥威光！。

Om Vajra Gyana Ayukhe Bhrum Nri Jah Sarva Siddhi Phala Hung 。

嗡　班匝　嘉納　阿佑劾　布入母　尼昃　匝　薩兒瓦　悉地　帕拉　吽。

以左手取用般若物之長壽甘露，信解自己獲得般若智慧之金剛壽命成就，此乃至上之無變空性。

啥。

往昔一切無死持明眾，

壽酒藥粹為成就方便，

今將此物予汝具福者，

願獲無滅長壽之灌頂！

啥。

過去曾經出現的一切無死持明者，

經由長壽酒之甘露精華爲方便而獲得成就，

今日將此物給你這有福之人，

願你獲得無滅長壽的灌頂！

Om Vajra Gyana Ayukhe Hung Bhrum Nri Jah Sarva Siddhi Phala Hung。

嗡　班匝　嘉納　阿佑劾　吽　布入母　尼旯　匝　薩兒瓦　悉地　帕拉　吽。

獲得此灌頂之故，你的全身內部充滿無死長壽甘露。這一切的精華完全融入你心間的「尼旯」字，令其耀射五彩光芒，日月明點變得無有縫隙。外面十字金剛杵的杵鈷向上固定在一起，十字部分以一條紅色陀羅尼繩縛結三次，穩固對金剛壽命的自在。

在金剛杵鈷的頂端出現自在馬頭明王，持刀與顱器。信解祂能守護你免於壽命的障難者及作障者。如此觀想，等持安住於法性的本然境界中。

吽啥༔　　吽啥༔

輪涅壽命力悉融五大，༔　　一切輪迴與涅槃的壽命力全都融入五大元素之中，༔

肉血暖風心之力量增，༔　　增長肉、血、暖熱、呼吸、心意的力量，༔

不變精華以「尼昰」作封印，༔　　以「尼昰」封緘不變精華的緣故，༔

願持具無死金剛壽命。༔　　願你具有無死金剛壽命。༔

Om Bhrum Hrih Bhrum Hung Bhrum Tram Bhrum Ah Bhrum

Vajra Krodha Haya Griva Raksha Raksha Bhrum ༔

嗡 入(布母) 啥 入(布母) 吽 入(布母) 帳 入(布母) 啊 入(布母)

班匝 克若達 哈呀 格昰伐 咼(克)夏 咼(克)夏 入(布母)༔

做此念誦之後，撒花，並且誦陀羅尼咒與緣起咒以堅固之。

現在，爲了帶來吉祥，觀想上師、三根本與一切無死長壽本尊眾都以金剛歌曲唱誦吉祥頌，並且降下花雨。觀想如此妙善的光明遍布一切時空並獲得堅固。

嗡༔　　嗡༔

金剛智慧壽命願成就，༔　　願金剛智慧的壽命獲得成就！༔

無變不壞周遍虛空處，༔
難思無量功德與事業，༔
蓮花無量壽主願速證！༔

無變、不可摧毀，並且遍滿一切虛空，༔
超越念想的無量功德與事業，༔
願能迅速證得貝瑪無量壽主！༔

此外，吟誦取自廣品或中品成就法之中任何合適版本吉祥句，降下花雨。長時間演奏美妙音樂。

《障礙遍除·上師意修》是吉祥鄔金法王的心要精華，是西藏地底下獨一無二的寶藏。如此，經由這些步驟，我現在已經完成授予此壇城灌頂的簡短事行。因此，應當以堅定的決心持守你已經領受且承諾的三昧耶與誓戒，如此念誦下文三次：

Tso wo jitar ka tsalpa...

昨　沃　吉大　噶　匝巴……❷

現在獻上曼達供養作爲饋禮，感謝上師讓我們得以完全領受此深奧灌頂的恩德。再次地，觀想你的身體、財富與如海善德增長，輝煌豐富，如同轉輪聖王的王國一般。以如此思惟「請納受這一切，下至分毫，作爲享用」，念誦下文：

❷全文的意思為：「主尊如何所教示，如是一切我當為。」

Den ney tsam teh…

登　內　臧　嘚……❸

現在迴向受此灌頂所獲得的所有善根，迴向給菩提藏：

Sonam diyi…

索南　迪宜……❹

如此，以迴向善根予菩提藏作封緘。

結行

現在進行成就法的結束步驟，從享用薈供開始到最末結尾。

開啟大方便密咒之門，

持此灌頂鑰匙進入者，

願成熟灌頂滿注其心，

獲安置於解脫四身位！

一切持有此灌頂鑰匙而進入者，此灌頂開啓大方便密咒之門，願他們的心意充滿能成熟的灌頂，

獲安置於解脫四身的境界！

我的兄長桑登・嘉措（Samten Gyatso）是具有殊勝品性的大師。我，德喜祖古，因獲得他的諭令著述此文，以增綺遍知文殊金剛之話語的方式記述，並添加了些許必需的補充。願此文帶來妙善！

❸全文的意思為：「從今我為僕，於尊獻所有，蒙尊攝為徒，一份亦為用。」

❹全文的意思為：「以此功德願證佛自性，降伏煩惱怨敵之過患，生老病死洶湧之波濤，願度眾生解脫輪迴海。」

蓮師文集系列　JA0009

障礙遍除：蓮師心要修持

作　　者／蓮花生大士（Padmasambhava）
中 譯 者／趙雨青
校 閱 者／普賢法譯小組
責任編輯／劉昱伶
封面設計／周家瑤
內文排版／歐陽碧智
業　　務／顏宏紋
印　　刷／韋懋實業有限公司

發 行 人／何飛鵬
事業群總經理／謝至平
總 編 輯／張嘉芳
出　　版／橡樹林文化
城邦文化事業股份有限公司
115 台北市南港區昆陽街 16 號 4 樓
電話：(02)2500-0888　傳真：(02)2500-1951
發　　行／英屬蓋曼群島商家庭傳媒股份有限公司城邦分公司
115 台北市南港區昆陽街 16 號 8 樓
客服服務專線：(02)25007718；25001991
24 小時傳真專線：(02)25001990；25001991
服務時間：週一至週五上午 09:30 ～ 12:00；下午 13:30 ～ 17:00
劃撥帳號：19863813　戶名：書虫股份有限公司
讀者服務信箱：service@readingclub.com.tw
香港發行所／城邦（香港）出版集團有限公司
香港九龍土瓜灣土瓜灣道 86 號順聯工業大廈 6 樓 A 室
電話：(852)25086231　傳真：(852)25789337
Email: hkcite@biznetvigator.com
馬新發行所／城邦（馬新）出版集團【Cité (M) Sdn.Bhd. (458372 U)】
41, Jalan Radin Anum, Bandar Baru Sri Petaling,
57000 Kuala Lumpur, Malaysia.
電話：(603) 90563833　傳真：(603) 90576622
Email：services@cite.my

初版一刷／ 2018 年 2 月
初版五刷／ 2024 年 7 月
ISBN ／ 978-986-5613-64-8
定價／ 450 元

城邦讀書花園
www.cite.com.tw

國家圖書館出版品預行編目（CIP）資料

障礙遍除：蓮師心要修持 / 蓮花生大士著；趙雨青譯 . -- 初版 . -- 臺北市：橡樹林文化，城邦文化出版：家庭傳媒城邦分公司發行，2018.02
面；　公分 . --（蓮師文集系列；JA0009）

ISBN 978-986-5613-64-8（平裝）

1. 藏傳佛教　2. 佛教修持

226.96615　　106025416

115 台北市南港區昆陽街 16 號 4 樓

城邦文化事業股份有限公司

橡樹林出版事業部　收

請沿虛線剪下對折裝訂寄回，謝謝！

|橡|樹|林|

書名：障礙遍除：蓮師心要修持　書號：JA0009

橡樹林文化
讀者回函卡

感謝您對橡樹林出版社之支持，請將您的建議提供給我們參考與改進；請別忘了給我們一些鼓勵，我們會更加努力，出版好書與您結緣。

姓名：＿＿＿＿＿＿＿＿＿＿ □女 □男 生日：西元＿＿＿＿＿年

Email：＿＿＿＿＿＿＿＿＿＿＿＿＿＿＿＿＿＿＿＿

●您從何處知道此書？

□書店 □書訊 □書評 □報紙 □廣播 □網路 □廣告 DM □親友介紹

□橡樹林電子報 □其他＿＿＿＿＿＿

●您以何種方式購買本書？

□誠品書店 □誠品網路書店 □金石堂書店 □金石堂網路書店

□博客來網路書店 □其他＿＿＿＿＿＿

●您希望我們未來出版哪一種主題的書？（可複選）

□佛法生活應用 □教理 □實修法門介紹 □大師開示 □大師傳記

□佛教圖解百科 □其他＿＿＿＿＿＿

●您對本書的建議：

＿＿＿＿＿＿＿＿＿＿＿＿＿＿＿＿＿＿＿＿

＿＿＿＿＿＿＿＿＿＿＿＿＿＿＿＿＿＿＿＿

＿＿＿＿＿＿＿＿＿＿＿＿＿＿＿＿＿＿＿＿

＿＿＿＿＿＿＿＿＿＿＿＿＿＿＿＿＿＿＿＿

＿＿＿＿＿＿＿＿＿＿＿＿＿＿＿＿＿＿＿＿

非常感謝您提供基本資料，基於行銷及客戶管理或其他合於營業登記項目或章程所定業務需要之目的，家庭傳媒集團（即英屬蓋曼群商家庭傳媒股份有限公司城邦分公司、城邦文化事業股分有限公司、書虫股分有限公司、墨刻出版股分有限公司、城邦原創股分有限公司）於本集團之營運期間及地區內，將不定期以 MAIL 訊息發送方式，利用您的個人資料於提供讀者產品相關之消費與活動訊息，如您有依照個資法第三條或其他需服務之業務，得致電本公司客服。

我已經完全瞭解左述內容，並同意本人資料依上述範圍內使用。

＿＿＿＿＿＿＿＿＿＿（簽名）

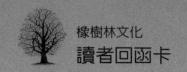

處理佛書的方式

佛書內含佛陀的法教，能令我們免於投生惡道，並且爲我們指出解脫之道。因此，我們應當對佛書恭敬，不將它放置於地上、座位或是走道上，也不應跨過。搬運佛書時，要妥善地包好、保護好。放置佛書時，應放在乾淨的高處，與其他一般的物品區分開來。

若是需要處理掉不用的佛書，就必須小心謹愼地將它們燒掉，而不是丟棄在垃圾堆當中。焚燒佛書前，最好先唸一段祈願文或是咒語，例如嗡（OM）、啊（AH）、吽（HUNG），然後觀想被焚燒的佛書中的文字融入「啊」字，接著「啊」字融入你自身，之後才開始焚燒。

這些處理方式也同樣適用於佛教藝術品，以及其他宗教教法的文字記錄與藝術品。

ཡི་གེ་ཉི་ཤུ་རྩ་དྲུག་པ་འདི་དཔེ་ཆའི་ནང་དུ་བཞག་ན་དཔེ་ཆ་དེ་ཅི་འདྲར་
བགོམས་ཀྱང་ཉེས་པ་མི་འབྱུང་བར་འཇམ་དཔལ་རྩ་རྒྱུད་ལས་གསུངས་སོ། །

此咒置經書中　可滅誤跨之罪